James F. Twyman
Anakha Coman
Der Pfad zum EinsSein

James F. Twyman
Anakha Coman

Der Pfad zum EinsSein

40 Übungen,
kosmische Verbundenheit zu erfahren

Aus dem Englischen von
Nicole Christiane Niehoff

Die amerikanische Originalausgabe erschien 2009 unter dem Titel
The Proof bei Hay House, Inc., Carlsbad, Kalifornien

Besuchen Sie uns im Internet: www.droemer-knaur.de
Alle Titel aus dem Bereich MensSana finden Sie im Internet unter
www.mens-sana.de

FSC
www.fsc.org
MIX
Papier aus ver-
antwortungsvollen
Quellen
FSC® C019821

Deutsche Erstausgabe 2011
Copyright © 2009 James F. Twyman und Anakha Coman
Copyright © 2011 der deutschsprachigen Ausgabe Knaur Verlag.
Ein Unternehmen der Droemerschen Verlagsanstalt
Th. Knaur Nachf. GmbH & Co. KG, München.
Alle Rechte vorbehalten. Das Werk darf – auch teilweise –
nur mit Genehmigung des Verlags wiedergegeben werden.
Redaktion: Kathrin Mayr
Umschlaggestaltung: ZERO Werbeagentur, München
Satz: Adobe InDesign im Verlag
Druck und Bindung: C. H. Beck, Nördlingen
Printed in Germany
ISBN 978-3-426-65671-6

2   4   5   3   1

Für Chuck Anderson, der mir die Tür geöffnet hat.
James Twyman

Für Yeshua, meinen ständigen Begleiter,
und für Andrew Harvey für seine
ausgezeichnete Führung auf dieser Reise
nach Hause zum heiligen Herzen.
Anakha Coman

Inhalt

Vorwort

Am 15. April 2009 veröffentlichte ich im Internet einen 20-minütigen Film mit dem Titel *The Proof*. Das ist die fünfte Produktion, an der ich mitgewirkt habe, sei es als Regisseur oder als Produzent. Dieser Film ist mein erster Kurzfilm. Der allererste Film, an dem ich mitgearbeitet hatte, hieß *Indigo* und hatte großen Erfolg. Der gefeierte Produzent und Regisseur Stephen Simon, Bestseller-Autor Neale Donald Walsch und ich beschritten einen neuen Weg, um spirituelle Filme – Stephen nennt diese Art des Kinos »Spirituelles Kino« – zu produzieren und zu vertreiben. Es folgten weitere Filme, und wir veröffentlichen sie mit Hilfe eines komplexen Netzwerks aus Hunderten von Kirchen, Organisationen und unabhängigen Kinos weltweit. Mit dem Film *The Proof* sollte es anders laufen. Ich wollte, dass die Menschen ihn kostenlos sehen können, und ich wollte etwas versuchen, was niemand vor mir je zu versuchen gewagt hat. Es würde ein kniffliger Balanceakt werden, doch ich beschloss, mich darauf einzulassen und zu schauen, wo es mich hinführen würde.

Die tiefere Bedeutung hinter der Vorstellung von EinsSein arbeitete schon lange in meinem Kopf, und ich bin sehr glücklich darüber, dass ich all das, was ich in den letzten Jahren gelernt habe, in einem inspirierenden Film (und jetzt in diesem Buch) zum Ausdruck bringen kann. Damit du dieses tiefe Wissen mit mir teilen kannst, musst du erfahren, wie meine Suche nach dem *Pfad zum EinsSein* begann.

Als ich 17 Jahre alt war, entdeckte ich etwas, das mein Leben veränderte. Ich interessierte mich schon immer für das Verborgene, und ich besuchte gerade einen Laden für Zauberer, als mir eine kleine Broschüre mit dem Titel *Hellstromism* in die Hände fiel. Ich glaube, mich hat dieser mysteriöse Titel so in den Bann gezogen, dass ich es kaum erwarten konnte, nach Hause zu kommen und das Buch zu lesen. Es beschrieb im Detail eine Form des Gedankenlesens, die ein Mann namens Alex Hellstrom im frühen 20. Jahrhundert entwickelt hatte. Er entdeckte, dass, sobald eine Person an etwas Bestimmtes dachte, dieser Gedanke von sehr feinen physischen Reaktionen begleitet wird, die wiederum von einem genauen Beobachter wahrgenommen werden können. Hellstrom machte mit dieser Darstellung von »Zauberei« Karriere. Er bat Personen, Objekte in Theatern und an anderen Orten zu verstecken, um sie dann, als ob er ihre Gedanken lesen würde, wundersamerweise wiederzufinden. Er bezeichnete diese erstaunliche Fähigkeit als *Muskellesen,* und sie wird noch heute praktiziert.

Ich war von dem Buch fasziniert und verschlang es, als wäre es das Elixier des Lebens. Binnen kürzester Zeit beherrschte ich die Technik und begann, meine Fähigkeiten jedem zu demonstrieren, der interessiert war. Unglücklicherweise war meine Familie mein erstes Publikum und musste mein endloses Üben über sich ergehen lassen. Als ich dann auf dem College war, perfektionierte ich meine Technik. Letztlich war es nur ein guter Partytrick, aber ich hatte enormen Spaß daran.

Vor ein paar Jahren merkte ich, dass sich etwas verändert hatte. Als ich mich über die Jahre hinweg der Spiritualität öffnete, wurde ich immer sensibler für feinste Schwingungen, die jedoch keine physikalischen Auswirkungen hatten. Kurz gesagt, ich erkannte, dass ich die Energie, die von einer Person ausgestrahlt wurde, wahrnehmen konnte. Mir gelang das nicht immer, meine Erfolgsquote lag sogar nur bei 40 Prozent. Aber es zeigte mir, dass ich auf einer neuen Stufe angekommen war. Plötzlich war es nicht mehr nur ein »Trick«, sondern etwas ganz anderes und Neues: Ich erlebte etwas, das manche Menschen vielleicht als *Gedankenlesen* bezeichnen würden.

Dann kam mir eines Tages der folgende Gedanke: Es war nämlich nicht so, dass ich die Gedanken anderer Menschen las, sondern dass ich irgendwie die Vorstellung umging, ich sei von ihnen getrennt – körperlich und geistig –, und mich stattdessen als *eins* mit ihnen erlebte. Ich beobachtete dies auch in anderen Bereichen meines Lebens. Es gab anhaltende Phasen, in denen ich nicht sagen konnte, wo eine bestimmte Person aufhörte und ich anfing. Es war ein Phänomen, über das ich in den Lebensgeschichten der größten Mystiker und Heiligen gelesen hatte. Und jetzt passierte es *mir*.

Ich dachte, mit dem Film *The Proof* könnte ich den Dialog auf unterhaltsame Weise eröffnen. So beschloss ich, jemanden zu bitten, ein Buch irgendwo auf dem amerikanischen Kontinent zu verstecken, und ich wollte dann versuchen, es zu finden. Hilfe sollte ich nur erhalten, indem die Testperson an den Ort dachte, an dem sie das Buch versteckt hatte. Ich wusste von Leuten, die mit Hilfe der Hellstrom-Methode versteckte Objekte in einer Stadt fanden. Doch keiner hatte den Mut, es in diesem Maßstab zu versuchen. Die Idee klang zuerst absurd, doch je mehr ich darüber nachdachte, desto klarer wurde mir, dass ich es schaffen konnte. Tatsächlich entschloss sich Reid Tracy, Geschäftsführer meines Verlags Hay House, sich auf eine Wette einzulassen: Sollte ich das Buch finden, würde Hay House 50 000 Dollar an die Louise-Hay-Stiftung spenden. Sollte ich das Buch nicht finden, dann würde *ich* den Betrag stiften. Ich begann sofort mit dem Training und übte in einem örtlichen Einkaufszentrum – mit unglaublichem Erfolg. Schließlich war es an der Zeit, sich förmlich zu *verausgaben*. Der Film zeigt die Geschichte dieser Unternehmung. Es war nicht mein Ziel, ein wissenschaftliches Experiment als Doppelblindstudie und in einem komplizierten Überprüfungsverfahren durchzuführen. Stattdessen wollte ich zeigen, welche Kraft tief in jedem Menschen steckt, die jeder hier und jetzt erfahren kann. Ich bin nicht anders als alle anderen – da bin ich mir ganz sicher. Wenn ich also in der Lage bin, solch eine Erfahrung zu machen, kann jeder sie machen.

All dies hat nun zu dem Buch geführt, das du jetzt in den Händen hältst. Es scheint, als ob ich eine sehr kraftvolle und wichtige Unterhaltung begonnen habe, und es freut mich zu sehen, dass es auf der ganzen Welt ein großes Interesse daran gibt, EinsSein auf tiefe, ehrliche Weise jeden Tag zu erleben.

Falls du den Film noch nicht gesehen hast, solltest du damit beginnen. Du kannst meine Website (www.jamestwyman.com) besuchen und den Links folgen oder auf die Seite von YouTube gehen und nach *The Proof Movie* suchen. Am meisten wünsche ich mir natürlich, dass du das 40-Tage-Programm startest. Denn für mich ist es wesentlich lebendiger als irgendein übersinnliches Experiment. Es zeigt dir, was du erreichen kannst und wie geheimnisvoll die Welt wirklich ist.

Also, öffne deinen Geist, hab Spaß und stell dich darauf ein, das größte Geheimnis von allen zu erleben – EinsSein.

Zu Beginn

Atme tief ein und entspann dich. Während du langsam diese Worte liest, erlaube deinem Geist, sich zu beruhigen, lass deine Gedanken vorbeiziehen und werde dir eines Gefühls tief in dir bewusst. Es schlummert in der Mitte deiner Brust und bleibt so oft im Verborgenen. Mit jedem Atemzug füllst du nun diesen geheimen und heiligen Raum. Du spürst langsam, wie er sich ausdehnt und erwacht, als ob er plötzlich mit Energie gefüllt würde. Wie eine strahlende Lichtkugel breitet er sich aus, erst in deinem Oberkörper, dann in deinem Kopf und jetzt bis in deine Arme und Beine. Während sich diese Energie durch deinen Körper bewegt, löst sich all die Spannung, die noch vor einem Moment so real war, in einer Welle des Lichts auf, die dich sanft durchströmt. Halte einen Moment inne. Bevor du weiterliest, erlaube diesem Gefühl, so stark zu werden, bis du spürst, dass nichts außer diesem Licht existiert.

So, jetzt, wo du in diesem Gefühl des völligen Friedens bist, stell dir bitte folgende Frage: »Was will ich wirklich im Leben erreichen?« Wenn du ein schöneres Auto oder ein größeres Haus hättest, wäre das Gefühl, das du jetzt spürst, noch intensiver? Wenn du in einer anderen Stadt leben würdest und genau in diesem Moment auf dem kostbarsten Sessel der Welt säßest, wärest du zufriedener?

Versuche dabei, Gedanken oder Wertungen wie die folgenden außen vor zu lassen: »Nun ja, es ist ja nicht verboten, ein größeres Haus oder mehr Geld zu besitzen, um sich einen ausgefallenen Sessel zu kaufen.« Sollten dir solche oder ähnliche Gedanken in den Sinn kommen, wird dir vielleicht auffallen, dass die Lichtkugel in der Mitte deiner Brust ein bisschen schwächer geworden ist. Ist dies der Fall, so beruhige deinen Geist, nimm erneut ein paar tiefe Atemzüge und entspann dich. (Dies ist nur ein kurzes Experiment und wird vorbei sein, bevor du es merkst. Sobald es vorbei ist, kannst du wieder zu deinen Gedanken und Sorgen zurückkehren. Jetzt entspann dich einfach und lass dich überraschen.)

»Was erwarte ich *wirklich* vom Leben?« Das ist wohl die wichtigste Frage, die man sich als Mensch stellt. Wir sind so erzogen worden, dass wir nach weltlichen Reichtümern streben und dabei Wohlstand mit innerem Frieden gleichsetzen. Nach kurzem Überlegen kommen uns jedoch Freunde oder Bekannte in den Sinn, die zwar einen enormen Erfolg und einen immensen Reichtum erlangt haben, aber zu den unglücklichsten Menschen der Welt gehören. Wir begreifen, dass Geld allein uns nicht glücklich machen wird. Denn es bringt uns wahrem Glück oder wahrer Freude nicht ein Stück näher.

Wenn dich also weder Geld noch Erfolg antreiben, was wünschst du dir wirklich? Atme tief ein, stell dir die Frage erneut und horch ganz tief in dich hinein. Wodurch erfährst du die Zufriedenheit in deinem Leben, die du dir wünschst, wodurch die Liebe, die jeden Tag so lebenswert macht? Wodurch erlangst du dieses tiefe Glücksgefühl, das einem eine Zufriedenheit schenkt, die über diese Welt hinausgeht?

Ich glaube, dass die Antwort auf diese Frage für jeden Menschen sehr ähnlich lauten wird, ganz gleich, wo oder wie man sein Leben lebt. Die Formulierungen sind vielleicht unterschiedlich, doch sie gehen alle in dieselbe Richtung: *Verbundenheit, Harmonie, Frieden, EinsSein.* Es gibt etwas zwischen uns Menschen, das uns verbindet, ein unsichtbares Band, das uns eint und erfüllt, wie es sonst nicht möglich ist. Letzten Endes suchen wir nicht die Reichtümer dieser Welt, sondern den Reichtum unserer Seelen – und das können wir nur erreichen, indem wir erkennen, dass wir miteinander verbunden sind. Einfach gesagt: *Wir sind eins.*

Beweise es!

Wir haben es schon so oft gehört: Trennung ist eine Illusion – in Wahrheit sind wir verbunden, verwandt, *eins*. Es ist einfach, diese Ideen als Hirngespinste abzutun. Schließlich ist die ganze Welt ein Beweis dafür, dass wir nicht verwandt, sondern voneinander unabhängig, isoliert und allein sind. Jeder Mensch besitzt einen eigenen Körper mit einer einzigartigen Persönlichkeit. Wir leben in unterschiedlichen Städten und Ländern, und manchmal führen wir Kriege, um die Trennung, die wir so sehr wertschätzen, aufrechtzuerhalten. Zu sagen, nichts davon entspräche der Realität, wäre lächerlich, kurzsichtig und dumm. Anders ausgedrückt: Es ist einfach nicht richtig.
Aber warum haben dann alle großen Denker und Mystiker genau das Gegenteil verkündet? Warum wehrten sie sich gegen die konventionelle Denkweise und sagten Dinge wie:

»Ein Mensch nimmt das Leben als etwas vom Rest
Getrenntes wahr – wie eine optische Täuschung des
Bewusstseins. Unsere Aufgabe muss es sein, uns von
dem selbstauferlegten Gefängnis zu befreien und dann
durch unser Mitgefühl die Wahrheit des EinsSeins
zu erkennen.«
Albert Einstein

»Alle Wesen teilen sich den gleichen Atem – das Tier,
der Baum, der Mensch. Die Luft teilt ihren Geist mit
all den Lebewesen, die sie unterstützt.«
Chief Seattle zugesprochen

»Gott ist ganz tief in allem und jedem,
nur ganz tief innen, und er allein ist der Eine.«
Meister Eckhart

»Jetzt sind wir eins mit Ihm, der die Quelle ist.«
aus *Ein Kurs in Wundern*

Wäre es möglich, dass diese weisen Persönlichkeiten etwas
wussten, das wir nicht wissen? Wäre es sogar eventuell
möglich, dass ihre Augen etwas offener waren als unsere
und sie etwas sehen konnten, das uns aufgrund unseres begrenzten Blickwinkels immer noch verborgen ist?
In diesem Buch werde ich einen Beweis dafür liefern, dass
die Weisen und Mystiker recht hatten: Wir sind alle miteinander verbunden und ein großes Ganzes. Du weißt bereits,
wo dieses Experiment angefangen hat: Ich wollte ein Buch
finden, das jemand auf dem amerikanischen Kontinent
versteckt hatte – und das allein durch meine Fähigkeit,
mich auf die Gedanken der Person, die es versteckt hat,

einzustimmen. Während des Experiments haben die beteiligten Personen nicht miteinander gesprochen, und es wurde vorher nicht geprobt. Zudem ist solch ein Versuch noch nie zuvor unternommen worden, wodurch ein möglicher Erfolg in noch weitere Entfernung gerückt wurde. Schließlich stellte sich heraus, dass die Aufgabe leicht zu bewältigen war, was ich später noch näher erläutern werde. Ich fand das Buch in einem Gebüsch in Seattle, USA, und lieferte somit den Beweis, dass Gedanken *tatsächlich* mit einem Menschen geteilt werden können. Es ist wahr – das ist ein Nachweis dafür, dass wir nicht die kleinen voneinander getrennten Individuen sind, die wir immer zu sein glaubten. Wir sind in Wahrheit viel mächtiger, als wir uns vorstellen können.

Dennoch ist es noch nicht der endgültige Beweis, nach dem ich suchte. Es war auf jeden Fall ein beeindruckendes Experiment. Aber ein verstecktes Buch an der Nordwestküste der USA zu finden, verändert nicht die Welt. Vielleicht klingt es seltsam – es mag einige Menschen sogar ein wenig erschrecken –, aber da muss es noch mehr geben. Und diese Erfahrung soll nicht nur eine Person machen, sondern viel mehr Menschen. Vor allem sollst *du* die Erfahrung machen. Denn nur so wirst du es auch wirklich glauben.

Der wahre Beweis, nach dem du suchst, wird nicht außerhalb von deiner Person erbracht werden. Du allein bist der Beweis, nach dem du suchst.

Es gibt eine Sehnsucht in dir, die du von Geburt an oder vielleicht sogar schon vor deiner Geburt in dir gespürt hast. Jeder Mensch auf der Erde spürt diese Sehnsucht in sich, auch wenn sie nicht als solche erkannt oder falsch verstanden wird. Wäre es möglich, dass das der Beweis ist, nach dem wir alle suchen – das Verlangen unserer Seele nach mehr als dem, was uns die weltlichen Besitztümer bieten können, die Sehnsucht der Ewigkeit? Ist es möglich, dass es schon die ganze Zeit in uns war?

Dieses Buch wird dir helfen, den Raum des EinsSeins in dir zu finden. Ich kann keine Worte finden, die ganz präzise beschreiben würden, wie dich deine fünf Sinne die ganze Zeit getäuscht haben. Es gibt einen weiteren Sinn, den ich deinen *Seelensinn* nenne. Dieser ermöglicht dir, den Horizont deines Bewusstseins zu erweitern und die Welt so wahrzunehmen, wie du es noch nie zuvor erlebt hast. Wenn du diese neue Welt erblickt hast, gibt es kein Zurück mehr. Sobald du diese Lektion gelernt hast, wirst du nie wieder vergessen oder leugnen können, was du jetzt mit einem Mal klar siehst.

Dieses Buch besteht aus zwei Teilen und verfolgt zwei unterschiedliche Ziele. Der zweite Teil beschreibt ausführlich, wie du mein Experiment selbst durchführen kannst. Du lernst, wie es ist, mit anderen bis zu dem Punkt verbunden zu sein, an dem du ihre Gedanken lesen kannst (und du kannst das beweisen, indem du ein Objekt findest, das sie versteckt haben). In diesem Lernprozess gibt es drei Stufen, und ich bin mir sicher, dass fast jeder mit mindestens einer Stufe Erfolg haben wird. Lass einen Freund oder eine Freundin einen Gegenstand in einem Haus, einem Gebäude oder einem großen Raum verstecken und geh dann mit dieser Person neben dir durch den Raum. Mit ein wenig Übung wirst du schon nach ein paar Schritten den Gegenstand finden. Es ist eine erstaunliche Erfahrung. Sie demonstriert eine tiefgehende und wichtige Lektion, liefert aber nicht den ultimativen Beweis für das *EinsSein.*

Der Beweis wird sich dir aus den Übungen im ersten Teil erschließen. Auf dem Weg zu deiner Transformation ist ein starker Wille, das heißt Beständigkeit, etwas Wesentliches. Anders ausgedrückt: Du musst deinen Verstand umschulen, so dass du alles mit deiner Seele wahrnimmst und nicht mit deinem Ego. Dein Ego ist der Teil von dir, der alles als getrennt voneinander betrachtet, allein und im Wettstreit mit dir. Deine Seele hingegen weiß, dass in Wirklichkeit nichts voneinander getrennt ist und dass wir auf der höchsten und grundlegendsten Ebene alle eins sind. Aber leider wurdest du darauf konditioniert, deinem Ego viel mehr Macht zu verleihen als deiner Seele. So werden die Beweise, die dich umgeben, übersehen und ignoriert.

Doch was würde passieren, wenn du dich so umschulen würdest, dass du die Welt mit den Augen der Heiligen und Mystiker sehen könntest? Wie würdest du deine Umwelt wahrnehmen? Wie würde sich dein Leben verändern? Das Ziel von Teil I besteht darin, sich innerhalb von 40 Tagen neu zu ordnen. Du wirst lernen, alles in einem neuen – oder vielleicht sehr alten – Licht zu sehen.

Ich bin der Meinung, dass EinsSein die natürlichste Sache im Universum ist. Uns wurde von klein auf beigebracht, die Wahrnehmung unserer Seele zu unterdrücken und uns stattdessen auf die Symbole der Trennung zu konzentrieren. Bei unserer Geburt und in unseren ersten Lebensjahren hatten wir keine Vorstellung von dem Begriff Trennung. Alles, was wir wahrnahmen, war eine Erweiterung dessen, was wir sind, und nichts Entferntes oder Fremdartiges, das wir weder erfassen noch verstehen konnten. Es ist nun an der Zeit, uns an unsere ursprüngliche Unschuld zu erinnern und die uns seit der Geburt innewohnende Wahrnehmungsfähigkeit wieder zu aktivieren.

»Wo zwei oder mehr zusammenkommen …«

Teil I dieses Buchs ist in Form eines Dialogs geschrieben. Ich glaube, dass man in Zusammenarbeit mit einer anderen Seele oftmals die größten Wahrheiten entdecken kann. Aus diesem Grund habe ich Anakha Coman – Lehrerin, Mystikerin und Freundin – gefragt, ob sie an diesem Projekt teilnehmen möchte. Ich kenne Anakha seit Jahren, und ich vertraue ihrer einzigartigen und tiefen Verbindung mit dem ewig Göttlichen. Sie ist Priesterin und lebt in der amerikanischen Stadt Portland. Als ich darüber nachdachte, wer wohl den größten und besten Beweis für das Eins-Sein erbringen würde, musste ich sofort an sie denken. Wir schlüsselten den Prozess, in dem man das EinsSein entdecken kann, in 40 Teilaspekte auf, deren komplexe Qualitäten wir in Gesprächen über mehrere Tage ergründeten. Danach stellte Anakha 40 tägliche Übungen und »ICH BIN«-Affirmationen zusammen, die es dir ermöglichen werden, EinsSein in seinem ganzen Wesen zu erfahren und in deinem eigenen Leben zu verkörpern.

Wenn du gewillt bist, deinen Geist zu transformieren, wirst du in 40 Schritten, durch die Übungen und Gespräche, die Kraft erlangen, um in den Strom des EinsSeins eintauchen zu können. Dieser Strom umgibt uns ständig, doch oftmals können wir uns nicht an ihn anschließen.

Wie du das Beste aus diesem Buch ziehen kannst

Wie du bereits weißt, ist dieses Buch in zwei große Abschnitte gegliedert. Der erste Teil enthält das 40-Tage-Programm über das Erleben von EinsSein. Wenn du dich auf diesen Prozess einlässt, wirst du ein ganz neues Leben entdecken, wo die Vorstellung von Trennung ihren Reiz verliert und wo EinsSein das führende Prinzip ist. Einfach ausgedrückt: Du wirst erleben, was die Heiligen und Weisen des Altertums als *Erleuchtung* bezeichnet haben.

Hört sich das hochtrabend an? Mit solchen Ansprüchen hast du wahrscheinlich nicht gerechnet, als du dieses Buch in die Hand genommen hast. Du wolltest vielleicht einfach nur lernen, wie man die Gedanken einer anderen Person liest – als ob das der Gipfel dessen wäre, was du zu erreichen fähig bist. Dies ist nur der erste Schritt, und je mehr du dir dessen bewusst wirst, desto schneller wirst du zu schwierigeren Übungen übergehen können, mit denen du ein Gefühl von EinsSein erreichen kannst, von dem du nie zu träumen gewagt hast. Genau das ist der wahre Fokus des 40-Tage-Programms.

Dennoch werde ich dir zeigen, wie du ein Objekt wiederfinden kannst, das von einer anderen Person versteckt wurde. Ich denke, dass du dadurch den Prozess erfahren und gleichzeitig deine Entwicklung während dieses Programms einschätzen kannst. Ich empfehle dir, dieses Buch auf eine etwas andere Art und Weise zu lesen. Starte den 40-Tage-Prozess mit einigen Anfangsübungen. Vielleicht fühlst du schon nach ein paar Tagen, wie sich die Energie aufbaut und dein Selbstbewusstsein steigt. Das ist der Startschuss für den zweiten Teil des Programms, in dem du die Gedanken einer anderen Person lesen lernst. Damit erhältst du den konkreten Beweis dafür, dass du von anderen nicht getrennt bist, wie du immer geglaubt hast, sondern dass du tatsächlich Gedanken und Empfindungen mit einer anderen Seele teilen kannst. Lies und lerne die Lektionen, während du übst. Die beiden Teile greifen ineinander. Sie lösen die Grenzen zwischen deinem Ego und deiner Seele auf und bringen damit ein tiefes Gefühl von EinsSein ans Licht, das dein Leben für immer verändern wird.

ICH BIN-Formulierungen

Während der 40-tägigen Übungsperiode kannst du die ICH BIN-Formulierungen benutzen, die die Übungen noch intensiver machen sollen. Im Jahr 2008 habe ich das Buch *Der Moses-Code* geschrieben, das die dem Satz ICH BIN innewohnende Kraft im Detail untersucht. Diese einfachen Worte stammen aus den ersten aufgezeichneten Gesprächen mit Gott, die vor über 3500 Jahren stattfanden. Als Gott Moses auftrug, das Volk Israel aus der Sklaverei zu befreien, erkannte Moses, dass er einen Beweis benötigte. Er musste den Pharao und sein eigenes Volk davon überzeugen, dass dies der Wille Gottes war. So fragte er Gott zum ersten Mal nach seinem Namen. Und Gott antwortete: »Ehyeh Asher Ehyeh«, was oft mit »Ich bin der, der ich bin« übersetzt wird.

Dir wird wahrscheinlich auffallen, dass ich ein Komma in die Mitte gesetzt habe, was normalerweise nicht der Fall ist. Denn dadurch werden die zwei Sätze stärker betont: ICH BIN DER und DER ICH BIN. Durch den Gebrauch der ICH BIN-Formulierungen kannst du Energie in dein Leben bringen, so dass sich genau das offenbart, was du erreichen willst. Wird dieses ICH BIN mit dem alten Namen Gottes kombiniert, ist die Kraft atemberaubend.

Wenn du mehr darüber erfahren möchtest, wie du dir die göttliche Energie zunutze machen kannst, liest du am besten mein Buch *Der Moses-Code*. Im Moment musst du nur wissen, dass die ICH BIN-Formulierung eines der stärksten spirituellen Werkzeuge ist, wenn du deine Wünsche verwirklichen willst – im Gegensatz zu Sätzen wie »Ich will das« oder »Ich hoffe, ich habe das irgendwann mal«. Jede Übung in Teil I wird mit mindestens einer ICH BIN-Formulierung enden, die dir dabei helfen soll, die Lektion voll und ganz zu verstehen und in dein Leben zu integrieren.

Öffne deine Augen – jetzt!

Es ist vielleicht nur schwer vorstellbar, dass ein Buch ein 40-tägiges Programm beinhaltet, mit dem man lernt, Eins-Sein und Erleuchtung zu erfahren. Ich glaube, dass das, was für das Ego unmöglich erscheint, von der Seele bereits erreicht worden ist. Es ist womöglich ganz hilfreich, diese Haltung zu Beginn deiner Reise einzunehmen. Du bist bereits eins mit allem, was du wahrnimmst. Mit den Menschen, die du die Straße hinunterlaufen siehst. Mit jeder Situation, die du erlebst. Und mit der Quelle allen Seins, die manchmal auch als Gott bezeichnet wird. Wenn du in der Lage bist, deinen kritischen Verstand auszuschalten – und sei es auch nur für einen kurzen Moment –, kannst du etwas entdecken, was du immer geahnt hast, aber aufgrund deiner Angst nie erlebt hast: EinsSein. Es ist in dir, und jetzt ist es an der Zeit, die Tür zu öffnen und es endlich in die Welt zu entlassen.

Teil I
40 Übungen,
um das EinsSein zu erfahren

James: Es ist nun an der Zeit, den Prozess tiefgehender Transformation zu beginnen. Ich habe anfangs vorgeschlagen, dass du zunächst mit einigen der folgenden Übungen beginnst, bevor du lernst, die Gedanken anderer Menschen zu lesen. Aus gutem Grund. Zunächst ist es wichtig, deine Beweggründe zu verstehen. Ich hoffe, du willst es nicht lernen, um Eindruck bei jemandem zu schinden. Dann wird es wahrscheinlich nicht so gut funktionieren, wie du es dir erhoffst. Wenn du mit diesem Experiment EinsSein verstehen und erleben möchtest, bist du auf dem richtigen Weg. Denn der Sinn dieser 40 Übungen ist, dir eine konkrete Erfahrung vom EinsSein zu ermöglichen und diese dann in deinen Alltag zu integrieren. Dann macht es keinen Unterschied mehr, ob du ein Buch oder etwas anderes finden kannst, das jemand versteckt hat. Denn du hast die wahre Lektion verinnerlicht und weißt, dass du von keinem Menschen getrennt bist und nicht einmal von Gott. Wenn es das ist, wonach du suchst, bist du hier genau richtig.

Die folgende Frage drängt sich nun förmlich auf: Was ist EinsSein? Ist es ein paradiesischer Zustand, der lediglich in unserer Vorstellung existiert und nichts Reales ist? Ist es etwas, worüber wir zwar schreiben oder lesen können, es aber nicht verstehen oder erfahren können? Oder ist es etwas ganz Unmittelbares, wie ein Objekt, das sich direkt vor unserer Nase befindet und so offensichtlich plaziert wurde, dass wir es völlig übersehen haben? Fakt ist, dass wir uns die ganze Zeit vor dem EinsSein versteckt haben. Wir hatten Angst, etwas aufgeben zu müssen, wenn wir in den unendlichen Ozean des EinsSeins eintauchen würden. Es muss aber nichts aufgegeben werden, außer der Entscheidung, klein bleiben zu wollen. Und genau hier fangen wir an, mit kleinen Schritten und einfachen Übungen, die uns ein Gefühl für die sanfte Annäherung an diesen wundervollen Zustand vermitteln.

Also, Anakha, wie würdest du die Sehnsucht der Seele nach EinsSein erklären und wie unsere scheinbare Besessenheit, diese zu vermeiden, indem wir schwach und voneinander getrennt bleiben?

Anakha: So, wie ich es momentan wahrnehme, würde ich es als ein Sehnen des Herzens und als ein Sehnen, sich zu erinnern, beschreiben. EinsSein ist ein Prozess, bei dem wir uns an unseren natürlichen Zustand erinnern, zu der Zeit, bevor wir geboren wurden oder als wir noch im Mutterleib waren, das heißt, als wir in einer angeborenen, natürlichen Verbindung gelebt haben. Damals haben wir in dieser Verbindung darauf vertraut, dass all unsere Bedürfnisse gestillt werden. Wir haben uns sicher und geborgen gefühlt. Ich glaube, die Tatsache, dass wir eine natürliche Trennung bei der Geburt erleben und zum ersten Mal um die Aufmerksamkeit unserer Bezugsperson kämpfen müssen, damit unsere Bedürfnisse erfüllt werden, macht einen großen Teil unseres Gefühls von Getrenntsein aus. Es entsteht eine natürliche Trennung, die bei vielen Menschen Angst auslöst. EinsSein ist nicht nur ein Sehnen des Herzens. Es ist eine *Bedingung* des Herzens und der Wille, sich sowohl den Segnungen als auch den Herausforderungen des EinsSeins zu öffnen. Dazu müssen wir das Urvertrauen in uns selbst, in das Leben und ineinander zurückgewinnen und darauf vertrauen, dass das EinsSein uns unterstützen, lieben und versorgen wird. Das ist es, was uns miteinander verbindet. Es macht uns auch für die Verletzlichkeit des EinsSeins empfänglich. Denn wenn wir unsere Herzen und unseren Verstand für die Vernetzung öffnen, erfahren wir die Schönheit *und* die Herausforderung des EinsSeins. Wir lassen Herzschmerz zu. Denn wenn wir den Zustand der Menschheit wirklich wahrnehmen, fühlen wir auch die Gewalt, den Missbrauch und die Vernachlässigung, die viele Menschen auf der Welt und in unserer direkten Umgebung erfahren.

James: Du erwähnst das Sehnen, das wir in uns fühlen, und ich denke, dass jeder damit etwas anfangen kann. Jeder Mensch fühlt tief in sich dieses Sehnen, von Geburt an oder zumindest, solange man sich erinnern kann. Es ist etwas, das wir ganz tief in uns spüren, aber nicht zulassen und uns lieber mit Dingen beschäftigen, die äußerlich sind und nichts mit unserem Inneren zu tun haben. Wir glauben, dass wir diese Sehnsucht mit Gütern stillen können, und versäumen es, die *Güte* in uns zu erkennen. Denn das bringt uns dem EinsSein näher.

Wenn es einen Beweis dafür gäbe, dass EinsSein etwas Reales ist, dann wäre das für mich diese Sehnsucht. Irgendwie wissen wir das bereits, und es ist dieses Sehnen nach etwas, das wir im Außen nicht verwirklichen können, das uns zeigt, dass wir tatsächlich mit etwas tief in uns verbunden sind.

Anakha: Während du gerade gesprochen hast, James, musste ich an so etwas wie Heimweh denken. Heimweh nach der Einheit, von der wir wissen, dass sie in uns ist – und ja, die wir oft außerhalb von uns suchen. Es geht hier darum, wie empfänglich man für die Wahrheit ist, denn EinsSein *existiert* einfach. EinsSein *ist*. Es ist nichts, womit wir uns abmühen oder wonach wir streben müssen. Es verlangt vielmehr, dass wir lockerer, langsamer und entspannter werden und uns dieser Realität öffnen.

Dennoch sind wir oft in einem hohen Tempo unterwegs (besonders in der westlichen Kultur) und bewegen uns nicht im *Rhythmus des Herzens,* wie ich es nenne. Wir bewegen uns nicht wirklich so, als seien wir im Zustand des EinsSeins. Das bedeutet, wir sind zu schnell und zu hektisch unterwegs, als dass wir uns mit unserem natürlichen Lebensrhythmus verbunden fühlen könnten.

Die Übungen, die wir vorstellen werden, helfen dabei, dass dieses Bewusstsein und die Erinnerung wieder in den Körper, den Geist und das Herz gelangen. Es sind einfache Schritte, die jeden Tag leicht umgesetzt werden können. Wir müssen nicht für 40 Tage und Nächte ins Kloster gehen oder jeden Tag zwei Stunden meditieren – auch wenn das hilfreiche und kraftvolle Erfahrungen sein können. Die folgenden Schritte zum EinsSein sind so konzipiert, dass sie in unseren Alltag integriert und leicht angewendet werden können. Ich nenne sie auch gerne »mikrospirituelle Praktiken«. Wir können die spirituelle Wahrheit, das Wesen des EinsSeins im täglichen Leben Realität werden lassen, sei es bei der Arbeit, wenn wir mit unseren Kindern spielen, beim Einkaufen, beim Autofahren oder bei all den anderen Dingen, die unsere arbeitsreichen Tage füllen. Das Eintauchen in das EinsSein kann man von Moment zu Moment, von Augenblick zu Augenblick üben. Es ist wie ein spontanes Gebet, wie ein Gespräch mit Gott und dem Leben.

James: Du hast erwähnt, dass man 40 Tage ins Kloster gehen kann. Es gibt so viele Geschichten von Mystikern und Heiligen und sogar von Jesus, die für 40 Tage oder 40 Jahre in die Wüste gingen. Diese besondere Zahl taucht immer wieder in der Geschichte auf. Sie steht für Transformation. Also bieten wir hier 40 Schritte an, um die uns anhaftende Vorstellung von Trennung loszulassen und dadurch das uns innewohnende EinsSein erkennen zu können. Es ist unser Fundament, unser Leben, die Quelle unseres Seins. Wie du bereits angesprochen hast, Anakha, handelt es sich um einfache Übungen, die wir sofort in unseren Alltag integrieren können. Lass uns nun beginnen und die ersten 20 Übungen genauer betrachten.

Die ersten 20 Schritte:
Eine Grundlage schaffen

Die ersten 20 Übungen erzeugen ein Feld des EinsSeins und können darüber hinaus in den unterschiedlichsten Momenten unseres Lebens praktiziert werden. Mit diesen Übungen eröffnen wir ein »metaphysisches Konto«, auf das wir Einzahlungen vornehmen können. Dieses Konto befindet sich bei der »Bank des EinsSeins«. Wir manifestieren ein »Feld der Gnade«, das uns antreibt und unterstützt. Je stärker wir uns den Übungen verschreiben, desto kraftvoller wird dieses Feld.

Sobald wir das Feld des EinsSeins bewusst aktivieren, kommen alle Gegensätze ans Licht, genau wie in der Natur. Wenn wir das aufmerksam beobachten, werden wir mit den Gefühlen in uns konfrontiert, die noch nicht geheilt sind. Sie können uns selbst oder unsere Beziehungen zu anderen Menschen betreffen. Wir sehen die Bereiche in uns, wo wir uns noch immer getrennt fühlen und wo wir nicht diese tiefe Verbindung zum Göttlichen, zu unserem tiefsten Sein und zu unseren Mitmenschen spüren. Sobald wir das Feld des EinsSeins erzeugen, stärkt und hilft es uns. Wir entwickeln den Mut und das Vertrauen, um zu erkennen, wie sehr uns die Angst noch immer fest im Griff hat. Das Schöne an diesen ersten 20 Übungen ist, dass wir einen Auftrieb erfahren, wenn wir uns so des EinsSeins bewusst werden. Erst dann können wir unsere Schattenseiten genauer betrachten. Glücklicherweise müssen wir sie uns nicht allein ansehen und uns diese schwere Last aufbürden. Wir wollen uns ganz behutsam anschauen, wo wir noch

Ängste haben und wie diese unseren Alltag und unsere Beziehungen beeinflussen. Wenn wir achtsam sind, können wir den Fluss des EinsSeins spüren und die Energie der Liebe an die Stellen der Nicht-Liebe, der Dunkelheit und Enge fließen lassen.

Die 20 Übungen sind je ein behutsamer Schritt zum Wesen des EinsSeins. Hast du es einmal erfahren, wirst du spüren, wie du dich immer mehr öffnest. Die Lebensenergie erfasst dich dann auf eine Art und Weise, die die Grenzen des Verstandes übersteigt. Du musst es nicht mit deinem logischen Denken begreifen. Umarme sie einfach mit deinem ganzen Sein. Sobald dies geschehen ist, wird sich deine Transformation ganz von allein vollziehen, ohne dass es dir bewusstes Handeln abfordert. Anders ausgedrückt: Das EinsSein wird dich von selbst erfassen und in eine neue Welt führen, dir einen Ort zeigen, den du eigentlich nie verlassen hast.

Öffne deine Augen – vielleicht zum ersten Mal richtig – und umarme die Übungen so, als ob du einen guten Freund umarmen würdest. Dein Leben wird sich für immer verändern.

Schritt 1
Der Rhythmus des EinsSeins

»Glück ist keine Frage von Intensität, sondern von Gleichgewicht, Ordnung, Rhythmus und Harmonie.«
Thomas Merton

»Lächle, atme und geh langsam.«
Thich Nhat Hanh

»Selbst inmitten eines Hurrikans ist der Meeresboden ruhig. Während der Sturm wütet und der Wind heult, wiegen sich die tiefen Wasser in einem sanften Rhythmus, eine leichte Bewegung der Fische und Pflanzen. Da unten gibt es keinen Sturm.«
Wayne Muller

James: Das Leben hat einen ganz natürlichen Rhythmus, der uns das EinsSein konkret erfahren lässt. Wir haben das bei unserer Geburt gespürt und als wir noch Kind waren. Doch als wir älter wurden, zeigte uns unsere Umwelt ein ganz anderes Bild vom Leben. Unsere täglichen Erlebnisse lehrten uns, dass wir mit jeder Person, die in unser Leben trat, in jeder Situation in Konkurrenz standen. So wurde das Ego geboren, und wir nährten es, da wir glaubten, seinen Schutz zu brauchen. Doch in Wirklichkeit sind wir nur aus dem Rhythmus gekommen, und die Vorstellung

34

von EinsSein war in weite Ferne gerückt. Jetzt, da wir das erkennen, können wir wieder zum natürlichen Rhythmus zurückkehren.

Nun, Anakha, vorhin hast du über das EinsSein gesprochen, das wir fühlten, als wir geboren wurden und als wir klein waren. Und du hast gesagt, dass wir Trennung tatsächlich lernen mussten. Darüber würde ich gerne ein wenig ausführlicher mit dir sprechen. Das Gefühl des Eins-Seins war also eine natürliche Bedingung, etwas, das wir als Kind gebraucht haben, richtig?

Anakha: Genau. Wenn man sich kleine Kinder anschaut, wird sehr schnell deutlich, dass sie ihren eigenen Rhythmus akzeptieren und vor allem auch leben. Sie stehen in tiefem Kontakt mit ihren Grundbedürfnissen, ganz gleich, ob es sich dabei um Nahrung, Aufmerksamkeit, Geborgenheit oder Ruhe handelt. Hinzu kommt, dass sie ihren Gefühlen freien Lauf lassen. In einem Moment sind sie vielleicht traurig, im nächsten Moment wütend, und dann laufen sie wieder lachend und spielend herum. Kinder erlauben es sich, in ihrem natürlichen Rhythmus und in ihrem eigenen Tempo zu sein. Sie leben im Moment und nehmen ihn so an, wie er kommt. Dadurch sind sie im Fluss. Es ist eine wundervolle Erfahrung, Kinder in diesem EinsSein erleben zu können. Doch es ist unvermeidlich, dass wir als Kinder mit der Welt und unseren Eltern interagieren. Während dieser Interaktion lehren uns unsere Erfahrungen, dass wir nicht vollkommen sind, dass wir nicht genügen oder »es« nicht richtig machen. Aus solchen Erfahrungen entsteht dann eine Angst, an die wir tief in unserem Inneren glauben. Wir beginnen, unserem inneren Rhythmus, unserem Wesen, unserem natürlichen Seinszustand, unseren Gefühlen, unserer Wahrheit zu misstrauen. Zudem versuchen wir, uns in etwas einzufügen, dass uns Schutz, Sicherheit, Akzeptanz und Wohlbefinden garantiert.

Die Reise in das EinsSein beinhaltet, diese begrenzenden Glaubenssätze aus der Kindheit zu erkennen und aufzulösen. Oftmals sind uns diese Glaubenssätze gar nicht bewusst. Sie haben einen großen Einfluss darauf, wie wir uns der Welt zeigen und wie wir uns in Beziehungen zu anderen Menschen verhalten. Wenn wir allmählich unseren Rhythmus verlangsamen und unsere eigene Geschwindigkeit entdecken – in unseren Bewegungen, beim Sprechen, beim Atmen –, dann kommen wir wieder in den Zustand des EinsSeins.

James: Ich glaube, hierbei ist es ganz wichtig, dass wir die natürlichen Rhythmen nicht bewerten, denn wir müssen einfach verstehen, dass sie in der Entwicklung unserer Seele ganz natürlich und grundlegend sind. Lassen wir also den Zustand des Erinnerns und des Vergessens zu. Wir sind hier auf der Erde, um für einen Moment zu vergessen, wer wir wirklich sind, damit wir uns an das EinsSein erinnern können. Dann können wir die Welt, in der wir leben, noch mehr wertschätzen.

Ich bin der Überzeugung, dass dies die Reise der Seele ist. Wir sollten unser bisheriges Leben, das vom Ego geprägt war, nicht als gut oder schlecht beurteilen. Dadurch wird es nur noch schwieriger, das Ego aufzulösen oder zu transformieren. Ich glaube, wir sollten uns so annehmen und lieben, wie wir sind. Wenn wir das schaffen, sind wir bereit, uns zu erinnern und aus dem Zustand des Vergessens zu treten. Wir rufen uns ins Gedächtnis, wie wir geboren wurden und warum wir hier sind. Dieses Wissen können wir dann in unserem Leben und in der Welt aktiv zum Ausdruck bringen.

Anakha: Sehr schön, genau! Es ist ein Prozess. Der Rhythmus des EinsSeins wird uns dahin zurückführen, wo wir wieder Liebe und Zärtlichkeit für uns und unsere Mitmenschen empfinden. Und, ja, da wir unser Leben in der Illusion von Trennung gelebt haben, ist bereits genug Leid entstanden. Wir sollten den Verletzungen nicht noch Beleidigungen hinzufügen. Wir brauchen sehr viel Mitgefühl, damit die Glaubenssätze, die sich in unserem Leben als Trennung manifestiert haben, endlich heilen und sich auflösen können.

Übung

Indem du zu deinem natürlichen Rhythmus zurückkehrst und dich im Gleichklang mit dem kosmischen Herzschlag bewegst, stellst du das EinsSein in dir wieder her. Wenn du das Tempo drosselst, verbindest du dich mit dem Rhythmus des Lebens, mit deinem innersten Wesen und mit anderen Menschen. Hältst du diesen Zustand, so bist du im Herzen des EinsSeins.

Zwischen dem Rhythmus des EinsSeins und dem Rhythmus deiner Schritte, deiner Atmung und deines Geistes besteht eine enge Verbindung. Heute kannst du üben, die richtige Geschwindigkeit zu finden, die dich mit deiner Atmung, mit deinem Herzen und deinem Geist in Einklang bringt. Du entdeckst deinen natürlichen Rhythmus. Nimm wahr, wann deine Bewegungen erzwungen und anstrengend werden. Nimm dir in dieser sanften Achtsamkeit einen Moment Zeit und kehre in deine Mitte zurück. Atme und ruhe einen Moment in der Stille. Sprich das Wort *Ahimsa* (es bedeutet *das Nicht-Verletzen*) und wiederhole es als Mantra den ganzen Tag über. So kehrst du immer wieder zum Rhythmus des EinsSeins zurück.

Stell dir die Übung als eine Bewegungsmeditation vor wie z.B. Tai-Chi oder als einen fließenden Tanz wie z.B. Ballett. Erlaube jeder Bewegung, zu entstehen und dann fließend in die nächste überzugehen. Alle Atemzüge, Schritte und Gedanken sind miteinander verbunden. Während du diese Übung durchführst, werden sich deine Gedanken verlangsamen und beruhigen. Deine Atmung wird tiefer und entspannter. Du erlebst die Schönheit, Freude und Energie des Lebens. Du fühlst dich mit deiner eigenen tiefen Unversehrtheit verbunden und mit der Unversehrtheit des Lebens, das dich umgibt. In diesem Zustand bist du in *Ahimsa,* empfindest Mitgefühl für dich und deine Mitmenschen und bist eins mit allen Dingen. Paradoxerweise werden deine Bewegungen graziöser, kräftiger und zielgerichteter, wenn du deine Geschwindigkeit deinem natürlichen Rhythmus anpasst. So kannst du mit weniger Aufwand und Energie mehr erreichen, erschaffen und empfangen.

Experimentiere heute mit Geschwindigkeit, Rhythmus und Bewegung. Entdecke den Rhythmus des EinsSeins für dich selbst und teile deine Erkenntnisse mit anderen.

Affirmation

ICH BIN im Gleichklang mit dem Rhythmus meines Herzens, in Harmonie mit der Bestimmung meiner Seele und schwinge mit der gesamten Schöpfung.

Schritt 2
Der Atem des EinsSeins

»Die Grundlagen von Himmel und Erde leben in dir.
Das Leben selbst ist Wahrheit, und das wird sich niemals
ändern. Alles im Himmel und auf Erden atmet.
Der Atem ist der Strang, der die Schöpfung verknüpft.«
Morihei Ueshiba

»Die Liebhaber des Altertums glaubten,
dass ein Kuss ihre Seelen vereinen würde,
da man sagte, dass der Atem die Seele trägt.«
Eve Glicksman

»Der Atem ist die Brücke, die das Leben mit dem
Bewusstsein verbindet, die deinen Körper mit deinen
Gedanken vereint.«
Thich Nhat Hanh

James: In fast jeder Meditationstechnik ist es ein wesentlicher Bestandteil, dem Atem zu folgen. Gleichzeitig ist es
eine wundervolle Möglichkeit, EinsSein zu verstehen. Wir
atmen ein und aus, und obwohl dieser Vorgang zwei unterschiedliche Handlungen beinhaltet, müssen wir doch
beides durchführen, um leben zu können. Fließt der Atem
nur in eine Richtung, sterben wir. Doch in Wirklichkeit
unterscheiden sich die beiden Vorgänge nicht. Wenn wir

unserem Atem folgen und uns den ganzen Tag über auf ihn konzentrieren, kann uns das helfen, in einem Zustand aktiver Entspannung zu verweilen. Darüber hinaus können wir EinsSein in einem größeren Ausmaß wahrnehmen.

Anakha: Der Atem des EinsSeins verbindet uns in alle Richtungen. Er verbindet uns im gegenwärtigen Moment mit uns selbst, mit denen, die vor uns waren, und mit denen, die nach uns kommen werden. Es ist ein phantastischer Prozess: Wir verbinden uns innerlich und nach oben, indem wir in den Geist Gottes atmen. Gleichzeitig erfahren wir durch unseren Atem eine waagerechte, externe Verbindung untereinander. Es ist ein kollektives Einatmen des Lebens, und durch diese einfache Erkenntnis sind wir alle miteinander verbunden.

Auch wenn wir auf diesem Planeten so viele Unterschiede erleben, so gibt es doch auch grundlegende Dinge, die wir teilen. Jeder Mensch atmet in diesem Moment das Leben. Das ist wunderschön, wenn ich darüber nachdenke. Mich in dieser Gleichheit mit meinen Brüdern und Schwestern überall auf der Welt wirklich zu verbinden, ist ein faszinierender Gedanke.

James: Mir gefällt deine Erklärung des »kollektiven Einatmens des Lebens«. Denk einmal darüber nach: Bei jedem Atemzug atmen wir mindestens eine Million Atome ein, die auch Jesus, Buddha, Gandhi und jeder andere Mensch, der je gelebt hat, eingeatmet hat. Jeder einzelne Atemzug verbindet uns mit jeder anderen Person, die je auf diesem Planeten gelebt hat. Jeder Atemzug verbindet uns also förmlich mit einem Zustand des EinsSeins – nicht nur theoretisch, sondern auch in der konkreten physischen

Handlung. Deshalb können wir unseren Atem im Alltag als Erinnerung an das EinsSein benutzen. Durch unsere bewusste Atmung und unsere Verbindung mit jedem Menschen, der jetzt lebt oder jemals gelebt hat, erkennen wir dies an.

Anakha: Das ist bezaubernd. Wenn ich bewusst mit anderen oder sogar für andere Menschen oder Orte auf der Welt atme – ich denke da z.B. an Israel –, kann ich durch meinen mit Liebe erfüllten Atem mein Mitgefühl für Israel oder für jeden anderen Ort auf der Welt, der Trennung, Konflikte etc. erfährt, genau dorthin fließen lassen.
Was wäre, wenn ich durch bewusstes Atmen Liebe fließen lassen könnte? Du wirst bemerken, dass du die Geschwindigkeit und Tiefe der Atmung einer anderen Person verändern und regulieren kannst, wenn du mit ihr zusammen atmest. Als ich heute Morgen meine Übungen gemacht habe, wurde ich mir plötzlich unterschiedlicher Orte auf der Welt bewusst. Ich konnte auf einmal spüren, wie mein Herz weicher wurde, als wahres Mitgefühl aus dem EinsSein in mir aufstieg, nachdem ich mich ganz bewusst mit meinem Atem verbunden hatte.

James: Wir können mit dem Atem des EinsSeins unsere Herzen weicher werden lassen, um den Zustand des EinsSeins zu erleben, der uns überall umgibt. Das ist etwas, was wir in den alltäglichsten Momenten unseres Lebens anwenden können.

Übung

Beginne diese Übung damit, dir deinen Atem bewusstzumachen, indem du ihn in deinem gesamten Körper aus-
dehnst. Erlaube deinem Atem, durch deine Organe zu fließen, wobei er deine Zellen und Organe, Blut und Knochen
miteinander verbindet. Spüre, wie schön und elegant der
komplexe Aufbau deines Körpers ist. Erlaube deinem Körper, mit jedem Ein- und Ausatmen mit dem Geist Gottes
und des EinsSeins erfüllt zu werden. Dann gestatte dir, im
Geist Gottes und des EinsSeins leer zu werden.
Das hebräische Wort für Atem lautet *Ruach,* doch es bedeutet außerdem Wind und Geist. Dein Atem verbindet
dich mit dem Göttlichen und mit deiner Seele. Er nährt
deine Seele. Belebe nun über deinen Atem deine Seele und
verleihe ihr Ausdruck. Sei dir währenddessen bewusst, dass
Seele und Atem den gleichen Ursprung haben. Lass zu,
dass dich der Atem des EinsSeins erfüllt, der Liebe, Freude,
Frieden und Einigkeit beinhaltet. Atme Trennung aus.
Atme EinsSein ein. Atme Angst und Sorgen aus. Atme die
liebevolle göttliche Präsenz und Kraft ein.
Stell dir nun vor, dass du mit jedem Menschen und jedem
Organismus auf der Welt und im Kosmos atmest. Atme
mit den Bäumen und mit dem Ozean. Atme mit den Kindern in Afrika. Atme mit den Mönchen in Tibet. Atme mit
den Heiligen und Mystikern aus vergangener Zeit: Jesus,
Buddha, Krishna, Moses und Mohammed. Atme mit deinen Freunden, mit deiner Familie, mit deiner Gemeinde.
Atme mit denen, die du als »anders« bezeichnest. Atme mit
den Planeten und den Sternen. Atme mit der gesamten
Schöpfung und sei dir der Wahrheit von ICH BIN *eins*
bewusst. *Wir sind eins.* Erwache zum Leben mit dem Atem

des EinsSeins! Lass deinen Atem ein Gebet für alle fühlenden Wesen sein. Gestatte einem einzigen Wort oder einem Satz, über deine Lippen zu gleiten, und sende es durch deinen Atem des EinsSeins hinaus in die Welt. Bei dieser Übung wird dein Atem zu einem Gebet und einem tiefen Akt von heiligem Handeln.

Übe den Atem des EinsSeins mindestens fünf Minuten morgens und abends. Dann wird sich deine Seele an einen himmlischen Frieden gewöhnen. Geh im Lauf des Tages, so oft du möchtest, in dieses Gefühl zurück, um die göttliche Präsenz zu üben, ganz gleich, wo du bist und was du auch tust.

Affirmationen

ICH BIN das atmende Leben, und das Leben atmet mich.
ICH BIN im Geist des Lebens für immer mit meiner Seele verbunden. ICH BIN, ICH BIN, ICH BIN.

Schritt 3
Der Klang des EinsSeins

»Jedes Element hat einen Klang, einen Urklang
direkt von Gott. All diese Klänge vereinen sich
wie die Harmonie von Harfen und Zittern.«
Hildegard von Bingen

» Wir müssen Gott finden, und wir können ihn nicht in
Lärm und Unruhe finden. Gott ist ein Freund der
Stille. Sieh dir an, wie die Natur, wie Bäume, Blumen
und Gräser in der Stille gedeihen. Wir brauchen die
Stille, um Seelen berühren zu können.«
Mutter Teresa

»Der erste Schritt der Gottesverehrung ist die Stille.«
Mohammed

James: Unser Ego will auf gar keinen Fall ruhig oder still
sein. Es ist ihm viel lieber, wenn wir in unserem Leben
rund um die Uhr beschäftigt sind. Unsere Seele hingegen
hört genau hin und kann sich in der Stille voll entfalten.
Alles harmoniert, und wir erinnern uns an unseren natür-
lichsten Zustand. Diesen Zustand erlebten wir bei unserer
Geburt, als wir das Gefühl des EinsSeins mit einer erstaunlichen Klarheit und Leichtigkeit erfahren haben. Wenn wir
jeden Tag ein paar Minuten in der Stille verbringen und

unserem Herzen, unserem Atem oder den Geräuschen um uns herum lauschen, werden wir den Klang des EinsSeins wieder hören. Ich denke, dass es an dieser Stelle angebracht ist, kurz über die Unterschiede von Ego und Seele zu sprechen. So können wir verstehen, was wir loslassen und was wir Neues in unser Leben bringen.

Anakha, wie würdest du das Ego beschreiben?

Anakha: Also, ich würde das Ego so beschreiben, wie ich es selbst erfahre. Ich spüre das Ego, wenn ich eingeengt bin und mich getrennt fühle von der Wahrheit, nämlich »Ich bin Liebe« und »Ich bin ganz und vollkommen«. Wenn mein Ego dominiert, habe ich die Angst, dass ich nicht gut genug bin, dass ich im Leben nicht unterstützt werde, dass ich nicht hierhergehöre und dass ich nicht weiß, wie ich mich mit meinen Mitmenschen verbinde. All diese Verletzungen, diese angstvollen Gedanken, die meinen Atem und mein Herz verengen und meinen natürlichen Rhythmus ändern, sind Ausdruck meines Egos.

Das Ego sagt mir, dass ich als Person, die ICH BIN, nicht genug bin und niemals sein werde. Ich denke, dass wir alle irgendwo diese tiefe Angst in uns tragen. Die Angst, nicht gut genug zu sein, und dass unsere Intelligenz, unsere Schönheit, unser Talent und was es sonst noch gibt, nicht ausreichen. Das Ego spricht mit der Stimme des Mangels, der Begrenzung und des »Nicht-genug-Seins«. Doch wenn die Seele wirklich geerdet und mit allem verbunden ist, flüstert sie uns heilsamen Trost und wunderschöne Affirmationen ins Ohr, die unsere Ganzheit, unsere Vollständigkeit und unsere Zugehörigkeit bekräftigen. Die Seele sagt uns, dass wir in diesem Moment genau die Person sind, die wir von Geburt an sein sollten.

James: Viele Menschen haben vielleicht schon folgende Bezeichnung für das Ego gehört: etwas, das Gott hinausdrängt. Wenn wir uns Gott als den perfekten Zustand des EinsSeins vorstellen, dann grenzt das Ego das EinsSein aus, da es die Trennung aufrechterhalten muss. Ironisch hierbei ist, dass sich das Ego mit seiner Enge und Angst selbst isoliert und eigentlich versucht, sich zu schützen. Wenn man sich aber entspannt auf die Seele einlässt und einen Moment ganz still ist, dann kann man sich ganz leicht und natürlich auf das EinsSein einlassen. Dabei muss man nichts *tun,* sondern einfach nur *sein.* Das Ego engt ein, wohingegen die Seele weitet. Dieses Weitwerden ist der natürlichste Zustand, den wir je erreichen können.

Anakha: Ich denke gerade an den Begriff »Coca-Koma« von Andrew Harvey. Er beschreibt die betäubenden Ablenkungen und Beschäftigungen des Alltags. Der Konsumdrang der Menschen ist ein Versuch, die tiefen Ängste des Egos und die kraftvollen Botschaften der Seele auszublenden. Um Ängste und Verletzungen kompensieren zu können, versuchen die Menschen, noch mehr zu erreichen, noch mehr zu besitzen und die Besten zu sein.
Im Alltag in die Stille zu gehen, und sei es nur für ein paar Minuten, ist mit Sicherheit eine Form des spirituellen Handelns und des Friedensstiftens. Man entzieht sich dadurch der Hysterie des kollektiven Egos und der Angst in der Welt und erfährt ein tiefes Wissen von EinsSein, Ganzheit und Wohlbefinden. Man verliert sich so leicht in den kleinen Dramen des Alltags und vergisst dabei, im Rhythmus und im Atem des EinsSeins zu bleiben. Aus diesem Grund ist die Stille so wichtig für uns. In der

Stille lassen wir uns immer mehr auf das Herz ein und können den Klang des EinsSeins – unserer Seele – wahrnehmen.

Übung

Die Reise in den Tempel deines Herzens, den innersten Raum deines Seins, beginnt und endet in der Stille. Diese Übung soll dir helfen, die Einsamkeit in dir zu suchen und Zuflucht in Gottes Armen zu finden – wie in einer besinnlichen Umarmung des EinsSeins. In der Stille berührst du den ruhenden Punkt in dir und liegst in den grünen Wiesen deiner Seele. Lausche dem Klang des EinsSeins in diesem heiligen Raum. Dieser Klang ist das Flüstern des göttlichen Geistes, ein Flüstern von Wahrheit und Vertrauen. Du spürst, dass alles eins ist und alles gut ist.

Die heutige Übung kann im Freien durchgeführt werden, im Taxi oder während eines Geschäftstermins. Wenn du innere Stille im Alltag praktizierst, dringt das Bewusstsein von EinsSein mitten in dein Leben. Diese Übung lässt dich die Kraft und Präsenz Gottes in jeder Situation deines Lebens erfahren und bringt sie in alle Lebensbereiche wie Gesundheit, Beziehungen, Karriere und Geldangelegenheiten. Ein stiller Retreat ist ebenfalls eine reiche Erfahrung, die deine Fähigkeit, dich mit dem EinsSein zu verbinden, erweitert.

Beginne diese Übung, indem du zur Ruhe kommst und deinen Atem verlangsamst. Öffne dein Bewusstsein für den jetzigen Moment. Erlaube deinen Gedanken, sich zu beruhigen und in Zeitlupe vor deinem geistigen Auge vorbeizuziehen. Folge den spiralartigen Bewegungen deines Atems bis ins Innere deines Herzens. Dein Herz hört dir immer zu. Es ist eine kosmische Quelle der tiefen Kommunikation. Tauche mit jedem Atemzug tiefer in die Ruhe und Stille ein. Suche und befreie deine Seele. Werde dir deiner inneren Landschaften gewahr. Atme. Atme ein und atme aus. Lass los. Lass dich von der Stille forttragen und dich tiefer und tiefer in dein inneres Heiligtum führen. Suche es, so wie es dich sucht. Sei ganz still. Ruhe im ICH BIN, während du lautlos atmest und dem Klang des EinsSeins lauschst.

Vertraue dem, was an die Oberfläche kommt. Vertraue deinem inneren Hören. Lausche dem Flüstern, der Stimme deiner geistigen Führung, den trostspendenden Worten der Engel und der Wahrheit deiner ganz eigenen inneren Stimme. Sei aufmerksam und empfange. Erlaube dem Klang des EinsSeins, dein Herz, deine Seele und deinen Geist zu verjüngen, aufzubauen und neu zu ordnen. Atme. Sei ganz still und sei dir bewusst: ICH BIN.

Lass nun die Fragen an das Göttliche zu, die an diesem Ort der Stille langsam hochkommen, ganz ohne dein aktives Zutun. Die göttliche Führung ist dir so nah wie dein eigener Atem. Lausche. Empfange. Vertraue. »Wer bin ich? Warum bin ich hier? Was ruft mich? Wer soll ich nun im Bewusstsein werden?«

Erlaube, dass dein eigener Klang des EinsSeins zum Ausdruck kommt, und fühle die Schwingung tief in deinem Herzen. Gib ihr eine Stimme. Sei dir bewusst, dass es sich hier um dein Lied handelt, das du lernen, singen und teilen sollst.

Kehre im Laufe des Tages immer wieder an deinen heiligen Ort der Stille zurück. Dieser Platz ist immer in dir und ist einer deiner wertvollsten Reichtümer. Benutze diese Übung dafür, die Präsenz Gottes zu pflegen, und du wirst entdecken, dass das EinsSein in der Stille zu dir spricht.

Affirmation

ICH BIN der Klang der Stille und lausche dem Flüstern meiner Seele, die mir sagt, dass alles eins ist, alles gut ist und dass ich geliebt werde.

Schritt 4
Der Blick des EinsSeins

*»Mit einem entzückten Blick betrachteten wir den
weißen Mond, wie er leise hinter den hohen Bäumen
aufstieg, die Silberstreifen, die er auf die schlafende
Natur warf, die hellen Sterne blitzten in der tiefen
Nacht, der leichte Atem des Abendwindes ließ die
schneeweißen Wolken mühelos vorüberziehen; all das
hob unsere Seelen in den Himmel.«*
Theresa von Lisieux

*»Wenn die Augen des Herzens geöffnet werden,
offenbart sich die Schöpfung als das, was sie wirklich
ist, nämlich der Körper des Göttlichen Lichts.«*
Andrew Harvey

*»Der Tag, an dem ich mein spirituelles Erwachen
erleben durfte, war der, an dem ich alle Dinge in Gott
und Gott in allen Dingen erkannte.«*
Mechthild von Magdeburg

James: Hast du einer anderen Person jemals offen und ehrlich in die Augen geschaut, ohne dabei zu urteilen? Wenn
du der Person lange genug in die Augen siehst, kannst du
womöglich ein Gefühl tiefer Verbundenheit oder des Mitgefühls spüren. Oder sogar ein Gefühl von EinsSein. Was

wäre, wenn du dir selbst auf die gleiche Art und Weise in die Augen sehen würdest? Beim Blick in den Spiegel würdest du dir vielleicht erlauben, tief in dein Herz und deine Seele zu schauen.

Wenn jeder diese Übung täglich ausführen und das Göttliche in jedem sehen würde, und sei es nur für einen kurzen Moment, welche Auswirkungen hätte das auf die Welt?

Anakha: Ich glaube, dass die Menschen unbedingt gesehen, erhört und aufgenommen werden möchten. Sie sehnen sich nach wahrer Präsenz. Unser Leben wird bestimmt von regelmäßigen Aktivitäten, von Herausforderungen und von Stress (sogar bei Dingen, die wir gerne machen). Da ist es ein seltenes und bezauberndes Geschenk, wenn man einen Menschen an seiner Seite hat, der einfach präsent ist und die Stille mit einem genießt. Er nimmt einen so wahr, wie man wirklich ist. Die Fähigkeit des Menschen, präsent zu sein und andere Individuen in ihrer wahren Natur zu erkennen, ganz ohne Verurteilungen und Erwartungen, ist der schönste Besitz in der »Medizintasche« des EinsSeins. Wir können in einem Zustand von *Namaste* sein (d.h. den Christus in jedem Menschen ehren), indem wir uns selbst durch diese Brille betrachten. Es ist eine große Herausforderung, eine andere Person als einen Ausdruck des EinsSeins, des Göttlichen zu verstehen, wenn wir uns selbst nicht so sehen können.

James: Für mich ist Präsenz so ein wichtiger Aspekt, um EinsSein in unserem Leben annehmen und erfahren zu können. Die Vorstellung, dass jemand absolut im Moment lebt, wirkt auf mich sehr anziehend und verlockend. Wenn man mit einem geliebten Menschen zusammen ist, der ganz und gar im Jetzt lebt, empfängt man eines der aufregendsten und schönsten Geschenke, das man sich vorstellen kann. Da Geben und Nehmen im Kern das Gleiche sind, dienen wir als Verbindungselement nicht nur uns selbst, sondern auch unseren Mitmenschen.

Ich kann einen anderen Menschen betrachten und mich gleichzeitig in seinen Augen so sehen, wie ich wirklich bin. Das ist meiner Meinung nach das, was der Blick des EinsSeins bedeutet: die Fähigkeit, sich ineinander wiederzuerkennen und dabei jeden Moment als Chance zu nutzen, das EinsSein im Leben zu erfahren.

Anakha: Das hast du sehr schön gesagt. Ich denke daran, wie doch jeder Mensch in unserem Leben ein Lehrer auf dem Weg zum EinsSein für uns ist. Ich spreche jetzt nicht von den Lektionen, die man in alltäglichen Begegnungen lernt. Ich spreche davon, dass man durch gegenseitiges Beobachten einen Wegweiser für das Leben in der Welt erhält. Mal ist man Lehrer, mal ist man Schüler. Oft ist einem das nicht bewusst. Wenn man das Bewusstsein erhöht und sich daran erinnert, dass man im EinsSein verankert ist, dann bietet man anderen Menschen eine Möglichkeit, Zugang zu ihrem eigenen EinsSein zu erlangen.

Wenn wir diese Haltung einnehmen, demonstrieren wir eine neue Art zu leben. Wir können von unten eine »Revolution des EinsSeins« starten und einen Domino-Effekt auslösen, so dass immer mehr Menschen Teil dieser Bewegung werden! Ich bin der festen Überzeugung, dass wir anderen Menschen durch unsere Präsenz die Chance bieten können, EinsSein zu erfahren.

Übung

Der französische Philosoph Pierre Teilhard de Chardin sagte: »Für diejenigen, die wissen, wie man sieht, ist nichts hier unten auf der Welt gottlos.« Weißt *du*, wie man sieht? Bist du bereit, dich und dein Leben mit dem Blick des EinsSeins zu betrachten? Bist du bereit zu erkennen, dass es Trennung nicht gibt, und dem Göttlichen in dir zu begegnen?

Die heutige Übung lädt dich ein – nein, sie drängt dich dazu –, mit dem bezaubernden und erwachten Blick des EinsSeins auf dich und alle deine Lebensumstände zu schauen, und zwar auf die guten *und* die schlechten. Betrachte alles als verbunden und göttlich geordnet. So wirst du eingestimmt auf dein wahres Ich und dein höchstes Wohl. Stell dir vor, wie nichts in dir oder deinem Leben außerhalb des EinsSeins ist und du alle Dinge als heilig wahrnimmst. Sprich Dank aus für diese unglaublich schöne Perfektion.

Um deine Achtsamkeit zu erhöhen, beobachte die Schönheit und Kreativität, die sich in deiner Umgebung widerspiegelt. Blicke mit Ehrfurcht in den sternenklaren Nachthimmel. Nimm den zerbrechlichen Mut des ersten Krokusses im Frühling wahr. Staune über die Symmetrie einer Schneeflocke oder über die Komplexität eines Babys. Sieh deinen Körper, von Kopf bis Fuß, voller Bewunderung an. Suche die Schönheit in einer Reklamewand, in einer Straßenbahn, in einem Welpen, in einer Bäckerei, in einem Grashalm. Denn all diese Dinge besitzen eine göttliche Aura. Sei dir der folgenden Wahrheit bewusst: Die physische, greifbare Welt ist wirklich ein göttlicher Ort. Du stehst auf heiligem Boden. Alles auf unserer Erde ist Teil von Gottes heiliger Schöpfung.

Betrachte alles mit dem bewundernden, erwachten und neugierigen Blick des EinsSeins. Auf diese Art und Weise zu sehen ist ein wesentlicher Schritt, um Gottes Liebe für die Welt und das Leben, das sie trägt, zu verstehen. Erwecke heute den Blick des EinsSeins in dir. Gib deinen Augen nach und empfange mit deinem Herzen. Erkenne Christus in jeder Person und empfange jeden mit *Namaste*. Erfreue dich an deiner neuen Art zu sehen!

Affirmation

ICH BIN ein Teil der Welt und nehme sie mit einem erwachten und verzauberten Blick wahr. Ich erkenne mich in Gott, und ich erkenne Gott in allen Dingen. Namaste.

Schritt 5
Das Herz des EinsSeins

*»Die Liebe ist der wesentliche Teil aller
Glaubensrichtungen. Der wahre Mystiker heißt sie
willkommen, ganz gleich, in welchem Gewand sie
erscheint. Ich folge der Religion der Liebe, egal, in
welche Richtung ihre Kamele auch gehen mögen.«*
Ibn al-Arabi

*»Die Liebe ist die Anziehungskraft, die die Elemente
der Welt verbindet und zusammenführt. Tatsächlich ist
die Liebe die Ursache des kosmischen Ursprungs.«*
Pierre Teilhard de Chardin

*»Die Liebe ist ein Abkömmling der spirituellen
Anziehung, und solange diese Anziehung nicht im
Moment entsteht, wird sie nicht in Jahren oder
Generationen entstehen.«*
Khalil Gibran

James: Was würde passieren, wenn du jeden Tag eine Stunde lang in deiner Nachbarschaft oder Stadt spazieren gehen würdest? Oder wenn du jeden Menschen, egal, wo du gerade bist, mit den Augen des EinsSeins betrachten würdest? Wie wäre es mit einer halben Stunde? Sogar ein paar Minuten würden ausreichen, um dein Herz zu öffnen und dir zu helfen, die tieferen Impulse wahrzunehmen, die das Ego nicht begreifen kann. Das Herz versteht. Wenn dein Herz offen ist, wie würde das dein Leben und deinen Umgang mit deinen Mitmenschen verändern?

Meist sind wir distanziert und kühl. Wir vergessen dabei, dass Leben im EinsSein etwas ganz Natürliches und Wundervolles ist. Sind unsere Herzen offen, sehen wir das, was wir sonst verpassen würden, dass nämlich das EinsSein immer da ist.

Auf die Frage »Welche einfache Meditation kann mein Leben verändern, wenn ich sie jeden Tag praktiziere?« antworte ich für gewöhnlich: »Verbringe jeden Tag ein paar Minuten damit, einfach nur umherzugehen und dabei die Liebe (oder Christus oder Gott) in jedem Menschen zu sehen, der dir begegnet.« Das Schöne dabei ist, dass es sich zunächst wie eine Metapher anhört. Doch das ist es nicht, es ist die Realität. Es ist real, und man kann es tief in sich spüren. Man empfindet eine sofortige Verbindung zu der anderen Person und erfährt das EinsSein auf die wohl greifbarste Art und Weise.

Anakha: Diese Übungen werden Teil des aktiven Lebens werden und nicht länger nur als Worte auf dem Papier existieren oder als festgelegte Rituale. Sie werden uns in das Herz des EinsSeins führen und uns eine neue Seins- und Lebensform lehren. Auf der Reise ins EinsSein muss der Blickwinkel vom Verstand in das Herz verrückt werden. Der Verstand ist so konzipiert, dass er die ganze Zeit über auswertet, bewertet, trennt und strukturiert. Doch das Herz verfügt über eine ganz andere Intelligenz, nämlich über die Weisheit des EinsSeins. Das ist das mächtigste Werkzeug, das die Menschen derzeit besitzen.

Die düstere Lage der Welt ist nämlich eine Widerspiegelung des Herzens. Die Menschen sehen sich mit Herausforderungen konfrontiert, die aus einem Mangel an Liebe entstanden sind. Es mag unterschiedliche Betrachtungsweisen für diese Schwierigkeiten geben, doch letzten Endes sind unsere Probleme alle ein Ruf nach Liebe und Güte. Allein durch ein erwachtes, erleuchtetes, weiches Herz kann die Liebe frei fließen. Das Herz weiß, was es braucht, um im EinsSein zu leben und dies in der Welt zum Ausdruck zu bringen. Es gibt bereits inspirierende Ideen und Lösungen für die Wirtschaft, das Bildungssystem, für internationale Beziehungen. Diese Kreativität kann einzig und allein von einem erwachten Herzen wahrgenommen und empfangen werden.

James: Mir gefällt deine Beschreibung davon, dass es sich hier um eine lebendige Realität handelt, die langsam in die gewöhnliche Welt einfließt. Und ich denke daran, wie es unsere Welt, unsere politischen und sozialen Systeme und natürlich unsere Familien transformieren kann. Wenn man im EinsSein lebt, ist das ein anderer Ausdruck dafür, dass man im Gleichgewicht lebt. Es ist wichtig, zu verstehen, dass es sich dabei um ein *dynamisches* Gleichgewicht handelt. Manchmal glauben die Menschen, dass das Gefühl von Stabilität und Frieden etwas Statisches ist oder gar langweilig. Wer will schon die ganze Zeit an der gleichen Stelle bleiben? Man hat das Gefühl, dass nichts passiert. Diese Sichtweise ändert sich jedoch, wenn man EinsSein als dynamisches Gleichgewicht wahrnimmt und nicht als etwas Unbewegliches. Es ist eher wie eine Vor- und Zurück-Bewegung. Zwischen uns existiert ein dynamisches Fließen, das wir als lebendige Realität erfahren. Der Wille, dieses Gleichgewicht wirklich zu leben und nicht nur darüber zu sprechen, schafft ein Verbindungselement, das uns noch tiefer in das Wesen des EinsSeins führt.

Anakha: Bei dem Begriff Verbindungselement muss ich daran denken, dass auch dort, wo man glaubt, nur Angst, Dunkelheit und Enge zu begegnen, ein Funke des EinsSeins ist. Mit einem offenen und empfänglichen Herzen kann man diese Verbindung, diese Brücke tatsächlich spüren. Durch unsere Liebe kann das EinsSein aus der Trennung heraus geboren werden.

Übung

Heute regen sich unsere Herzen, da sie wissen, sie sind der Sitz des EinsSeins. Denn nur mit einem erwachten, erleuchteten und offenbarten Herzen kann man EinsSein verkörpern und den Mut aufbringen, die Trennung in sich selbst und der Welt zu durchschauen.

Beginne nun mit dem Atem des EinsSeins. Öffne dein Herz, lass es weich werden, so dass sich vorhandene Barrieren auflösen können. Dein Herz ist dein größtes Kapital und Sitz deiner höchsten Intelligenz. Es ist ein göttliches Werkzeug der Liebe und Ausdruck des Friedens.

In der heutigen Übung wollen wir den Panzer, der sich um dein Herz gelegt hat, aufbrechen. In Matthäus Kapitel 7, Vers 7 sagt Jesus: »Bittet, so wird euch gegeben; suchet, so werdet ihr finden; klopfet an, so wird euch aufgetan.« Klopfe an die Tür deines Herzens und erlaube ihm, sich ganz zu öffnen!

Richte nun deine Aufmerksamkeit auf deinen Atem. Lass

deinen Atem dein Herz liebkosen. Lass den Atem des Eins-Seins wie eine Massage auf dein Herz wirken. Auf Aramäisch heißt »Klopfe, und dir wird aufgetan« *Qush Wa Ephphetha* (»koosh wa ef-fa-tah«). Das Wort *Qush* (klopfe) schafft den Raum, dein Herz ganz sanft zu öffnen. Das Wort *Ephphetha* (dir wird aufgetan) betont den natürlichen Vorgang, der sich leicht und mühelos vollzieht.

Klopfe an die Tür deines Herzens und erlaube, dass sie geöffnet wird. Mach diesen Vorgang zu deinem Mantra. Ergebe dich und lass zu, dass dein Herz von den Mauern befreit wird.

Beginne bewusst zu atmen und zu singen: *Qush Wa Ephphetha. Klopfe, und dir wird aufgetan.* Finde deine Geschwindigkeit, deinen eigenen Rhythmus. Spüre in dein Herzzentrum hinein und lausche, während du die heiligen Worte der Ergebenheit singst. Du kannst das Aramäische oder die deutsche Übersetzung oder beide benutzen. Wichtig ist, dass es sich gut für dich anfühlt:

Qush Wa Ephphetha. Klopfe, und dir wird aufgetan.
Qush Wa Ephphetha. Klopfe, und dir wird aufgetan.
Qush Wa Ephphetha. Klopfe, und dir wird aufgetan.

Hör nicht auf zu singen, zu atmen, anzuklopfen und zu öffnen. Spüre die Resonanz tief in dir und sei gewiss, dass dein Herz beginnt, sich zu öffnen. Spüre, wie der Damm bricht und die Liebe an die Stellen fließt, wo dein Herz in Mauern aus Angst eingeschlossen war. Nimm wahr, wie die Kraft und die Präsenz der Liebe in dir stetig zunehmen. Beobachte, wie deine Ängste und begrenzenden Glaubenssätze langsam zerfallen und fortgetragen werden. Die Liebe fließt in dir und durchdringt all die Schlupfwinkel deiner

Gefühle, so dass du schließlich wahre Liebe erfahren kannst.

Lass zu, dass du auf allen Ebenen gereinigt wirst. Wiederhole folgendes Gebet und halte nichts zurück. Sinke voll und ganz in die Arme Gottes, ergebe dich dem Mysterium Leben, dem Feuer der heiligen Liebe, das in dir brennt.

Lieber Gott,
ich klopfe von innen,
mein Herz öffnet sich von innen.
Ich wünsche mir Erneuerung,
ein Wiederauferstehen in meiner Ganzheit.
Heiliger Geist, Maranatha (unser Herr, komme).
Komme und verrichte jetzt deine heilige Arbeit in mir,
in meinem Leben
und in meinen Beziehungen.
Ich bitte um deine Gnade und um deine Kostbarkeit,
während du meinem Herzen neues Leben einhauchst.
Qush Wa Ephphetha. Klopfe, und dir wird aufgetan.
Amen.

Affirmation

ICH BIN vor der Tür meines Herzens, klopfe und öffne die Tür zur unvorstellbaren Fülle und Kraft der göttlichen Liebe in mir.

Schritt 6
Der Körper des EinsSeins

*»Betrachte dich als eine Seele mit Körper
und nicht als einen Körper mit einer Seele.«*
Dr. Wayne W. Dyer

*»Unsere Körper wissen genau, wohin sie gehören. Es ist
unser Verstand, der unser Leben so heimatlos macht.«*
John O'Donohue

»Der Körper ist ein heiliges Gewand.«
Martha Graham

James: Wir betrachten unseren Körper als ultimatives Symbol unserer Trennung von allem um uns herum. Schließlich unterscheidet sich mein Körper von deinem. Auch wenn ich einen Zwillingsbruder hätte und der Durchschnittsmensch uns nicht auseinanderhalten könnte, so würde doch unsere Mutter immer die kleinen Unterschiede zwischen uns erkennen.

Obwohl unsere physischen Körper uns voneinander trennen, so können sie uns doch dabei helfen, uns an unser EinsSein zu erinnern. Wenn man z.B. verliebt ist oder miteinander schläft, erinnert man sich an das EinsSein. Was wäre, wenn man seinen Arm oder sein Bein spürt und sich gleichzeitig erinnert, dass jeder Körperteil Teil *eines*

Körpers ist? Es ist wie mit allen anderen Dingen, die den Menschen scheinbar trennen. Entweder lebt man getrennt, oder man lebt als ein Ganzes. Das liegt ganz allein bei einem selbst.

Anakha: Für viele Menschen veranschaulichen unsere physischen Unterschiede unsere Trennung. Viele Menschen sind unzufrieden mit dem eigenen Körper oder tragen Ängste in sich. Um sich wirksam und auf »mikrokosmischer« Ebene allmählich mit dem EinsSein zu verbinden, sollte man sich zunächst mit sich selbst verbinden. Sobald man sich im Einklang mit seinem Körper fühlt, gelangt man an einen Ort, an dem man Liebe und Akzeptanz für den wunderschönen Ausdruck des EinsSeins empfindet, die der physische Körper tatsächlich ist. Man erkennt, dass jeder Teil des Körpers eine bezaubernde Funktion und Bestimmung hat.

Der Mensch beginnt, seinen Körper als erstaunliches Gefährt zu begreifen, das ihn durch die Welt geleitet. Es ermöglicht einem die unfassbarsten Erfahrungen. Man kann einen Sonnenuntergang betrachten, eine Mango essen, mit Kindern tanzen oder barfuß am Strand laufen. Ich denke, je größer die Wertschätzung für dieses Mysterium wird, desto mehr können wir das Bild eines menschlichen Organismus als Metapher für die ganze Welt ansehen. Sie ist Ausdruck eines gemeinsamen Körpers, in dem alle Teile mit besonderer Eleganz, Präzision und Harmonie zusammenarbeiten.

Übung

Dein Körper ist Ausdruck lebendigen EinsSeins, ein Tempel für das Göttliche. Wenn du nicht mit dir selbst verbunden bist, dann bist du nicht in Verbindung mit deiner wahren Natur. Du bist nicht im Einklang mit dem Rest der Welt. Dadurch bist du nicht in der Lage, die vielen Segnungen und das Glück des EinsSeins zu erfahren.

Nimm dir heute einen Moment Zeit, still zu werden und deinem Atem zu lauschen. Stell dir vor, dass dein Körper ein Instrument ist, das gestimmt werden muss. Zur Ruhe zu kommen hilft dir dabei, wieder ganz präsent zu sein und dich im Einklang mit der Welt zu fühlen. Völlig präsent in sich selbst zu sein bedeutet, dass du stets gestimmt bist und mit jedem Moment mitschwingen kannst. Ganz gleich, ob du eine Empfindung, ein Gefühl oder eine Erfahrung ablehnst oder magst, du umarmst das EinsSein des Lebens. Diese Übung verbindet dich wieder mit deinem natürlichen Zustand des Seins.

Beginne nun, dich auf deinen Körper einzustimmen. Achte auf jede Empfindung, die du spürst, wie Spannung, Energie, Kälte, Taubheit, Lebendigkeit, Freude oder andere Gefühle. Erlaube dir, in deinem Körper präsent zu sein. Beobachte behutsam deine Wertungen, Ängste, Ablenkungen und Projektionen, wenn sie an die Oberfläche treten. Konzentriere dich nun wieder auf deinen Atem. Erkenne die Wahrheit an, dass dein Körper ein Tempel und Ausdruck des lebendigen EinsSeins ist.

Taste deinen Körper weiter ab. Beginne mit den Füßen und arbeite dich dann langsam zum Kopf hoch. Nimm dabei jede Empfindung wahr: Kribbeln, Spannung, Energie, Wärme, Kälte, Geschmeidigkeit, Pulsieren und so weiter. Geh dabei langsam vor und fühle in jeden Körperteil hinein: in deine Füße, Knöchel, Waden, Knie, Oberschenkel, in Becken, Po, Bauch, Brustkorb, Rücken, Schultern, Nacken und Kopf. Lass dir bei dieser Übung genügend Zeit. In der Regel benötigt man etwa zehn Minuten.

Beobachte nun deine Atmung. Ist sie tief oder flach? Schnell oder langsam? Lass sie einfach geschehen. Achte darauf, wie dein Körper auf deine Atmung reagiert. Brustkorb und Bauch heben und senken sich, die Luft fließt durch deine Nase und deinen Hals. Die Lungen drücken sich sanft gegen deinen Rücken. Nimm wahr, wie der Atem bis hinunter in deine Füße gelangt. Wie fühlt sich das an? Wie fühlen sich deine Hände an, wie fühlt sich dein Kopf an?

Stimme dich auf die Feinheiten deines Körpers ein. Spüre deinen Herzschlag und entspann dich, während du dem einfachen und gleichmäßigen Pulsschlag folgst. Es ist der Puls des Lebens, der alles miteinander verbindet.

Erlaube jetzt deinem Körper, in dieser sanften Achtsamkeit und diesem liebevollen Mitgefühl zu verweilen. Verbinde dich mit der Schwingung, dem Gedanken und dem Gefühl von absoluter Liebe. Vielleicht spürst du es zuerst in deinen Zehen, deinen Augen oder in deinem Hals. Ganz gleich, wo du es zuerst wahrnimmst, gib diesem Gefühl Raum zu wachsen, bis es dein ganzes Sein durchdringt. Erfahre absolute und bedingungslose Liebe. Fühle, wie Zellen, Drüsen, Knochen, Blut und Nervensystem in der Frequenz der Liebe schwingen. Atme bewusst Liebe und Mitgefühl in deinen Körper, in deinen Tempel, ein. Es ist wie eine Welle, die sich hebt und senkt. Genieße es, wie die Freude des Lebens und der Liebe durch dich fließt. Bade darin. Spüre das Leuchten in dir.

Richte deine Aufmerksamkeit auf die Körperteile, die dir etwas mitzuteilen haben. Ein Bereich deines Körpers fühlt sich vielleicht verspannt an und schmerzt, oder er ist warm und entspannt. Sei ganz aufmerksam und lausche der Weisheit und Führung deines Körpers. Denn er verfügt über ein enormes Wissen und verbindet dich mit der tieferen Wahrheit des EinsSeins. Im Zustand des EinsSeins sind alle Aspekte des Lebens Ausdruck des Göttlichen, inspirieren und führen dich. Dein Körper ist ein Beispiel für diese Wahrheit.

Du kannst den ganzen Tag über mit dieser Übung spielen, gerade dann, wenn du müde, schlapp oder schlecht gelaunt bist und dich nicht verbunden fühlst. Sobald du die Übung ein paar Minuten ausführst, bist du wieder ganz präsent. Denk daran, dass dein Körper als Instrument des EinsSeins oder aber der Trennung benutzt werden kann. Entscheide dich heute dafür, deinen Körper, diesen Tempel, als einen Ausdruck des lebendigen EinsSeins wahrzunehmen. Lass dich von ihm führen, so dass du eine tiefe und bedeutsame Beziehung mit der Welt eingehen kannst.

Affirmationen

ICH BIN ganz lebendig und erlebe Fülle, im Einklang mit meinem Körper und der Welt.
ICH BIN ein Tempel Gottes und ein Ausdruck des lebendigen EinsSeins.

Schritt 7
Die Wiederherstellung des EinsSeins

*»Und Gott segnete den siebten Tag und heiligte ihn, da
er an demselben geruht hatte von allen seinen Werken,
die er schuf und machte.«*
Genesis Kapitel 2, Vers 3

*»Leere ist der schwangere Hohlraum, aus dem alle
Schöpfung hervorgeht. Doch viele von uns fürchten die
Leere ... Wir bleiben lieber im Reich der Form,
umgeben von Dingen, die wir sehen und berühren
können, von denen wir glauben, sie unterliegen unserer
Kontrolle.«*
Wayne Muller

*»Es gibt Gedanken, die wie Gebete sind. Es gibt
Momente, in denen, ganz gleich, wie die Haltung des
Körpers sein mag, die Seele auf den Knien ist.«*
Victor Hugo

James: Warum arbeiten wir so lange, bis wir keine Kraft
mehr haben? Warum gönnen wir uns nicht die nötige Ruhe
und Entspannung? Liegt es vielleicht daran, dass wir unseren
Schutzschild nicht herunternehmen wollen, um uns zu
erholen, aus Angst, uns könnten sich neue Möglichkeiten
auftun? Will unser Ego vielleicht nicht, dass wir Entde-

ckungen machen? Wenn wir still sind, finden wir uns und werden das EinsSein begreifen. Doch das kann auch etwas sein, vor dem wir Angst haben. Warum? Weil es bedeuten würde, dass wir weitaus mehr Verantwortung tragen, als wir angenommen haben, und zwar nicht nur für uns selbst, sondern auch für die Welt, in der wir leben. Vielleicht ist Erholung eine der vielen Möglichkeiten, wie wir EinsSein erfahren können.

Anakha: Für mich war es eine persönliche Herausforderung, mir genügend Zeit zum Erholen und Auftanken einzuräumen. Mir ist aufgefallen, dass ich, wenn ich mir keine Zeit zum Erholen nehme, schneller Angst davor bekomme, nichts zu tun oder nicht gut genug zu sein. Meistens denke ich, dass ich ständig etwas tun und unterwegs sein muss. Ich muss zu jeder Zeit die Kontrolle behalten und Dinge ins Rollen bringen, anstatt mich auszuruhen und die Kreativität in meinem Leben einfach fließen zu lassen. Nun habe ich begriffen, dass ich still sein muss, damit die göttliche Energie durch mich fließen kann.

Die Wiederherstellung des EinsSeins erfordert, sich zu ergeben und dem Leben zu vertrauen, dass es einen immer unterstützt, liebt und versorgt. Ruhe und Stille sind genau das Gegenteil dessen, was unsere Kultur ausmacht. Die Schnelligkeit und der alleinige Fokus auf Erfolge sind in unserer Kultur zur Norm geworden. Doch das zwanghafte Streben nach Erfolg zieht einen aus dem bewussten Zustand des EinsSeins. Indem man sich entspannt und den Blick nach innen wendet, kann man sich öffnen und empfänglich sein für etwas, das unseren begrenzten Verstand übersteigt. Etwas, das man kaum wahrnehmen, begreifen und empfangen kann.

James: Uns wurde immer gesagt: Je mehr wir leisten, desto wertvoller sind wir. Es wurde eine Unterscheidung gemacht zwischen »tun« und »sein«. Im Laufe der Zeit wurde uns eingebleut, dass einfach nur »sein« mit Faulheit gleichzusetzen ist. Dabei ist es genau dieser Zustand, der es uns ermöglicht, uns zu öffnen, zu entfalten und mehr in der Welt zu bewegen. Je eingeschränkter wir sind, desto weniger können wir erreichen. Wenn man sich erlaubt aufzutanken und sich die Zeit nimmt, sich auszuruhen, zu meditieren und einer spirituellen Praxis nachzugehen, die zu einem passt, dann wird man effektiver in allem, was man tut.

Gandhi sagte einmal: »Du musst der Wandel sein, den du in der Welt sehen willst.« Hierbei geht es nicht um Worte oder Handlungen. Es ist eine Geisteshaltung, die dazu auffordert, zu sein, zu fühlen, und die das ganze Bewusstsein und Leben durchdringen soll, damit der Geist Gottes durch den Menschen wirken kann. Das ist es, was es heißt, ein *Instrument des Friedens* zu sein.

Anakha: Das hast du schön gesagt! Ja, wenn wir den Ort der Ruhe und der Einkehr aufsuchen und im EinsSein verweilen, dann schließen wir uns auf natürliche Weise an die Führung an. Sie hilft uns, voller Inspiration für uns und alle, die mit uns verbunden sind, tätig zu werden und das Beste zu erreichen. Die Wiederherstellung ist insofern von Bedeutung, als dass sie den Menschen befähigt, göttliche Inspiration zu empfangen und Segnungen in die Welt zu bringen.

Übung

Mit der heutigen Übung kehrst du zum heiligen Rhythmus der Ruhe zurück. Damit du dich auf deinen natürlichen Takt einstimmen kannst, musst du deinem Bedürfnis nach Ruhe und Entspannung Beachtung schenken. Der Lohn dafür ist, dass du mit dem EinsSein verbunden bleibst und im Einklang mit deinem Leben und der Welt bist.

Setz dich nicht unter Druck, ständig etwas tun und produzieren zu müssen. Nimm dir Zeit, dich in der Schönheit, der Fülle und dem Vertrauen des heiligen Universums zu erden. Erlaube dir, dich zu entspannen. Such dir einen Ort, an dem du dich hinsetzen oder -legen und einfach sein kannst. Zu ruhen ist eine heilige Praxis. Wiederhole folgende Sätze: »Es gibt nichts für mich zu tun, ich muss nirgendwohin. Nichts, einfach nichts. Hier zu sein reicht vollkommen aus. Ich bin ein Segen.« Entspann dich und sei ganz in allem, was ist. Atme ein, atme aus. Lass dich in die Arme des EinsSeins fallen, in die Arme der Liebe, des Friedens, Gottes. Stell dir vor, fühle und wisse, dass du vom Universum getragen wirst. Du wirst unterstützt, versorgt und erneuert.

Erlaube dem heiligen Rhythmus, dich wieder ins Gleichgewicht mit dir und deinen Mitmenschen zu bringen. Lass dich daran erinnern, wer du wirklich bist und warum du auf der Welt bist. Der göttliche Geist ist da, um deine Kreativität, deine Lust und deine Leidenschaft für das Leben neu zu entfachen. Erlaube dir, umsorgt zu werden, lass los und genieße die Wiederherstellung des EinsSeins, gehalten vom Netz des Lebens. Ruh dich aus, tanke neue Kraft und erinnere dich. Kehre in deine Mitte zurück. Sei dir gewiss, dass du gesegnet bist und gleichzeitig auch ein Segen für die Welt bist. Sei dankbar für das Wunder des Lebens.

Bring dich mit dieser Übung den Tag über immer wieder in das Bewusstsein und die Präsenz des EinsSeins und erneuere deine angeborene Verbindung mit dem Leben. Nimm dir jetzt 10 bis 20 Minuten Zeit, um einfach im EinsSein zu ruhen.

Affirmation

ICH BIN mir bewusst, wer ICH BIN. Ich vertraue der Heiligkeit des Lebens, komme zur Ruhe und suche Schutz im EinsSein.

Schritt 8
Die Quelle des EinsSeins

»Die Freude zu entdecken ist wie eine Rückkehr in einen Zustand des EinsSeins mit dem Universum.«
Peggy Jenkins

»Selbst Könige und Eroberer, die enorme Reichtümer und riesige Gebiete besaßen, können nicht verglichen werden mit einer Ameise, die mit der Liebe Gottes beseelt ist.«
Guru Nanak

»Ich, das feurige Leben der Göttlichen Weisheit – ich entzünde die Schönheit der Ebenen, ich bringe das Wasser zum Funkeln, ich brenne in der Sonne, im Mond und in den Sternen.«
Hildegard von Bingen

James: Jeder Mensch muss sich mit seiner Vorstellung von Gott arrangieren. Ich spreche bewusst von Vorstellung, denn das Ego nimmt Gott als etwas wahr, das entweder leicht zu akzeptieren oder aber zu leugnen ist, und nicht als lebendiges Wesen, das man erleben und erkennen kann. Nun, solch eine Vorstellung von Gott soll um jeden Preis vermieden werden. Vermeidet man sie aber nicht, dann offenbart sich einem die Realität, und man kann sich selbst als eins mit Gott erfahren. Vielleicht predigten deshalb die großen Mystiker, dass wir in Wirklichkeit eins sind mit Gott. Die anderen hingegen, die sich lieber mit Theorien beschäftigen und Theologie studieren, ziehen einen Gott vor, der über die Menschen richtet und den man zu fürchten hat.

Was wäre denn, wenn wir einfach nur still wären und der lebendige Gott uns finden würde? Was würde dann passieren?

Anakha: Eine der spannendsten und aufregendsten Fragen, die wir uns stellen können, lautet wie folgt: »Welche Beziehung habe ich zum lebendigen Gott, zur lebendigen Kraft und Präsenz des EinsSeins? Wie sieht meine engste Verbindung zu Gott, zum Göttlichen, zur Quelle oder wie auch immer man diese Kraft bezeichnen möchte, aus?« Die Verbindung zu allem, was ist, kann für jeden Menschen ganz individuell aussehen und erfahren werden. Jeder hat seine ganz eigene Beziehung zum Göttlichen. Manche erfahren die göttliche Verbindung in der Natur, andere sehen sie im Erwachen des Herzens, und wieder andere erleben sie, indem sie anderen Menschen einen Dienst erweisen oder mit ihnen lachen und spielen. Ich glaube, es ist sehr wichtig zu erkennen, wodurch das göttliche Feuer in unseren Herzen, Köpfen und Körpern entfacht wird. Ganz gleich, was unsere innere Flamme anfacht, uns lebendig werden lässt und uns in den heiligen Sturm des Lebens führt, es ist genau das, was uns inspiriert und sich als EinsSein in uns entfaltet.

Stell dir diese wichtigen Fragen. Wie du das EinsSein erlebst, kann sich von Minute zu Minute ändern, doch du kannst immer nach einer erweiterten Beziehung zur Quelle des EinsSeins streben. Du kannst dich immer wieder fragen: »Wie verbinde ich mich mit der Quelle, und wie lasse ich zu, von ihr durchdrungen und ganz in ihr verwurzelt zu sein?« Es ist eine sehr kraftvolle Erfahrung, im Eins-Sein verwurzelt zu sein und aus ihm zu wachsen.

James: Wir versuchen ständig, Gott zu begrenzen. Das bedeutet aber, dass wir eigentlich uns selbst begrenzen, da wir eine Erweiterung des Göttlichen sind. Wir erschaffen Religionen, Konstruktionen und verkünden: »Dies ist der Weg!« oder »Das ist nicht der Weg!« Wir kreieren uns und unsere Ideologien so, dass wir irgendwie beweisen können, dass wir recht haben. Das Buch *Ein Kurs in Wundern* erinnert uns jedoch daran, dass wir uns fragen sollten, ob wir lieber recht haben oder glücklich sein wollen. Ich denke, dass Gott eher unsere Freude als unser Recht-haben-Wollen sehen möchte. Gott möchte, dass wir glücklich sind und Dinge in unser Leben bringen, die uns Freude bereiten, und nicht, dass wir dauernd recht haben wollen, was unsere Vorstellungen, die wir von Gott haben, betrifft. Ich glaube, je offener wir sind, desto leichter wird es uns fallen, Menschen zu akzeptieren, die ein anderes Bild von der Quelle haben, die wir manchmal auch Gott nennen. Dann können wir uns langsam und dennoch kraftvoll der Wirklichkeit des lebendigen Gottes nähern, anstatt uns nur mit der Theologie Gottes zu beschäftigen.

Anakha: Viele Ideen und Bilder, die wir vom Göttlichen haben, sind in Wirklichkeit nur so konzipiert, dass sie uns Sicherheit verschaffen. Sie entstehen aus der Angst des Egos. Das ist ein Grund, warum unzählige religiöse Strömungen aufeinanderprallen und Menschen im Namen Gottes Kriege führen. Denn oft haben unsere starren Vorstellungen vom Göttlichen ihren Ursprung in der Angst. Somit besteht ein Teil unserer Aufgabe darin, diese Barrieren niederzureißen und verstehen zu wollen, damit wir den lebendigen Gott hier und jetzt besser erfahren können.

Bei dem Gedanken an unterschiedliche Vorstellungen von Gott fällt mir die Geschichte von den blinden Männern und dem Elefanten ein: Einer der Männer berührte den Schwanz des Elefanten und beschrieb das Tier so, wie er es sich vorstellte. Ein anderer kam an sein Ohr und beschrieb den Elefanten auf eine ganz andere Weise. Wir alle sind Ausdruck des Göttlichen. Wir müssen empfänglich und offen sein, um voneinander zu lernen. Nur so können wir unseren Horizont erweitern und die einzigartigen Erfahrungen des Göttlichen eines jeden Menschen respektieren.

Übung

Wir sind alle mit der unerschöpflichen Quelle, dem überfließenden Brunnen des EinsSeins und der glühenden Liebe Gottes verbunden. Wir haben viele Namen für das »Göttliche«, und jeder Mensch hat seine eigene Methode, sich mit ihm zu verbinden und zu identifizieren. Wenn wir uns mit der Quelle des EinsSeins verbinden, wird ein Strom der Liebe und des Lebens freigesetzt, der kontinuierlich durch uns hindurchfließt.

Die heutige Übung ist eine Schatzsuche, ein Ausflug zur Quelle des EinsSeins. Erlaube dir, eine einzigartige Beziehung zu dieser Quelle aufzubauen. Lausche in dein Inneres, denn du kennst die Wahrheit bereits: Das Universum ist ein lebendiger Organismus, bestehend aus einem einzigen Material, einem einzigen Herzen und einer einzigen Seele. Fühle es, sieh es und lass dich von diesem dynamischen und vereinigten Impuls berühren. Lass es Gestalt, Form und Farbe annehmen. Wie schmeckt es, wie hört es sich an, und wie bewegt es sich? Lass die Quelle des Eins-Seins lebendig werden. Beobachte das Spiel des Lebens, wie es sich vor dir entfaltet und zu einem dynamischen, ewig andauernden Tanz des EinsSeins wird.

Beobachte im Verlauf des Tages, was deine Aufmerksamkeit weckt, dich anzieht und verlockt. Lass dich von der Quelle des EinsSeins führen. Es kann eine Farbe sein, ein Geräusch, eine Bewegung, eine Person, ein Ort oder ein Gegenstand. Vertraue deinen Impulsen und deiner Intuition auf dieser Suche nach deiner eigenen Verbindung mit dem EinsSein. Lass dich verführen, verlocken und transformieren.

Verbinde dich jeden Abend, bevor du ins Bett gehst, mit der Quelle des EinsSeins, die in deinem Herzen wohnt. Finde den göttlichen Funken, der dir stetig leise ein Zeichen gibt. Es ist die Flamme, die die Dunkelheit erhellt und deine Seele mit allen Dingen verbindet. Denk daran, dass die Quelle in dir und in allen Dingen lebt. Alles ist miteinander durch ein heiliges Band verbunden und vereint.

Affirmation

ICH BIN ein dynamischer Ausdruck des lebendigen Eins-Seins, verändere mich, wachse und dehne mich ständig aus.

Schritt 9
Die Zugehörigkeit des EinsSeins

*»Ich bin ein lebendiges Mitglied
der großartigen Seelenfamilie.«*
William Ellery Channing

*»Es ist die kostbarste Sache der Welt zu wissen,
wo man hingehört.«*
Tessie Naranjo

*»Das Bedürfnis, dazuzugehören, ist nicht bloß ein
Verlangen, an etwas angeschlossen zu sein. Es ist
vielmehr ein Gefühl dafür, dass eine großartige
Transformation und Entdeckung möglich ist, wenn
Zugehörigkeit behütet und echt ist.«*
John O'Donohue

James: Das Verlangen nach Zugehörigkeit ist eines unserer grundlegendsten Bedürfnisse. Das liegt daran, dass wir das Gegenteil (Isolation) nicht ertragen können. Es würde bedeuten, dass wir entweder allein sind oder verstoßen wurden. Wenn wir dazugehören, erleben wir ein gewisses EinsSein, sei es in der Gruppe, einem Verein oder unseren eigenen Familien. Sobald wir irgendwo »hineinpassen«, fühlen wir uns sicher und sind in der Lage, zu entdecken, wer wir wirklich sind.

Ich glaube, der Schlüssel hierbei ist, zu verstehen, dass wir zuerst zu uns »gehören« müssen, bevor wir zu anderen gehören können. Anders ausgedrückt: Wir müssen bei uns selbst zu Hause sein und uns nicht damit beschäftigen, von anderen akzeptiert zu werden. Jeder möchte mit Menschen befreundet sein, die ein gesundes Bild von sich haben und sich wohl in ihrer Haut fühlen. Gleichzeitig meiden wir ganz selbstverständlich Menschen, die kaum Selbstwertgefühl besitzen oder sich dem Leben widersetzen. Ich denke, dass wir uns rückhaltlos annehmen müssen. Wir müssen zu uns selbst gehören, alle unsere Anteile annehmen, die dunklen wie auch die hellen. Wir müssen verstehen, dass beide Aspekte, hell und dunkel, uns ausmachen. Es geht nicht darum, die dunklen Seiten zu verdrängen, sondern darum, sie zu integrieren und dadurch ganz zu werden.

Anakha: Ja. Das ist Teil unserer Erinnerungsübung, in der wir uns daran erinnern, dass wir von Natur aus hierhergehören. Wir gehören zueinander und zu der einen Bestimmung, die wir auf diesem Planeten leben sollen. Sobald wir das in Frage stellen oder glauben, dass wir nicht hierhergehören, haben wir verloren. Denn dann entsprechen wir nicht mehr unserem eigentlichen Wesen, wir wollen nur von anderen Menschen akzeptiert werden und erleben schließlich ein falsches Gefühl von Zugehörigkeit. Das funktioniert nie!

Zu dieser Übung gehört, dass du dich wahrhaftig daran erinnerst, wo du hingehörst, nämlich zu dir selbst, zu Gott, zu deinen geliebten Menschen und zur globalen Familie. Sei dir bewusst, dass dein Leben hier auf Erden einen Sinn hat. Du wärst nicht hier, wenn es nicht so sein sollte und wenn es nicht deine Entscheidung gewesen wäre!

Ein Kurs in Wundern sagt Folgendes: »Du bist nicht ohne Grund hier. Der einzige Grund ist, zu lieben.« Und, ja, jeder Mensch drückt diese eine Liebe ganz individuell aus und bringt sie auf unterschiedliche Art und Weise in die Welt. Man muss nur herausfinden, welche Ausdrucksmöglichkeit zu einem passt. Dann gilt es, sie mit der uns allen gemeinsamen Bestimmung zu kombinieren, nämlich Ausdruck von Liebe und Güte zu sein.

Übung

Wir alle möchten dazugehören. Tief in unserem Innern teilen wir alle das Bedürfnis, sich geliebt und willkommen zu fühlen. Jedes Wesen auf der Erde trägt diesen Wesenszug in sich, ganz gleich, wie tief im Innern er auch begraben oder versteckt sein mag. Zugehörigkeit ist in seinem Kern die Sehnsucht, gesehen und empfangen zu werden und nach Hause zu kommen.

Erlaube dir nun, dich mit deiner Sehnsucht, zu lieben und geliebt zu werden, zu verbinden. Atme tief in das Zentrum dieser Sehnsucht und lass zu, dass es größer wird. Stell dir nun vor, dass jeder Mensch in deinem Leben – jeder in deiner Gemeinde, deiner Stadt, deinem Bundesland und deinem Land – dieselbe intensive und tiefe Sehnsucht in sich trägt. Lass nun zu, dass sich diese Erkenntnis auf die gesamte Welt ausdehnt, und verbinde deine Sehnsucht mit der Sehnsucht der Welt. Deine Sehnsucht, anerkannt und nach Hause gerufen zu werden, ist ein wesentlicher Aspekt des EinsSeins.

Sei dir dieser dir innewohnenden Sehnsucht bewusst, während du den Tag bestreitest. Vertraue in die Tatsache, dass dein Leben hier auf Erden einen Sinn hat. Spüre die Geborgenheit, die Seelenverwandtschaft und die Leidenschaft, die aus dem Wissen geboren werden, dass du zur Erde gehörst, dass du hier bist, um deine Liebe mit der Welt zu teilen.

Achte einmal darauf, zu welchen Orten und Menschen du dich automatisch hingezogen fühlst und bei welchen du eine Art Trennung spürst. Nimm alles mit Liebe und Mitgefühl wahr. Lass sie wachsen und sich ausdehnen.

Wie kannst du andere Menschen dazu bringen, nach Hause zu kommen? Sei wachsam und halte Ausschau nach Möglichkeiten, wie du die Zugehörigkeit des EinsSeins deinen Freunden, deiner Familie, deinen Arbeitskollegen und sogar Menschen, die du noch nicht kennst, nahebringen kannst. Heiße dic Menschen willkommen und lade jeden ein. Öffne dich und lass das unsichtbare Netz des Lebens sichtbar werden. Zeige das Wunder unserer Verbundenheit. Werde diesem Bedürfnis nach Zugehörigkeit gerecht, indem du dein Licht auf die Dunkelheit von Isolation und Trennung wirfst. Schaffe einen Raum, in dem niemand ausgeschlossen ist, sondern wo jeder eingeladen wird, gemeinsam die Zugehörigkeit des EinsSeins zu erfahren. Spüre, wie die Liebe aus deinem Herzen herausströmt, sobald du ein tiefes Gefühl der Zugehörigkeit in und mit der Welt erzeugst.

Affirmationen

ICH BIN eingebunden als ein Ausdruck des Lebens, umarmt als ein Ausdruck der Liebe.
ICH BIN hier, ICH BIN eins, ICH BIN zu Hause. Wir sind hier, wir sind eins, wir sind zu Hause.

Schritt 10
Die Seele des EinsSeins

»Ich bin das Selbst,
das in den Herzen aller Lebewesen ist.«
aus der Bhagavad Gita

»Das Einzige von Wert auf der Welt
ist die aktive Seele.«
Ralph Waldo Emerson

»Die Seele besteht aus Liebe und muss immer danach
streben, in die Liebe zurückzukehren. Deshalb wird sie
niemals Ruhe oder Glück in anderen Dingen finden.
Sie muss sich in der Liebe verlieren.«
Mechthild von Magdeburg

James: Wenn der physische Körper ein Zeichen für Trennung ist, dann muss die Seele das Gegenteil sein. Sie ist der Beweis dafür, dass wir nicht getrennt und allein, sondern miteinander verbunden sind. Wenn wir aus unserer Seele heraus leben, leben wir in Resonanz mit uns selbst und schwingen auf höheren Ebenen. Das Ziel ist es, aus der Mitte unseres Seins, aus unserer Seele zu leben, die uns mit dem Göttlichen und mit allen Dingen, die wir empfangen, verbindet.

Anakha: Ich denke, um ein Leben im Einklang mit der Seele des EinsSeins führen zu können, muss man das rechte Maß an Großzügigkeit finden. Man sollte bedachtsam geben und sich bewusstmachen, dass es nicht nur ein »Ich«, sondern auch ein »Wir« gibt. So handelt man immer im Interesse des Ganzen und bewegt sich ganz bewusst in diese positive Richtung.

In meinem Leben gibt es Bereiche, in denen ich den Kampf zwischen meinem Ego und meiner Seele spüre. Die Seele bewegt sich immer in Richtung Verbundenheit, Vergebung und Mitgefühl. Aber das Ego will immer recht haben! Es erwartet immer, dass unser Gegenüber den ersten Schritt macht. Das Ego ist wie ein quengeliges Kind, das immer beruhigt und umsorgt werden will. Die Seele des EinsSeins verbreitet Liebe, aber der Schatten des EinsSeins ist der Teil von uns, der sich in die Angst zurückziehen will.

Wenn wir wieder gemäß unserer Seele leben, dürfen wir dabei nicht vergessen, dass man uns beigebracht hat, die Wünsche unseres Egos zu erfüllen, und somit die andere Lebensweise zunächst nicht intuitiv erscheinen mag. Vielleicht fühlt es sich erst unangenehm an, wenn man sich langsam in die Großzügigkeit der Seele begibt, gerade dann, wenn man glaubt, man würde eine bestimmte Situation richtig beurteilen. Wir müssen sehr geduldig mit uns sein und uns aus dem Griff des Egos lösen, damit uns die Seele wieder in eine sinnvolle und authentische Verbindung führt. Die Seele strebt immer nach dem EinsSein. Sie wird uns immer die Tür öffnen, um die Verbindung wiederherzustellen. Das Ego hingegen fordert, dass wir in »Sicherheit« bleiben und uns hinter den sorgfältig aufgebauten Mauern verschanzen.

James: Ich glaube, man kann ein Leben gemäß den Wünschen seiner Seele führen und im Dienst für andere Menschen leben. Dazwischen gibt es eine tiefe Verbindung. Ganz tief in uns hoffen wir, dass wir dem Planeten von Nutzen sind. Den Zustand des EinsSeins möchten wir mit anderen Menschen teilen. Wenn wir nach den Wünschen unseres Egos leben, unterdrücken wir unsere kreative Energie. Und das nur, weil wir Angst haben, wir könnten etwas sehr Wertvolles verlieren, von dem wir ohnehin nicht genug besitzen. Deswegen halte ich es für wichtig, dass wir uns immer wieder daran erinnern, kontinuierlich anderen zu geben und zu dienen. Denn nur so bleibt der göttliche Fluss in unserem Leben intakt.

Sobald wir aufhören zu geben, empfangen wir auch nicht mehr. Wir werden nicht einfach einmal erleuchtet und bleiben es dann. Der Zustand der Erleuchtung ist eine Wahl, die wir in jedem Moment treffen, jeden Tag. Wir bleiben in diesem Zustand nur dann, wenn wir den Menschen weiter dienen. Wenn wir das schaffen, wird unsere Seele unser Leben aktiv gestalten, und wir können es auf gewöhnliche und ungewöhnliche Art und Weise leben.

Anakha: Genau! Mir gefällt, was du über die Wahl gesagt hast, die wir in jedem Moment haben, denn wir programmieren unseren Verstand und unseren Seinszustand gerade neu. Die Zeit ist gekommen, um die Weltgemeinschaft neu zu verschalten, damit sich die Menschen aus ihrem Zustand von Angst und Schutz, von Abwehr und Angriff lösen, die Liebe ausdehnen und ihr dienen. Wenn ausreichend Liebe fließt, dann werden wir in einer erfüllten Gemeinschaft leben. Es wird vielleicht noch Konflikte geben, doch die Herangehensweise zu ihrer Lösung wird ganz anders aussehen, wenn wir uns von der Seele und nicht vom Ego leiten lassen. Verleihen wir also dem EinsSein Ausdruck und verkörpern es aktiv in unserem Leben, so wird es in der Welt einen wahren und anhaltenden Frieden geben.

Übung

Im Kern, in der Seele des EinsSeins befindet sich bedingungslose Liebe. Sie ist die Lebensader, die uns verbindet, das Blut, das durch unsere Adern fließt. Die Liebe ist der kraftvollste Rohstoff unseres Planeten und dazu noch im Überfluss vorhanden. Zudem ist sie der Stoff, aus dem wir geschaffen sind. Wir sind Liebe.

Damit du die Seele des EinsSeins erfahren kannst, musst du bereit sein, das wertvollste Geschenk zu geben, das du anderen Menschen schenken kannst: deine bedingungslose Präsenz. Wenn du anderen aufmerksam und mit unerschrockener Liebe begegnest, werden sie aufblühen, gedeihen und emporsteigen.

Beginne den Tag in Ruhe mit einem stillen Gebet. So verbindest du dich mit deiner eigenen Präsenz, der Seele des EinsSeins. Denk daran, dass du *nicht* das bist, was du tust. Du bist auch nicht die verschiedenen Rollen und Aktivitäten, die du heute vielleicht erlebst. Du bist eine Seele, die eine menschliche Erfahrung macht. Verbinde dich mit jedem Atemzug mit deiner Seele. Spüre, wie Gottes Liebe deinen Körper durchströmt und durch dein Herz, deinen Verstand und deine Aufmerksamkeit fließt. Wisse, dass du genau in diesem und in jedem anderen Moment mit der Quelle des EinsSeins verbunden und voller Mitgefühl bist.

Wenn du dir die Zeit nimmst, ganz präsent bei dir zu sein, wird es für dich ein natürliches Bedürfnis sein, deine Präsenz anderen Menschen zu schenken.

Übe, jederzeit in dieser Geisteshaltung zu sein, ganz gleich, wohin du gehst oder wem du begegnest. Betrachte jede Person als ein Geschenk Gottes, das als Botschafter zu dir kommt und dich daran erinnern möchte, präsent zu sein. Schließe jeden in deine Liebe ein. Lausche zwischen den Worten und darüber hinaus. Höre in den Worten die Liebe und auch die Bitte, geliebt zu werden.

Heute besteht deine einzige Aufgabe darin, diesen großartigsten Teil deines ungeschützten Herzens, deine eigene bedingungslose Präsenz, den Menschen anzubieten. Sieh jede Person, der du begegnest, als eine Erweiterung deiner Seele an. Denk daran, dass sich die kostbarsten Dinge oft verstecken. Die wilden und zarten Dinge haben sich zurückgezogen und werden sich nur denjenigen offenbaren, die völlig präsent sind. Nimm wahr, wie sich das Kostbare vor dir entfaltet, während du deine Aufmerksamkeit auf das richtest, was aus dem Herzen kommt. Sei ganz präsent, von Moment zu Moment und von Person zu Person. Dies ist die Seele des EinsSeins.

Affirmation

ICH BIN auf kraftvolle Art und Weise präsent, strebe nach der Seele des EinsSeins und biete jedem Menschen, dem ich begegne, meine bedingungslose Liebe an.

Schritt 11
Die Umarmung des EinsSeins

*»Umarme alle Dinge als Teil des harmonischen
EinsSeins, dann wirst du es allmählich verstehen.«*
Laotse

*»Unsere Aufgabe muss es sein, uns von diesem
Gefängnis zu befreien, indem wir unseren Kreis des
Mitgefühls erweitern und alle Lebewesen und die
Natur in ihrer ganzen Schönheit umarmen.«*
Albert Einstein

*»In jedem Menschen gibt es ein allumfassendes Licht,
angefüllt mit der Liebe Gottes, das einen mysteriösen
und wunderschönen göttlichen Pfad erhellt.
Wenn wir dieses Licht annehmen, erschaffen wir
eine neue Menschlichkeit, die von göttlichem EinsSein
und ewiger Glückseligkeit zeugt.«*
Michael Teal

James: Mit wie viel Leidenschaft umarmen wir das Leben?
Da das Ego über uns herrscht, halten wir uns zurück in der
Hoffnung, dass wir keine schweren Entscheidungen fällen
müssen. Wir neigen dazu, uns solche Erfahrungen zu wünschen, die uns bekannt sind und die uns dort lassen, wo
wir stehen. Wir verlassen niemals unsere Komfortzone

oder riskieren etwas, nur um das EinsSein zu erfahren. Unser Ego will, dass wir da bleiben, wo wir sind, und ihm vertrauen. Unsere Seele hingegen ist weitaus risikoreicher, jedoch spielt sie nicht mit uns. Sie weiß ganz genau, wohin jede schwierige Wahl führt, und kennt den Weg unserer persönlichen Entwicklung.

Als Teenager hatten wir während der Wachstumsschübe aufgrund der schnellen Veränderungen Schmerzen in den Knien. Es sollte uns also doch nicht überraschen, wenn das gleiche Phänomen auf spiritueller Ebene mit uns geschieht, oder? Immerhin ist es nicht leicht, sein Leben aus einem ganz anderen Blickwinkel zu betrachten, auch wenn es letztendlich dazu führt, dass man mehr Mitgefühl und Verständnis bekommt.

Anakha: In dieser Übung geht es darum, alles in unser Leben und in das Feld des EinsSeins, das wir bereits erzeugen, einzuladen. Mir gefällt die Vorstellung, dass wir nicht in einer offenen Haltung des Empfangens bleiben, wenn wir Dinge ablehnen oder bestimmte Erfahrungen bevorzugen. Genau wie spirituelle Krieger sind wir in der Lage, alles zu umarmen, das in unser Leben tritt, sei es Angst, Verzweiflung, Freude oder Kreativität. Rumi sagt z.B.: »Heiße alle willkommen und unterhalte sie!« Wir müssen allen Dingen gegenüber offenbleiben, damit wir uns ausdehnen und wachsen können.

Die spirituelle Lehrerin und Autorin Debbie Ford fasst es nett zusammen: »Würdest du dich eine Stunde am Tag, einen Monat oder ein Jahr lang schlecht fühlen wollen, wenn du wüsstest, dass sich dein Leben auf der anderen Seite dieses Unbehagens radikal ändern und transformieren würde und du mehr EinsSein, mehr Liebe, Freude, Frieden und

Verbundenheit spüren würdest?« Ich stimme absolut zu, dass man auf dem Pfad des EinsSeins in unbekannte und unbequeme Gebiete geführt wird, die eindeutig außerhalb der Komfortzone liegen. Und das ist auch in Ordnung.

James: *Ein Kurs in Wundern* sagt, dass die Erfahrungen, von denen wir meinen, sie sind am besten für uns, manchmal am schlechtesten für uns sind. Genauso sind manchmal die aus unserer Sicht schlechten Erfahrungen die besseren. Deshalb müssen wir alles in unserem Leben umarmen, ganz gleich, wie wir die Dinge bewerten. Es ist wichtig, dass wir für alles dankbar sind, das unseren Weg kreuzt. In der Tradition der Wüstenväter gab es einen Mann namens Abba Benjamin, der einmal sagte: »Hab Freude zu jeder Zeit. Bete ohne Unterlass und sei dankbar für alle Dinge.« Es geht nicht nur darum, für die leichten und harmonischen Erfahrungen im Leben dankbar zu sein. Viel wichtiger ist es, mit Freude alles im Leben zu umarmen, einschließlich derjenigen Erfahrungen, die uns herausfordern. Die Schwierigkeiten, mit denen wir uns konfrontiert sehen, helfen uns, noch tiefer in das EinsSein zu gelangen.

Anakha: Ich möchte noch eine Sache zu dem hinzufügen, James, was du gesagt hast. Es wird Zeiten geben, da wird sich unser Gehirn anfühlen, als ob es neu verschaltet würde. Wir müssen die alten Verhaltensweisen und Denkmuster loslassen. In diesem Prozess des Loslassens kann es vorkommen, dass wir uns orientierungslos und abgetrennt fühlen. Das rührt ganz einfach daher, dass die neuronalen Verbindungen in unserem Gehirn tatsächlich neu verschaltet werden und neu zünden. Wir müssen gewillt sein, an den Ort des Nicht-Wissens zu gehen und Trennungsvorstellungen zu vergessen, damit wir uns wieder mit dem wahren Wissen des EinsSeins verbinden können.

Übung

Die heutige Übung lädt dich dazu ein, dein Leben mit unverhüllter, urteilsfreier Aufmerksamkeit völlig zu umarmen. In der Umarmung des EinsSeins wirst du deine Gefühle, Empfindungen und Interaktionen nicht nur akzeptieren, sondern sie vielmehr in jedem Moment voll und ganz erleben. In der Umarmung des EinsSeins begrüßt du alle Dinge mit offenen Armen und bist bereit, ganz präsent zu sein mit dem, *was ist.*

Die Übung beginnt damit, dass du eine Geisteshaltung von »unverhüllter Aufmerksamkeit« erschaffst. In diesem Zustand ist dein Geist offen, empfänglich und urteilsfrei – keine Ablehnung, keine Vorlieben. Erreichst du diesen Zustand, so wirst du die Realität so erleben, wie sie ist, und nicht so, wie du sie dir wünschst. Deine Transformation beinhaltet, dass du dich von Widerstand und Starrheit hin zu tiefer Offenheit und Ausdehnung bewegst. Erlaube, dass der Fluss des Lebens durch dich hindurchfließt.

Das ist die Freiheit, die die Umarmung des EinsSeins dir bietet. Es ist ein Seinszustand, ein Ort der Präsenz, an dem du deine Ganzheit und die Ganzheit des Lebens in jedem Moment entdecken kannst. Du befreist dich von der sklavischen Abhängigkeit von Erwartungen und Anhaftungen, die den Zugang zum EinsSein versperren. In der Umarmung des EinsSeins kann die Verzweiflung ein Vorbote für unvorstellbare Freude sein. Lehnst du die Verzweiflung ab, so verdrängst du auch die Freude. Das EinsSein lädt dich ein, in Vereinigung mit dem, was ist, zu sein und die Gesamtheit deiner Erfahrungen mit einer leidenschaftlichen und liebevollen Umarmung zu begrüßen.

Diese Übung hat weder Anfang noch Ende. Sie ist fließend. Sie hängt allein davon ab, ob du die Wahrheit in all deinen Erfahrungen umarmen möchtest. Du musst gewillt sein zu erkennen, wer du wirklich bist. Die Umarmung des EinsSeins ist eine »dynamische« Meditation, da sie den Hochs und den Tiefs deines Lebens folgt.

Heute ist es deine Aufgabe, ganz präsent zu sein und deiner Umgebung mit ruhiger und offener Aufmerksamkeit zu begegnen. Betrachte das Leben einmal mit den Augen eines Beobachters und einmal mit den Augen eines Beteiligten. Erforsche die dynamische Beziehung zwischen den beiden Positionen. Nimm jeden Impuls wahr, der dahin geht, dass du deine Gefühle, Wahrnehmungen oder Gedanken bewertest. Geh jedes Mal, wenn du bewertest, zurück in den Zustand sanfter Aufmerksamkeit. Atme Mitgefühl ein und weiche die harten Kanten des Bewertens auf. Erlaube dir, mit der Anmut eines bewährten Surfers auf der Welle des Lebens zu reiten.

Wenn du Schwierigkeiten damit hast, das, was ist, offen anzunehmen, dann atme einmal tief ein und aus und flüstere die Worte der Mystiker: »Alles ist gut. Alle Dinge des Lebens sind gut.« Führe die folgenden Schritte durch, um in die Umarmung des EinsSeins zu gelangen. Ergebe dich dem natürlichen Fließen des Lebensflusses:

• Lass deinen Geist ruhig werden (eine offene, urteilsfreie Aufmerksamkeit), schaffe einen heiligen Raum der bedingungslosen Präsenz.

- Atme und sei gewillt, zu spüren und zu fühlen, dass dein Leben real ist.
- Umarme und entdecke alles mit Liebe, sei es Freude oder Verzweiflung, Trauer oder Begeisterung, Unruhe oder Harmonie, Verwirrung oder Klarheit. Erlaube *allem, was ist,* dynamisch in den nächsten Seinszustand zu fließen.
- Denk daran, dass alles gut ist. *In allen Bereichen des Lebens ist alles gut. Amen.*

Affirmation

ICH BIN in liebevoller Umarmung mit allen Erfahrungen meines Lebens, das in dynamischer Hingabe und absoluter Schönheit fließt.

Schritt 12
Der Tempel des EinsSeins

*»Euer tägliches Leben ist euer Tempel und
eure Religion. Wann immer ihr ihn betretet,
nehmt euren ganzen Besitz mit.«*
Khalil Gibran

*»Dies ist meine einfache Religion. Es braucht keine
Tempel; es braucht keine komplizierte Philosophie.
Unser Kopf, unser Herz ist unser Tempel;
die Philosophie lautet Güte.«*
der Dalai Lama

*»Der Moment, in dem ich erkannte, dass Gottes Sitz
im Tempel eines jeden menschlichen Körpers ist,
der Moment, in dem ich mit Ehrfurcht vor jedem
Menschen stehe und Gott in ihm erkenne – in diesem
Moment bin ich frei, und alles, was mich bindet,
verschwindet.«*
Swami Vivekananda

James: Jeder kennt die Redensart, dass der Körper der
Tempel der Seele ist. Das ist ein sehr schöner Vergleich.
Doch was würde passieren, wenn wir diese Vorstellung erweitern und alles andere, was wir wahrnehmen, mit einbeziehen würden? Was wäre, wenn wir die unbegrenzten

91

Aspekte der Natur oder sogar die Menschen in unserem Leben als göttliche Tempel ansehen würden? Wie würde sich unser Leben verändern, wenn wir die Individuen, die uns Schwierigkeiten bereiten, als einzigartigen und phantastischen Ausdruck des Göttlichen ansehen würden?

Wir müssen nur alle Tempel, die Gott erschaffen hat, anerkennen und sie als ganz und perfekt respektieren. Was für eine wunderschöne Möglichkeit, EinsSein zu erfahren, gerade in Zeiten, in denen es uns unverständlich oder außer Reichweite zu liegen scheint.

Anakha: Ich glaube, wir neigen dazu, fremde Dinge abzulehnen, die nun mal Beziehungen zu anderen Menschen mitbringen. Das ist besonders dann der Fall, so denke ich, wenn etwas nicht in unser Verständnis passt oder jenseits unseres Weltbildes liegt. Wenn wir jede Person willkommen heißen können – immer in dem Wissen, dass es das Gesicht und die Stimme Gottes ist, die zu uns spricht –, sind wir in der Lage zu fragen: »Wozu möchte mich das EinsSein einladen?« Anstatt die Stimme des EinsSeins automatisch abzulehnen oder zu diskreditieren (egal, wie sie zu uns kommt), beginnen wir zu begreifen, dass sie uns etwas lehren möchte. Das setzt voraus, dass wir weich und offen sind und wirklich der Stimme Gottes, des EinsSeins, zuhören wollen. Dann nutzen wir die Informationen für unser persönliches spirituelles Erwachen.

James: Jeder war schon einmal in einem Tempel oder einer Kirche, die vernachlässigt wurden oder verfallen waren. Ich finde es immer sehr traurig, solche heiligen Orte als Ruinen zu sehen. Und dennoch, sind die Grundmauern stabil, können sie wieder aufgebaut werden. Als sich Franz von

Assisi auf seine Reise begab, begann er alle Kirchen um Assisi herum wieder aufzubauen und zu renovieren. In Wirklichkeit aber erneuerte er seinen eigenen Tempel – seinen spirituellen Tempel. Er erschuf sein Leben neu. Da *er* ein starkes Fundament besaß, konnte er die Aufgabe meistern.

Wie sieht nun unser Fundament aus? Wie machen wir uns daran, unseren spirituellen Tempel neu aufzubauen? Wenn wir den Mut haben, uns auf unser Inneres zu besinnen und uns die vergessenen Ecken und Fleckchen, die gereinigt werden müssen, anzusehen, dann können wir die heilige Aufgabe in Angriff nehmen. Sobald wir diesen Schritt gehen, können wir das EinsSein noch intensiver erfahren.

Übung

Wie wäre es, wenn du dich überall zu Hause fühltest, egal, wo du hingehst? Zu Hause in deinem Körper, in deinen Beziehungen, in der Welt und sogar im Universum? Was wäre, wenn du alles als heilig und vollkommen erfahren würdest? Wie viel Frieden, Freiheit und Freude könntest du in dein Leben bringen? Heute laden wir dich ein, alles und jeden, dem du begegnest, als wesentlichen Aspekt des Tempels des EinsSeins zu erleben. Alle sind in diesen Tempel eingeladen, und alles ist in ihm enthalten. Außerhalb des heiligen Tempels des EinsSeins existiert nichts.

Beginne die Übung, indem du dir deiner Ganzheit bewusst wirst. Erinnere dich daran, dass du ein heiliger Tempel bist, eine Heimstatt für das Göttliche, das EinsSein, die Liebe. Sei dir dieser Wahrheit bewusst und lass dich ganz in sie hineinfallen. Strahle die folgende Wahrheit mit deinem ganzen Sein aus: ICH BIN ein Tempel des EinsSeins – ein Haus Gottes, ein Haus der Liebe. Lass das Feuer und das Licht dieses Tempels wachsen und deinen ganzen Körper umspannen. Spüre, wie dich der Tempel des EinsSeins umgibt.

Stell dir nun vor, wie dieses Bild dein Zuhause, deine Nachbarschaft und deine Stadt – den Verkehr, die Gebäude, die Menschen, die Straßen, die Autos – umfasst. Stell dir vor, wie alles in dem warmen Licht, das im Tempel des EinsSeins scheint, gebadet wird. Erweitere deine Aufmerksamkeit erneut und schließe das Bundesland, in dem du lebst, das Land und eventuell den gesamten Planeten mit ein. Alle fühlenden Wesen und die gesamte Natur leben nun im Tempel des EinsSeins. Weite diese Vorstellung sogar bis auf das Universum aus. Erkunde jeden Aspekt des Tempels. Was lebt in diesem heiligen Raum? Siehst du Kinder, Tiere, Sterne, Pflanzen, Menschen, Statuen, Ozeane, Flüsse, Berge, Gebäude und Autos? Was noch? Sie alle sind lebendige Tempel des EinsSeins.

Kehre nun langsam mit deiner Aufmerksamkeit in deinen Körper zurück. Fühle, wie die Welt und der gesamte Kosmos dich erfüllen. Spüre die Zellen in deinem Körper und wisse, dass jede einzelne ein eigenes Universum für sich ist. Denk immer daran, dass du all diese Tempel des EinsSeins bewohnst – vom Mikrokosmos bis zum Makrokosmos. Viele Tempel werden von dem *einen* Tempel umfasst, wie Jesus bekräftigt: »In meines Vaters Haus sind viele Wohnungen.«

Denk an diesen Satz, während du durch die Welt gehst. Betrachte alles mit dem Blick des EinsSeins. Dadurch verwandelst du das Normale in das Außergewöhnliche. Ein Baum, eine Wolke, ein Fahrrad, ein Plakat, ein Lebensmittelgeschäft und eine Katze sind alles lebendige Tempel des EinsSeins. Was immer dir auch begegnen mag, frage dich immer: »Was hält dieser Tempel des EinsSeins für mich bereit?«

Wo immer du auch bist, fühl dich wie zu Hause. Kein Ort, keine Person oder Erfahrung ist dir fremd. Denk daran, dass alle Kreaturen, alle Dinge göttliche und wesentliche Bestandteile der Ausdehnung und des Ausdrucks von Eins-Sein sind.

Affirmationen

ICH BIN hellwach, während ich durch die Welt schreite.
ICH BIN ein heiliger Tempel des EinsSeins.

Schritt 13
Das Elixier des EinsSeins

»In der Tat, Gott erschuf überall um dieses Tor herum
Meere des Göttlichen Elixiers, purpurrot mit der Essenz
des Lebens gefärbt und belebt durch die anregende
Kraft der begehrten Frucht.«
der Bāb

»Durch das Elixier der Göttlichen Liebe sind die
Sonnenregionen stark; durch das Göttliche Elixier ist
die Erde groß; das Göttliche Elixier befindet sich
inmitten aller Konstellationen.«
aus der Atharvaveda

»Dieser Nektar, der vom Gaumen tropft, ist der süßeste
aller Geschmäcker. Jeder Tropfen ist mehr als Millionen
wert. Dieses Elixier wird all deine Krankheiten
vertreiben und dich mit Freude erfüllen. Deine Wut
wird verschwinden. Du wirst himmlische Süße
verströmen. Du wirst dich an deinem Ehepartner und
deinen Kindern erfreuen. Während du diesen Nektar
schmeckst und ganz von ihm aufgesogen wirst,
wirst du vor Freude entzückt sein.«
Swami Muktananda

James: Als Joseph Campbell als Erster über die »Reise des Helden« sprach und schrieb, schilderte er einen sehr eindeutigen Weg, den man in allen großen Erzählungen der Geschichte finden kann. Dieser Weg beschreibt unsere eigene spirituelle Reise. Einer der wichtigsten Bestandteile dieser urbildlichen Legenden ist, dass der Held immer ein »Elixier« mit in die normale Welt bringt. Ohne diese Wendung am Schluss hat die Geschichte keine richtige Bedeutung, das heißt, es wurde nichts dazugelernt oder erreicht. Somit lautet die Frage an uns: Welches Elixier bringen wir von unserer Heldenreise mit? Werden wir das Elend, das wir überall sehen, noch verschlimmern oder Liebe und Mitgefühl, die angeborenen Geschenke eines offenen Herzens, mit zurückbringen?

Das Elixier des EinsSeins entsteht, wenn wir uns in jedem Moment so annehmen, wie wir wirklich sind, und dieses Geschenk an andere Menschen weitergeben. Man kann es auch als »bedingungslose Liebe« bezeichnen. Denn das ist das Elixier, auf das die Welt momentan wartet.

Anakha: Wir haben immer wieder betont, James, wie wichtig es ist, von Moment zu Moment zu leben. Ich denke, dass wir jetzt an die frühere Übung zum Rhythmus des EinsSeins anknüpfen. Die gelebte Erfahrung des EinsSeins ist in der Tat eine bewusste Entscheidung, die wir in jedem einzelnen Moment treffen. Die Wahl besteht darin, ob wir in der Gegenwart ganz präsent sein wollen oder nicht. Es handelt sich um das stete Bewusstsein darüber, dass die bedingungslose Liebe zu jeder Zeit zu uns und in uns fließt. Wir entscheiden, wer wir wirklich sind.

Wir müssen uns fragen: »Womit identifiziere ich mich in jedem einzelnen Moment? Identifiziere ich mich mit der

Wahrheit, nämlich dass ich ein Abbild von Liebe, von Gott, von EinsSein bin? Oder identifiziere ich mich mit der Angst und Trennung des Egos?« In jedem Augenblick können wir unsere Antwort auf diese Fragen wählen. Wenn wir das Elixier in uns aufnehmen möchten, müssen wir unbedingt mit einem hellwachen Bewusstsein jede Entscheidung genau prüfen. Bewegen wir uns in Richtung Liebe und EinsSein, oder gehen wir den Weg der Angst? Damit wir die Antworten auf diese Fragen vernehmen können, müssen wir unser Tempo verlangsamen und achtsam sein.

James: Das Elixier befindet sich genau in diesem Moment. Es existiert nicht in der Vergangenheit und nicht in der Zukunft, es *ist* genau jetzt. Wenn wir im Moment leben, können wir das Elixier in unserem Leben willkommen heißen. Je mehr wir es umarmen, desto mehr wird es durch uns in die Welt fließen und unsere Beziehungen und die Menschen um uns herum berühren. Das erreichen wir nur, wenn wir ganz präsent sind und erkennen, dass die Geschenke Gottes jetzt zu uns kommen. Das ist es, was das Elixier des EinsSeins in Wahrheit ist. Es ist die Erkenntnis, dass wir in diesem Augenblick EinsSein erfahren können. Es wird unser Leben verändern.

Anakha: Wir stellen uns dabei permanent auf das Feld der absoluten, bedingungslosen Liebe, auf das Elixier des Eins-Seins ein.

Übung

Das Elixier des EinsSeins ist nichts anderes als die Präsenz und die Kraft bedingungsloser Liebe. Es ist die Süße von Agape (zärtliche, gütige Zuneigung und Mitgefühl) und das Feuer der göttlichen Liebe. Diese Lebenskraft belebt und trägt alles Leben. Sie erweckt das Bewusstsein des EinsSeins und ermöglicht ihm, sich auszudehnen, zu gedeihen und Früchte zu tragen. Diese Kraft sorgt dafür, dass eine Rose erblüht und ihren heiligen Duft verströmt.

So, wie der Lebenssaft in einem Baum fließt, so lebt das Elixier des EinsSeins in deinem Körper: Es schwimmt in deinem Blut, vibriert in deinem Nervensystem und schlägt in deinem Herzen. Für diese Kraft gibt es viele Begriffe wie Kundalini, Heiliger Geist, Chi, Ka, Prana, Mana, Gtumo, Mikrokosmischer Orbit und Shakti. Sie alle beziehen sich auf die vitale Energie der Liebe, die in uns aufsteigt und im Körper, im Herz, im Geist und im Bewusstsein zirkuliert. Das Elixier des EinsSeins erweckt die innere Kraft, die in dir als Liebe weiterwächst.

Bei der heutigen Übung kosten wir zunächst das Elixier des EinsSeins, das bereits in dir lebt. Setze oder lege dich bequem hin. Atme ganz bewusst und finde deine Geschwindigkeit und deinen Rhythmus. Atme ein und wieder aus. Atme heilige Liebe ein, lass sie in dir zirkulieren und atme diese heilige Liebe wieder aus. Atme kontinuierlich weiter und lass die göttliche Liebe durch all deine Zellen fließen. Erlaube deinem Atem, jeden Körperteil, jedes Organ und jeden Teil deines Seins zu kitzeln. Lass die Liebe in dir tanzen und dich mit süßer Verzückung nähren. *Atme heilige Liebe ein, lass sie in dir zirkulieren und atme diese heilige Liebe wieder aus.* Lächle, während du in deiner eigenen Lebenskraft badest und dich an ihr erfreust. Spüre, wie dieser Strom durch deine Adern fließt und in deinen Zellen vibriert. Der schlafende Riese, Liebe und Glückseligkeit, erwacht.

Lass nun zu, dass sich die Lebensenergie weiter aufbaut und an Kraft gewinnt. Lenke deine Aufmerksamkeit sanft auf dein Herzchakra, das die Quelle bedingungsloser Liebe und des Mitgefühls ist. Erlaube der heiligen Energie, dein Herz mit Liebe und Güte anzufüllen. Nimm wahr, wie dein Herz weich wird und sich wie eine Rose in der Sonnenwärme öffnet. *Atme heilige Liebe ein, lass sie in dir zirkulieren und atme diese heilige Liebe wieder aus.* Erlaube der Liebe in deinem Herzen, den göttlichen Funken in eine kraftvolle Flamme zu verwandeln. Lass die Lebenskraft in deinen Bauch fließen, in deinen Bauchnabel und den Solarplexus. Die Energie stärkt deinen Willen zu leben, zu erschaffen, zu transformieren und im Hier und Jetzt zu sein. Sei dir bewusst, dass du alles erreichen kannst, was du dir vorstellen kannst. Erlaube dem Feuer bedingungsloser Liebe, sich mit dem Feuer in deinem Bauch zu verbinden. Atme die Energie durch dein Herz. Du verschreibst dich ganz der Liebe. Fühle, wie sich die lebendige Kraft ausdehnt und dein Herz immer weiter öffnet, während sie durch dein ganzes Sein sprudelt. Werde dir bewusst, dass die heilige Quelle der Lebenskraft in dir lebt. Allein durch deinen bewussten Kontakt mit ihr kannst du sie aktivieren.

Atme diese Energie weiter in deinen Hals, das Zentrum deines Ausdrucks. Lass die Energie erst durch deine Stimmbänder schwingen und bringe sie dann weiter hoch in dein Drittes Auge, dem Sitz der Intuition und des Wissens. Stell dir nun vor, wie die Energie in deinen Kopf fließt, bis in dein Kronenchakra und darüber hinaus. Dann kommt sie zurück und badet deinen ganzen Körper im süßen Elixier des EinsSeins.

Spüre nun in deinen Körper hinein und nimm wahr, wie er schwingt und in Resonanz ist. Erlebe, wie der Ton der Lebenskraft durch deine Zellen schießt. Fühl dich lebendig und strahlend. Fühl dich wohl. Fühle das Göttliche. Du erfährst jetzt Liebe in deinem Körper. Schwelge darin, lebe darin und erschaffe aus ihr.

Nimm dir jeden Tag vor, in dieser Aufmerksamkeit und in Verbindung mit der Lebenskraft zu leben. Lass zu, dass alles, was du erfährst, dich zum Leben erweckt. Stell dir vor, dass alles um dich herum zum Ziel hat, dich zu lieben und deine Lebenskraft zu erwecken. Nähre und stärke dich mit allem – mit dem Wasser, das du trinkst, und der Nahrung, die du isst, mit den Farben, die du siehst, und der Luft, die du atmest. Schwinge mit, bebe und tanze. Erwache zum Leben durch die Ekstase des Lebens. Denn dies ist das Elixier des EinsSeins.

Affirmation

ICH BIN dabei, mich dem größten Mysterium von allen zu öffnen, und werde mir der Alchemie der Liebe bewusst.

Schritt 14
Das Empfinden des EinsSeins

*»Vergesst auch nicht: Die Erde möchte eure nackten
Füße spüren, und die Winde sehnen sich danach,
in eurem Haar zu spielen.«*
Khalil Gibran

*»Das größte Geschenk eines Gartens ist
die Wiederherstellung der fünf Sinne.«*
Hanna Rion

*»Unsere Sinne sind in der Tat unsere Türen und Fenster
zu dieser Welt. Im wahrsten Sinne sind sie der Schlüssel,
der Bedeutungen erschließt, und ein Quell der
Kreativität.«*
Jean Houston

James: Nimm einen Schluck von einem guten Wein, schlucke ihn aber nicht sofort hinunter. Lass ihn etwas länger als gewohnt auf der Zunge und erfahre die Textur und den Geschmack ganz intensiv. Denk an all die Arbeit, die in diesem Wein steckt, von der Ernte über die Fermentation bis hin zur Abfüllung. Was war alles nötig, um diesen phantastischen Geschmack in dein Glas und dann in deinen Körper zu bringen? Versuche das auch mit einer Tasse Kaffee. Wie fühlst du dich danach?

Solche Momente verpassen wir für gewöhnlich, da wir viel zu sehr damit beschäftigt sind, an das Ende einer Reise zu gelangen, anstatt die Reise selbst zu genießen. Doch wie wäre es, wenn wir die Sinnesempfindungen, die wir im Alltag erleben, nutzen würden, um in einen Zustand von Einheit und EinsSein einzutreten?

Anakha: Nur zu oft sehen wir die spirituelle Reise als Möglichkeit, vor unserem Körper und den Beziehungen mit der Welt zu fliehen. In einem transzendenten Zustand kann die spirituelle Landschaft so schön, so überwältigend sein, dass es uns schwerfällt, in unseren Körper zurückzukehren und den Staub, das Chaos und die Unordnung des Alltags zu erleben.

Das Empfinden des EinsSeins zu spüren bedeutet, unsere Sinne wieder zu heiligen, damit wir ganz im Hier und Jetzt sein können. Wir erleben das EinsSein im gegenwärtigen Moment, indem wir berühren, schmecken, sehen, hören und riechen. Während wir uns mit diesen Sinnesempfindungen verbinden, wohnen wir im Tempel des EinsSeins. Wir erkennen allmählich, dass unsere Beziehungen und unser Dasein mit unserem transzendenten Bewusstsein des EinsSeins vereint sind. In jedem Augenblick sind wir in der Lage, diesen Zustand zu erleben. Dafür stimmen wir uns auf unsere Sinne ein, atmen ein und spüren, wie die göttliche Lebenskraft durch uns fließt.

James: Es herrscht ein ganz feines Gleichgewicht, wenn wir uns durch unsere Sinneseindrücke transformieren und gleichzeitig erkennen, dass wir nicht nur die Körper sind, die wir zu sein glauben. Wir können nicht vor unseren Körpern fliehen. Aber wir müssen all die Sinneseindrücke verinnerlichen und bewusst wahrnehmen, damit wir ganz präsent sein können. Gelingt uns das, so vollzieht sich eine Transzendenz, ein Blick hinter den Vorhang, der uns erkennen lässt, dass wir frei sind. Man kann auch sagen, dass wir nicht an unseren Körper gebunden sind. Wir sind Seelen, die eine menschliche Erfahrung machen.

Ich glaube, dass die Kraft all dieser Übungen darin liegt, dass sie zum einen die Kunst, in jedem Moment präsent zu sein, auslösen und zum anderen diese Transzendenz hervorrufen. Wird beides miteinander kombiniert, so katapultiert uns das in einen Zustand, den wir noch niemals zuvor erlebt haben. Es ist das, was der heilige Paulus als »Frieden, der das Verstehen überschreitet« bezeichnet. Wir können es nicht mit unserem Verstand begreifen, sondern nur mit unserer Seele. Ich denke, dass dies der Schlüssel zum EinsSein ist.

Anakha: EinsSein lädt uns ein zu einem »Beide/Und«, zum »dritten Weg« – denn man nutzt spirituelle Übungen oder Mystik nicht dazu, um vor der Welt oder dem menschlichen Körper zu fliehen, sondern man nimmt sie als Hilfsmittel, um die Welt und den Körper gleichermaßen als eine Erfahrung des EinsSeins in die Arme zu schließen. Wir verstehen allmählich, dass es kein »Entweder/Oder« gibt. Es liegt eine enorme Kraft und Kreativität in der Verschmelzung von beiden Erfahrungen.

Übung

Deine Sinne stellen eine Tür zum EinsSein dar. Sie bringen dich direkt in die Präsenz und den Kern deiner wahren Natur. Sie erden dich in deiner angeborenen Verbindung und im Gleichklang mit dem Leben. Du bist ein fühlendes Wesen und lebst in einem Universum des Fühlens. Indem du dir deiner fünf Sinne und deines sechsten Sinns bewusst wirst, wird deine natürliche Geisteshaltung von undifferenziertem EinsSein, mit der du geboren wurdest, wiederhergestellt.

In der heutigen Übung wirst du deine Sinne benutzen, um dich mit dem gewaltigen Feld des EinsSeins, dem gemeinsamen Fundament der Menschheit, zu verbinden. Feiere deine Sinne, während du riechst, schmeckst, berührst, siehst, hörst, und sei mit dem Raum des EinsSeins vertraut. Du kannst diese Übung als Morgen- oder Abendmeditation anwenden und deine Aufmerksamkeit für das Empfinden des EinsSeins während des Tages erhöhen.

Nimm ein paar tiefe Atemzüge. Werde still und sei ganz präsent in diesem kostbaren Moment. Versetze deinen Geist durch die Atmung in einen ruhigen, offenen und zentrierten Zustand. Führe die folgenden Schritte durch:

Öffne dich dem Sinn des Sehens: Erblicke, was um dich herum ist. Nimm die Farben, Strukturen, Formen und Bewegungen wahr. Was fällt dir dabei auf? Erweitere deinen Blick, so dass du die Details genauso wie das größere Bild vom Leben wahrnimmst. Lass zu, dass dein Sehvermögen durch alles, was du wahrnimmst, erfüllt und verbessert wird. Öffne dich dem Geschenk des Sehens und betrachte es als Tür zum EinsSein.

Öffne dich dem Sinn des Riechens: Atme die Luft und das Leben um dich herum ein. Versuche, den Duft des Lebens mit der Nase wahrzunehmen. Was riechst du? Experimentiere ein bisschen mit dieser Übung. Schnuppere an deiner Bettdecke, an den Rosen in der Vase, am T-Shirt eines geliebten Menschen, an einer Orange, an einem Baum, an deiner eigenen Haut. Inhaliere den Duft des Lebens um dich herum. Welche Düfte gefallen dir am besten? Öffne dich dem Geschenk des Riechens und betrachte es als Tür zum EinsSein.

Öffne dich dem Sinn des Berührens: Berühre das Leben um dich herum. Fahre mit deinen Fingerspitzen über die Oberflächen. Streck deine Hand aus und berühre das EinsSein. Was fühlst du? Erlebe das Empfinden des EinsSeins mit deinen Füßen, Händen, Wangen, Zehen usw. Tauche ein in die Sinneswahrnehmung des Berührens und entdecke eine neue Welt. Lass zu, dass sich dein Tastsinn durch die Oberflächen, die du berührst, verbessert. Öffne dich dem Geschenk des Berührens und betrachte es als Tür zum EinsSein.

Öffne dich dem Sinn des Hörens: Lausche den Geräuschen um dich herum. Öffne deine Ohren und höre, wie dich die Symphonie des Lebens ruft. Höre den Klang des EinsSeins. Kannst du ihn beschreiben? Lausche den Geräuschen und der Stille. Erzeuge eigene Klänge und experimentiere damit. Stimm dich auf dein inneres und dein äußeres Ohr ein und erlebe das Orchester des Lebens. Lass zu, dass sich dein Hörsinn durch die Geräusche um dich herum verbessert. Öffne dich dem Geschenk des Hörens und betrachte es als Tür zum EinsSein.

Öffne dich dem Sinn des Schmeckens: Schmecke die Geschmacksrichtungen des Lebens um dich herum. Öffne deine Geschmacksknospen für den Geschmack des Eins-Seins. Genieße alles, was du isst und trinkst. Was schmeckst du? Experimentiere mit dieser Sinneswahrnehmung – probiere Luft, Wasser, Früchte, Haut und Sonne. Wie schmeckt Liebe für dich? Öffne dich und koste das Leben! Öffne dich dem Geschenk des Schmeckens und betrachte es als Tür zum EinsSein.

Öffne dich dem Sinn des Wissens: Erfahre das Wissen, das sich jenseits deiner fünf Sinne befindet. Fühle das Wissen des EinsSeins. Was nimmst du wahr? Was befindet sich jenseits deines Wissens? Experimentiere mit deinem sechsten Sinn – deiner Intuition und einzigartigen Wahrnehmung des Lebens – und lass dich ins EinsSein führen. Lass zu, dass sich dein Wissen durch den bewussten Kontakt mit deiner Intuition und der göttlichen Führung verbessert. Öffne dich dem Geschenk des Wissens und betrachte es als Tür zum EinsSein.

Nun erlaube den gerade aktivierten Sinnen des Sehens, Riechens, Berührens, Hörens, Schmeckens und Wissens, sich in einem Tanz der Sinne (im EinsSein) zu vereinen. Erlebe deine Verbindung zum Leben mit Hilfe deiner sechs Sinne. Denn dies ist das Empfinden des EinsSeins.

Affirmation

ICH BIN dabei, den Sinn des Lebens zu erschließen, und erlebe meine Verbindung zum Ganzen mit Hilfe der erstaunlichen Sinneswahrnehmungen, die mich umgeben.

Schritt 15
Die Berührung des EinsSeins

»Von der Liebe berührt, wird jeder zum Dichter.«
Plato

»Berührung scheint so essenziell wie die Sonne zu sein.«
Diane Ackerman

*»Manche Männer wissen, dass man, wenn man eine
Frau zärtlich mit der Zunge von den Zehen bis zu den
Ohren berührt und dabei sanft an verschiedenen Stellen
dazwischen verweilt, dieses oft und aufrichtig genug
tut, enorm zum Weltfrieden beiträgt.«*
Marianne Williamson

James: Was würde passieren, wenn du heute die Chance
nutzen würdest, die einfachen Dinge in deinem Leben
wirklich zu berühren und zu fühlen? Du gehst zum Beispiel jeden Tag auf dem Weg zur Arbeit immer wieder an
einem Baum vorbei, hast ihn aber noch nie berührt. Nimm
dir Zeit und berühre ihn heute. Fühle die Verbindung, die
ihr miteinander habt.

Wie sieht es mit den Menschen in deinem Leben aus? Wie
kannst du sie so berühren (auf angemessene Weise, versteht
sich), dass deine Liebe zum Ausdruck kommt? Du kannst
sie sogar ohne Körperkontakt erreichen. Ich will damit

sagen, dass du eine Verbindung herstellen kannst, die tiefer geht und aus deiner Seele kommt. Wie wäre es, wenn du alle Arten, auf die du Menschen heute berühren könntest, kennen würdest und dann im Gegenzug dich selbst berühren lassen würdest?

Anakha: Ich glaube, berührt zu werden ist zum einen etwas, wonach wir uns sehnen, und zum anderen auch etwas, was wir fürchten, gerade in Amerika und anderen westlichen Ländern. Wir haben Angst, uns zu berühren, was letztendlich bedeutet, dass wir Angst vor Intimität haben und nicht gesehen werden wollen. Das zeigt sich im tatsächlichen Körperkontakt. Ein Neugeborenes braucht die liebevolle Berührung, damit es emotional und mental wachsen kann, um schließlich der Mensch zu werden, der es bestimmt ist zu sein. Und genau das benötigen wir Erwachsenen auch. Wir reagieren und öffnen uns bei einer liebevollen Berührung.

Wenn wir uns auf die Erfahrung einlassen, die Welt zu berühren und von ihr berührt zu werden, fühlen wir uns lebendiger und strahlender. Wir stellen fest, dass wir allein durch die Berührung des Windes, der Sonne oder eines Baums aufblühen. Wir gehen eine Beziehung mit dem Leben hier auf Erden ein, anstatt wie gelähmt zu sein. Ein Freund von mir hat einmal gesagt, dass das Problem der Menschen nicht die globale *Erwärmung* ist, sondern die globale *Lähmung*. Wir sind nicht nur im Herzen abgestumpft und voneinander getrennt, wir haben auch unsere Fähigkeit verloren, uns mit anderen Menschen auf körperlicher, emotionaler und spiritueller Ebene zu verbinden.

Während du dir immer mehr deines Atems bewusst wirst, erkennst du, dass deine Haut nicht die Begrenzung deines Körpers ist. Der Körper geht über deinen physischen Tastsinn hinaus. Dies ist die Berührung des EinsSeins. Die Haut nimmt ungefähr 16 Prozent des Körpervolumens ein. Sie ist unser sensibelstes Organ. Sie nährt dich am meisten. Die Welt zu berühren und von ihr berührt zu werden, setzt Kreativität frei und ist die Verkörperung des EinsSeins.

Lass dich von einem Baum liebkosen, von einer Blume küssen und von einem Felsen stützen. Streck deine Hände aus und fahre mit ihnen über die Backsteine eines Gebäudes. Fang den Regen in deinen Händen. Erlebe die Berührung des EinsSeins mit einer Haltung von Präsenz und Anmut.

Um eine andere Person so berühren zu können, musst du die andere Person sein – und das ist nur möglich, wenn du in einem Zustand des EinsSeins lebst. Diese Übung lädt dich ein, über die Illusion von der Trennung des Körpers hinauszugehen und in eine tiefe Verbindung mit allem Leben um dich herum zu treten.

Werde dir deiner Haut bewusst, dieser weichen, dünnen Membran, die dich hält und beschützt, sobald du morgens aufwachst. Welche Empfindungen hast du dabei? Wärme, Wohlbefinden, Behaglichkeit? Nimm wahr, wie sich die Temperatur ändert, während du deinen Körper aufrichtest. Wie reagiert deine Haut darauf? Spüre den Kontakt deiner Füße auf dem Boden, deine Hand an der Tür und den Rest deines Körpers, während du durch den Raum gehst. Nimm die unterschiedlichen Texturen und Temperaturen wahr, während du dich duschst, anziehst, isst und dich auf den Tag vorbereitest. Wasser, Seife, Schwamm. Stoff, Leder, Haare. Brot, Apfel, Messer, Becher. Sei ganz präsent bei dem, was du gerade berührst. Sauge die phantastischen Empfindungen deiner Haut auf.

Im Verlauf des Tages wird deine Haut unterschiedlichen Umgebungen ausgesetzt sein und auf ganz unterschiedliche Reize reagieren. Durch intensive Wahrnehmung wird deine Aufmerksamkeit auf das Erfahren des EinsSeins gelenkt. Vertraue deinem Körper und deiner Präsenz. Schenke deinem Verlangen, das Leben zu berühren und von ihm berührt zu werden, Glauben.

Experimentiere ein bisschen, indem du die Menschen und Dinge mit großer Ehrfurcht berührst. Berühre andere so, als ob du dich selbst berühren würdest. Begegne den Menschen mit dem Vorsatz, sie zu lieben und gleichzeitig geliebt zu werden. Wisse, dass dies ein heiliges Geschenk des EinsSeins ist: Wenn du andere Menschen berührst, wirst auch du berührt. Dadurch wird die göttliche Schwingung in deinem Körper wiederhergestellt. Nimm deine Ängste an und entspann dich in dem Wissen, dass sie ein wesentlicher Teil auf dem Weg zum EinsSein sind. Betrachte deine Haut als ein Instrument der Liebe, die dich in die Lage versetzt, wahrhaftig präsent zu sein. Dies ist die Berührung des EinsSeins.

Affirmation

ICH BIN dabei, die Beschaffenheit des Lebens zu begreifen, nähre und erhalte die liebevolle Berührung des EinsSeins.

Schritt 16
Die Samen des EinsSeins

*»Wir säen Samen aus, die dann in unserem Leben
aufblühen. Wir sollten also das Unkraut der Wut,
der Habgier, des Neids und des Zweifels entfernen,
damit sich Frieden und Fülle für alle Menschen
manifestieren mögen.«*
Dorothy Day

*»Was wir tun, wird als Samen in unser tiefstes
Unterbewusstsein gepflanzt, und eines Tages wird der
Samen wachsen.«*
Sakyong Mipham

*»Ganz gleich, ob du dich um einen Garten kümmerst
oder nicht, du bist der Gärtner deines eigenen Daseins.
Du bist der Samen deines Glücks.«*
die Findhorn-Gemeinschaft

James: Unser Leben ist wie ein Garten. Wir säen immer
Samen aus, doch oftmals vergessen wir sie und sind später
dann ganz erstaunt über die Ernte. Wenn wir Samen des
Misstrauens und der Angst säen, sind wir oft überrascht,
welche Früchte sie später tragen. Vielleicht wären wir nicht
so überrascht, wenn wir uns darüber im Klaren wären, dass
alles, was wir in die Erde geben, zu uns zurückkehren wird.

Das geschieht vielleicht nicht heute oder morgen, doch letztendlich sind die Geschenke, die wir anderen machen, Geschenke, die wir auch erhalten. Wir müssen bewusst in Harmonie leben. Das führt uns zu unserer Erfahrung von EinsSein.

Was würde passieren, wenn wir anstatt vieler Samen nur einen säen würden? Wie wäre es, wenn wir ganz bewusst in jeder Situation Liebe und Mitgefühl säen würden? Würde das zu uns zurückkehren? Wenn wir erkennen würden, dass das Leben wie ein Garten ist, würden wir verstehen, dass unsere Gedanken die Saat sind, die uns entweder zu Seelenfrieden führt oder zu den Illusionen des Egos? Die Wahl liegt wie immer bei uns selbst.

Anakha: Wenn es wirklich unser Herzenswunsch ist, unser tägliches Leben mit den Schritten zum EinsSein radikal zu transformieren, müssen wir sie jeden Tag ausführen. Dies ist ein EinsSein-Training! Wir trainieren unsere »Muskeln«, indem wir die Samen aussäen und sie pflegen, bis sie schließlich im Bewusstsein des EinsSeins wachsen und gedeihen. Wir müssen uns ganz bewusst sein, was wir pflanzen. Säen wir Samen der Bescheidenheit, des Mitgefühls, der Vergebung, der Liebe und Dankbarkeit? Oder pflanzen wir Samen der Angst, des Mangels, der Trennung, des Widerstands und Konflikts? In jedem Moment wählen wir, was wir in die heilige Erde unseres Wesens geben. Wir wissen, dass das, was wir aussäen, gedeihen und unsere Lebensumstände bestimmen wird.

So, wie ein Athlet sich auf die Olympischen Spiele vorbereitet, bereiten auch wir uns als spirituelle Athleten auf ein verkörpertes und gelebtes EinsSein vor. Man muss seine Muskeln trainieren und benutzen. Gerade die Muskeln, die noch nicht sehr entwickelt sind, benötigen unsere Aufmerksamkeit. Welches sind die unterentwickelten Muskeln? Nun, ich persönlich konzentriere mich auf die Zärtlichkeit und darauf, wie ich mein Mitgefühl gegenüber meinen Mitmenschen erweitern kann. Ich bin ein Mensch, der seine Meinung geradeheraus von sich gibt, und so arbeite ich an meinen Muskeln der Zärtlichkeit und des Mitgefühls – und das mit dem gleichen Enthusiasmus für beide.

James: Ich bin froh, dass du das Thema angeschnitten hast, denn Beständigkeit ist der Schlüssel zum Erfolg. Wenn wir nur an einem Tag die Samen des Mitgefühls und des Friedens säen, ist es so, als ob man einen Samen in die Erde steckt und ihn dann vergisst. Dann gibt es keine reiche Ernte. Vielleicht wächst nur eine Pflanze (wenn wir Glück haben).

Wir reden so oft davon, dass wir die Fülle des Lebens erfahren möchten. Wenn das wirklich unser Wunsch ist, müssen wir beständig die gleichen Samen säen. Jeden Tag müssen wir die Samen des Mitgefühls aussäen. Keimen die Samen, so haben wir eine ganze Reihe von Möglichkeiten. Hier können wir an die Vorstellung vom dauerhaften Eins-Sein anknüpfen.

Anakha: Du erinnerst mich daran, dass man immer das ganze Bild im Kopf haben sollte, nämlich unseren inneren Garten. Wir kaufen nicht einfach Samen und säen sie sofort aus. Zunächst müssen wir den Boden pflügen. Danach entfernen wir das Unkraut und die Steine, damit die Erde die Samen aufnehmen und nähren kann. Und genau so sind die Übungen angelegt: Wir bereiten den Boden unseres Wesens vor, damit die Samen des EinsSeins gepflanzt und genährt werden können. Sie werden in unser Leben hineinwachsen und aufblühen – und sich schließlich in der ganzen Welt ausbreiten.

Übung

Um die Samen des EinsSeins aussäen zu können, musst du den Garten deines Herzens pflegen. Dein Herz besitzt die kostbaren Samen des EinsSeins. Viele dieser Samen wachsen bereits und zeigen sich in deiner täglichen Lebensführung. Andere wiederum warten darauf, dass du ihnen bewusst Aufmerksamkeit schenkst und sie dadurch erst aktivierst. Damit die Samen des EinsSeins schließlich wachsen und Früchte tragen, müssen sie von dir genährt werden. Sie leben von deinem Willen, EinsSein zu fördern und im Einklang mit dem Göttlichen zu handeln. *Deine göttliche Natur ist die Natur des EinsSeins.*

Die heutige Übung erfordert Hingabe und Disziplin. Im Brief des Paulus an die Galater heißt es: »Die Frucht aber des Geistes ist Liebe, Freude, Friede, Geduld, Freundlichkeit, Güte, Treue, Sanftmut, Selbstbeherrschung; gegen all dies gibt es kein Gesetz.« Weitere Samen, die wir säen müssen, sind Mitgefühl, Zärtlichkeit, selbstloses Dienen, Gewaltlosigkeit, Einbeziehen, Empfänglichkeit, Dankbarkeit, Hingabe und Großzügigkeit.

Heute kannst du den Boden deines Herzens fruchtbar machen, indem du dich dem EinsSein ganz hingibst. Widme dich mit allen Sinnen dem Menschsein und verkörpere alle Facetten des EinsSeins. Übe diese Fertigkeiten in jeder Situation. Nähre sie, indem du die Samen des EinsSeins jeden Tag aussäst. Erschaffe einen Garten, der erfreut, inspiriert, Geborgenheit schenkt und jeden Menschen in deiner Nähe heilt. Ganz bewusst gestaltest du die äußeren Bedingungen deines Lebens durch die innere Pflege der Samen des EinsSeins.

Denk über die folgenden Fragen nach, wenn du deinen Tag beginnst, sei es in stiller Betrachtung oder indem du ein Notizbuch führst:

1. Welche Art von Samen möchte ich in meinem Garten pflanzen – diejenigen, die in den äußeren Umständen meines Lebens, meiner Gemeinschaft, meiner Welt gedeihen?

2. Welche Samen des EinsSeins werde ich heute mit Hingabe aussäen?

3. Wie kann ich mein Engagement für diesen Samen des EinsSeins zeigen, im Handeln wie auch im Bewusstsein?

4. Welche Unterstützung brauche ich vom Göttlichen, um diesen Samen in alles, was ich bin und was ich tue, einzupflanzen?

Jetzt stell dir vor, wie du den Samen des EinsSeins in dein Herz pflanzt, ihn gießt, nährst und ihm beim Wachsen zuschaust. Schreibe den Namen des Samens auf ein Blatt Papier und steck es in deine Hosentasche, leg es auf deinen Schreibtisch oder hefte es an deine Pinnwand. Zentriere dich in diesem Namen, indem du ihn als Mantra und lebendiges Gebet im Laufe des Tages benutzt. Versuche, in allen Situationen deinen Fokus immer wieder auf die Pflege deines Samens des EinsSeins zu richten. Lade andere Menschen dazu ein, den Garten des EinsSeins zu bepflanzen und zu pflegen. Durch deine Hingabe und Disziplin wirst *du* zu einem prächtigen, blühenden Garten. Das sind die Samen des EinsSeins.

Affirmation

ICH BIN ein gesegneter Samen des EinsSeins und blühe im Herzen der Menschheit.

Schritt 17
Die Blüte des EinsSeins

»*Das kostbarste Geschenk, das wir anderen machen können, ist unsere Präsenz. Wenn unsere Aufmerksamkeit diejenigen umarmt, die wir lieben, werden sie wie Blumen aufblühen.*«
Thich Nhat Hanh

»*Und der Tag kam, an dem das Risiko, in der Knospe zu bleiben, schmerzhafter war als das Risiko, zu blühen.*«
Anaïs Nin

»*Die Erde lacht in Blumen.*«
Ralph Waldo Emerson

James: Heute müssen wir folgende Wahl treffen: Welche Blumen möchten wir pflanzen, und wie sehr wollen wir uns über sie freuen? Wir wissen bereits, dass wir ernten, was wir säen. Die Samen, die wir heute aussäen, ergeben die Ernte von morgen. Doch wie steht es mit den Blumen? Ihre Blüten und ihre wunderschönen Formen nähren uns auf eine Art und Weise, wie nur sie es vermögen. Sie geben uns zwar keine essbare Nahrung, trotzdem nähren sie uns. Kauf dir heute einmal ein paar Blumen und such dir ganz besondere aus – mit anderen Worten: Wähle solche, die dir unter normalen Umständen nicht in den Sinn kommen würden. Verbringe dann ein paar Minuten damit, sie einfach nur anzusehen. Stell dir vielleicht vor, welchen Weg sie hinter sich haben, um schließlich diese Blüte hervorzubringen, die dir jetzt so viel Freude macht. Was hast du alles durchlebt, damit dein Leben aufblühen konnte? Das sind die Fragen, die dich zur Erfahrung des EinsSeins führen.

Anakha: Mir gefällt das Bild von blühenden Blumen, die wir in jedem Moment gesät haben. Am aufregendsten ist für mich die Vorstellung davon, wie sich das EinsSein vollständig in der Welt entfaltet. Wenn wir aus dem Herzen heraus handeln, als spirituelle Friedensstifter und außergewöhnliche Menschen allmählich das EinsSein in unserem Leben und in all unseren Beziehungen erkennen, dann wird sich der Stoff, aus dem das Weltnetzwerk besteht, verändern. Die Weltgemeinschaft wird nicht mehr Angst und Trennung als Fundament haben, sondern Liebe und EinsSein.

Dieses Aufblühen breitet sich aus, und es entsteht ein Domino-Effekt. Ein Tsunami des EinsSeins stürmt mühelos durch das kollektive Bewusstsein der Trennung. Viele von uns pflegen die Samen seit geraumer Zeit, und nun fühlt es sich so an, als ob die Zeit endlich gekommen sei. Das Aufblühen des EinsSeins kann in der Tat alle Bereiche der Dunkelheit und der Trennung einhüllen und auf sie einwirken. Dabei ist nicht nur unser eigenes Bewusstsein betroffen, sondern auch das größere Bewusstsein der gesamten Welt.

James: Ganz genau. Ich denke, dass wir momentan tiefgreifender als je zuvor beobachten können, wie das globale Bewusstsein aufblüht. Ein Auslöser für dieses Aufblühen ist die große Not, die wir bei uns selbst und auf der ganzen Welt erleben. Doch ohne Hürden und Herausforderungen können wir nicht hinübergehen in eine neue Zeit der Evolution.

Wir würden gerne glauben, dass Entwicklung immer sanft ist und in gleichmäßigen Schritten vorangeht. Doch so geschieht es nie. Ein Stück Kohle verwandelt sich in einen Diamanten, indem enorme Hitze und Druck angewendet werden. Genauso werden wir gezwungen, in eine neue Seinsstufe einzutreten, wenn Feuer und Druck auf unser Leben einwirken. Dieses Phänomen breitet sich aus, und eine unleugbare und nicht aufzuhaltende Kraft entsteht. Und genau das beobachten wir jetzt: eine allumfassende Kraft, die mehr und mehr Seelen in den Zustand des EinsSeins führt. Je mehr Seelen diesen Zustand annehmen, desto zugänglicher, ja unausweichlicher wird es für den Rest der Menschheit.

Anakha: Mir gefällt es, wie die Übungen ineinandergreifen und sich gegenseitig verstärken. Wenn wir das EinsSein umarmen, dann heißen wir auch die Dinge willkommen, die schwer für uns sind. Man kann es vergleichen mit dem Sand, der die Auster ärgert, bis sie schließlich eine Perle produziert. Oder aber mit dem Versuch des Samens, sich durch die dunkle, schwere und feuchte Erde seinen Weg an die Oberfläche zu bahnen. Ich glaube, dass der Samen von seiner spirituellen Übung, nämlich die Sonne zu erreichen, sehr erschöpft ist, bis er endlich als junger Spross hervorsprießt. Die folgende Übung lädt uns ein, alles in uns und in unserer Welt zu umarmen. Durch solch eine Umarmung können wir unser Aufblühen im EinsSein fördern und vorantreiben.

Übung

Nimm dir heute einmal Zeit, an den Rosen zu riechen. Wortwörtlich und symbolisch. Du hast dich um deinen Garten diszipliniert und hingebungsvoll gekümmert. Jetzt ist es an der Zeit, einen Schritt zurückzutreten und ihn zu begutachten. Was wächst in deinem Garten? Blühen einige Pflanzen, oder tragen sie Früchte? Wie verändert dich das immer blühende Bewusstsein von EinsSein und wie deine Beziehungen und dein Leben? Erkenne deine Entscheidung an, ein spiritueller Gärtner werden zu wollen, der die Samen des EinsSeins sät. Die Samen der Liebe, der Verbindung und Einheit.

Nimm wahr, wie sich das EinsSein in deiner Seele entfaltet. Welche einzigartigen Seelenqualitäten entwickeln sich in deinem Leben? Sie geben Düfte in Form einer spirituellen Persönlichkeit ab und schaffen eine Atmosphäre der Gnade, tragen den Duft des Heiligen, des EinsSeins. Welchen Duft bietest du den Menschen und der Welt an?

Verbringe den heutigen Tag mit einer Blüte. Such dir eine in der Natur, oder beschenke dich mit einer majestätischen Rose, einer freudigen Tulpe, einer phantastischen Pfingstrose oder was dich sonst anspricht. Geh andächtig in dich. Stell dir vor, dass diese Blüte ein äußerer Ausdruck dafür ist, wie dein Herz als Mystiker, Liebhaber und Friedensstifter in dieser Welt innerlich aufblüht. Nimm ihre Farben, Textur und Gerüche wahr. Welche Eigenschaften hat die Blüte? Welche Eigenschaften teilst du mit ihr? Welche Führung und Inspiration bietet dir die Blüte auf deiner Reise ins EinsSein an? Inspiriert sie dich, etwas Bestimmtes zu sein?

Erlaube dir nun, in der Freude, Schönheit und im ansteckenden Entzücken dieser Blüte zu baden. Dies ist das Aufblühen des EinsSeins.

Affirmation

ICH BIN der Duft des Heiligen und verströme das Parfüm des EinsSeins.

Schritt 18
Die Schöpferkraft des EinsSeins

»Ich möchte, dass, ganz gleich, wo du bist,
die Schöpfung dich mit so viel Bewunderung erfüllt,
so dass du auch in der schwächsten Pflanze den
Schöpfer klar zu erkennen vermagst.«
Basilius der Große

»Gott ist nur ein weiterer Künstler. Er erschuf die
Giraffe, den Elefanten und die Katze. Nie hielt er sich
an einen vorgegebenen Stil. Er probiert einfach
weiterhin Dinge aus.«
Pablo Picasso

»Du wirst göttlicher, wenn du kreativer wirst.
Alle Religionen der Welt sagen, Gott sei der Schöpfer.
Ich weiß nicht, ob er der Schöpfer ist oder nicht,
aber eines weiß ich: Je schöpferischer du bist,
desto göttlicher wirst du.«
Osho

James: Wen könntest du heute inspirieren? Vielleicht kommen dir spontan ein paar Menschen in den Sinn. Menschen, mit denen du jeden Tag zu tun hast. Das könnten diejenigen sein, denen du die Geschenke machen kannst, die du selbst empfangen möchtest. Wie kannst du deine eingefahrenen Gewohnheiten so ändern, dass etwas Neues entsteht? Denk daran, dass Inspiration am leichtesten zu dir kommt, wenn du zunächst einen anderen Menschen inspirierst. Kannst du heute kreativ sein? Kannst du einer anderen Person etwas geben, das ihr den Zugang zum EinsSein ermöglicht und gleichzeitig dasselbe in dir anregt?

Anakha: Ja, genau! Ich glaube, dass die Schöpferkraft des EinsSeins momentan sehr wichtig ist. Wir müssen erkennen, dass wir heute nicht mehr die Menschen sind, die wir noch gestern waren. Wir müssen die starren Vorstellungen von uns selbst und vom Zustand der Welt endlich loslassen, denn alles ist so viel dynamischer. In der Schöpferkraft des EinsSeins sind wir jeden Tag etwas anderes, etwas Neues. Denn tatsächlich drückt sich jeden Tag ein neuer Aspekt des EinsSeins durch uns, unsere Freunde, Familie, Arbeitskollegen, ja sogar durch unsere Welt aus. Wenn wir weich und flexibel werden, uns erlauben, von der göttlichen Intelligenz erfüllt zu werden, damit sie zu uns, durch uns und als »Wir« sprechen kann, dann werden wir ein Teil des globalen Bewusstseins und eine globale Gemeinschaft des EinsSeins.

Es ist von großer Bedeutung, dass wir empfänglich sind für eine Intelligenz, die unseren begrenzten Verstand so unermesslich übersteigt. Wir müssen ihr gegenüber offen sein und sie in uns selbst und in anderen zum Leben erwecken. Wir müssen uns gegenseitig ermutigen, der göttlichen Vorstellung des EinsSeins Raum zu geben. Denn sie möchte sich in unserem Leben und als das, was unser Leben ausmacht, manifestieren.

James: Wenn ich über das Wort *schöpferisch* oder *Schöpferkraft* nachdenke, kommt mir unweigerlich der Begriff *fesseln* in den Sinn. Wenn wir andere Menschen inspirieren wollen, müssen wir das auf eine fesselnde Art und Weise tun. Wenn wir negativ sind, uns einfach zurücklehnen und passiv bleiben, funktioniert Inspiration nicht. Sind wir jedoch kreativ, schöpferisch, lebhaft und leidenschaftlich, werden die Menschen uns ansehen und sagen: »Davon möchte ich auch etwas!« Wir können heutzutage eine Inspiration für die Welt sein, indem wir uns auf solch eine Erfahrung einlassen, sie leben und gänzlich annehmen. Dann sind wir ein Vorbild für unsere Mitmenschen, die dann auch wie wir leben möchten und durch uns die Chance dazu bekommen.

Anakha: Absolut. Ich glaube, dass die Passivität, von der du sprichst (man kann es auch Unwohlsein nennen), wie eine Wolke ist, die sich vor die Strahlen der Sonne schiebt. Wir müssen es uns zum Ziel setzen, uns mit der Sonnenkraft, der Kraft des EinsSeins und der Schöpferkraft zu verbinden. Es ist einfacher, selbstgefällig und über den Zustand der Welt kollektiv deprimiert zu sein, als zu erkennen, dass es eine Vorstellung des Göttlichen *gibt,* auf die wir uns einlassen können. Es ist unsere Pflicht und Verantwortung, uns für die göttliche Inspiration zu öffnen und andere Menschen zu inspirieren, es uns gleichzutun. Es können sich dynamische, schöpferische Ideen für unser Bildungssystem, unsere Politik, unsere Wirtschaft, unsere Umwelt und für neue Formen des Zusammenlebens auf diesem Planeten manifestieren, wenn wir uns nur dafür öffnen.

Übung

Die Schöpferkraft des EinsSeins ruft dich ununterbrochen. Jetzt ist es an der Zeit, zu antworten und sich der grenzenlosen Inspiration zu öffnen. Hörst du das Göttliche an deine Tür klopfen, so reiß sie weit auf und bitte deinen schöpferischen Geist herein. So wirst du empfänglich für die Schöpferkraft des EinsSeins. Du wirst erfüllt von Weisheit und Enthusiasmus, die tief verborgen mit deinem Wohlbefinden und dem Wohlbefinden der Welt verbunden sind. Die Inspiration entspringt der göttlichen Vorstellung, dass alles von Güte gesegnet ist. Die Schöpferkraft des EinsSeins erreicht die kollektive Seele und schenkt dir eine Idee vom Leben, die deine kühnsten Träume übertrifft. Deine Schöpferkraft schürt die Flamme des EinsSeins. Sie ist der göttliche Funke, der dich mit der Quelle allen Lebens verbindet.

Achte heute darauf, welche göttlichen Ideen deine Aufmerksamkeit erregen und welche dir erstrebenswert erscheinen. Was möchtest du erschaffen? Fühlst du dich von etwas angezogen? Was fasziniert dich oder regt deinen Appetit an? Was wäre, wenn du nicht länger an der Vorstellung von Schöpferkraft eines anderen festhältst? Wie würdest du deine eigene einzigartige Brillanz zum Ausdruck bringen? Würdest du tanzen, malen, kochen, singen, gärtnern, schauspielern, zeichnen, schreiben, dekorieren, musizieren oder etwas entwerfen? Vertraue den göttlichen Impulsen, die dich antreiben, dich auszudrücken und einzubringen. Glaub an dich und werde aktiv. Spring auf die Welle der Schöpferkraft auf und reite auf ihr. So arbeitet die Schöpferkraft des EinsSeins in dir.

Je stärker dein Wille und deine Fähigkeit werden, göttliche

Inspiration zu empfangen, zu begreifen und nach ihr zu handeln, desto mehr kann durch dich als Kanal fließen. Du wirst immer leichter göttliche Inspiration für alle Bereiche deines Lebens empfangen können. Fass dir ein Herz und werde noch heute zum Schöpfer! Steck deine Mitmenschen an und lade sie ein, in der Schöpferkraft des Eins-Seins zusammenzukommen.

Nimm ein Blatt Papier und einen Stift. Stell deine Uhr oder einen Wecker auf sieben bis zehn Minuten und fang an aufzuschreiben, was dir gerade in den Sinn kommt. Schreib die Wörter einfach ununterbrochen auf und korrigiere sie nicht. Denk nicht nach. Füge dich einfach dem, was gerade kommt. Du kannst den Satz »Das ist so blöd!« 30-mal schreiben, bevor etwas anderes aus dir sprudelt. Vertraue dem Prozess und *leg los.* Sei kreativ!

Als kleine Starthilfe findest du hier ein paar Formulierungen, die dir einen Anstoß geben sollen. Such dir eine der folgenden aus und schreib sie oben auf ein Blatt Papier oder in dein Tagebuch. Dann beginne mit dem Schreiben. Wenn dich etwas blockiert oder du in den Schreibvorgang noch tiefer eintauchen willst, beginne den Satz noch einmal neu und lass deinen Gedanken freien Lauf. Viel Spaß!

Formulierungen für den Einstieg:

Wer bin ich
Hinter meinen Augen
Was wirklich zählt
Was ich sehe
Meine Stärke liegt in
Was ich weiß
Verloren und gefunden

Was wahr ist
Meine Hoffnungen sind
Was real ist
Woran ich mich erinnere
Was ich der Welt sagen will
Die Wahrheit über mich
Was wäre, wenn
Ich finde meinen Weg
In der Stille
Wo die Chance zu Hause ist
Von innen nach außen
Ich finde meine Stimme
Ein Fenster in mir
Wer werde ich sein
In meiner Mitte
Was alles verändert
Im Spiegel
Kannst du mich sehen
Unschuld
Allein und zusammen
Warum bin ich hier
Was ich wirklich will
Ich selbst sein
Aufwachen
Tiefer gehen
Manchmal
Darunter
Wer ich einmal war
In meinem Kopf
Wenn bloß
Die Wahrheit sein
Was zieht mich an

Was in mir wächst
Innere Stimmen
Mich ehren
Wenn ich da bin
Wer lebt in mir
Wovor ich Angst habe
Allein
Weggesperrt
Den Schlüssel finden

Affirmation

ICH BIN dabei, eine Welt der Großartigkeit und des Eins-Seins zu erschaffen, mit all meinen unterschiedlichen Ausdrucksmöglichkeiten wie Gebet, Gedanke, Erklärung, Gefühl und Tat.

Schritt 19
Die Spontaneität des EinsSeins

»Nur in der Spontaneität können wir der Mensch sein,
der wir wirklich sind.«
John McLaughlin

»Nur im Spielen kann die höchste Form der Intelligenz
der Menschheit Ausdruck finden.«
Joseph Chilton Pearce

»Auch bei sehr kleinen Dingen werde ich immer noch
unglaublich euphorisch … Ich spiele mit Blättern. Ich
hüpfe die Straße hinunter und laufe gegen den Wind.«
Leo F. Buscaglia

James: Das Ego kommt zur vollen Entfaltung, wenn es jede Situation genau vorhersagen kann. Die Seele hingegen sucht das Spontane. Wie könntest du spontaner werden und dich gleichzeitig durch diese neue Spontaneität mehr herausfordern? Natürlich ist es einfacher, eine gewisse Routine zu haben und in seiner Komfortzone zu bleiben. Doch was würde passieren, wenn du deine Angst, wie ein Narr auszusehen, überwinden und einfach ein kindisches Lied irgendwo an einer geschäftigen Kreuzung so laut, wie du kannst, singen würdest? Vielleicht würde sich dadurch etwas Neues in dir öffnen, etwas, das aufwachen muss. Heute ist so ein Tag, an dem es gilt, etwas zu riskieren. Denn du wirst niemals EinsSein erfahren, wenn du die Angst deines Egos, sich zum Narren zu machen, nicht loslässt.

Anakha: Stimmt! Diese Übung schafft ein ungebundenes Selbst, dem es zusteht, ganz lebendig zu sein. Wir können frei sein, da wir unterstützt werden. Wir können EinsSein empfinden, indem wir das *Ja!* bekräftigen. Es ist ein Ja zum Leben, zur Liebe, zu diesem großartigen Experiment, zum Spielen, und ein Ja zu den Gelegenheiten, sich zum Narren zu machen. Es ist der heilige Ja-Faktor.

Wenn wir einmal genau darüber nachdenken, wird uns schnell klar, wie ernst wir doch geworden sind. Wir beschränken uns in unserer Ausdrucksweise. Erleben wir jedoch EinsSein in unserem Körper und im Leben, so werden wir langsam elastisch und entwickeln die Fähigkeit, von Moment zu Moment spontan zu reagieren, ohne dabei in tiefer geistiger Versenkung zu sein. Wenn wir im EinsSein leben, dann verhalten wir uns natürlicher, offener und sogar wie ein Kind. Wir sind im Einklang mit der Neugier, der Lust zu spielen und der Freude.

Ich glaube, dass die heutige Welt diese Medizin dringend braucht, besonders diejenigen von uns, die die Spiritualität suchen und leben möchten. Durch die Leichtigkeit des EinsSeins kann sie richtig aufblühen und Früchte tragen.

James: Die größten Mystiker wurden oft die »Narren« Gottes genannt. Sie waren nicht an die Begrenzungen des Egos gebunden. Stattdessen gaben sie sich dem Fluss des Lebens ganz spontan hin. Solange sie ihre Leidenschaft für das Göttliche und das EinsSein ausdrücken konnten, war es nicht von Bedeutung, was andere Menschen glaubten.

Wenn wir die gleiche Leidenschaft entwickeln können, wenn wir Wege finden können, spontan zu leben, dann können wir denjenigen eine kraftvolle Inspiration sein, die in ihren Köpfen und Egos gefangen sind. Die meisten Menschen haben Angst davor, ihre Hand nach etwas Neuem auszustrecken und ihre herkömmlichen Grenzen zu überschreiten. Diese Grenzen sind Mauern, die wir in unserem Verstand erschaffen haben, nirgendwo sonst. Doch die Wahrheit dessen, was wir sind, hat das Göttliche erschaffen. Wenn wir uns dafür entscheiden, in der heiligen Schöpfung zu leben, kann die Spontaneität fließen und uns in einen tiefen Zustand des EinsSeins führen.

Anakha: Das ist wundervoll. Ich erinnere mich an eine der wesentlichen Lehren Jesu: »Sei auf der Welt, aber nicht von dieser Welt.« Wir bringen dieses Bewusstsein, diese Spontaneität des EinsSeins, in die Welt und erwecken damit eine ganz neue Art des Seins. Wir schwimmen gegen den Strom, gegen die allgemeingültigen Meinungen der Gesellschaft, wenn wir mit der Spontaneität des EinsSeins wahrhaft verbunden sind und ihr folgen.

Übung

Wenn du dich auf das EinsSein einstellst, verbindet es dich mit der Ganzheit, der Unschuld und mit dem natürlichen Rhythmus des Lebens. Daraus werden tiefes Vertrauen und Ergebung geboren. Nach außen drückt sich das als kindliche Freude und Freiheit im Jetzt aus. In der Spontaneität des EinsSeins wirst du vom Leben angetrieben, belebt, inspiriert und erleuchtet. Du bist verbunden mit dem spru-

delnden Brunnen, der überschäumenden Quelle. Dein
Leben wird zum Ausdruck von Schönheit, Spielfreude und
Fließen. Du hast Vertrauen, tief im Wissen deines Eins-
Seins, und kannst dein Ego loslassen. Furcht und Wider-
stand lösen sich auf, und du kannst ganz frei im warmen
und einladenden Meer des Lebens schwimmen. Spielen,
Lachen, Spaß und Kreativität sind alles Ausdrucksformen
der Spontaneität des EinsSeins.

Erlaube dir heute, aus dieser Geisteshaltung heraus zu leben. Verlasse die Routine deiner gewohnten Tätigkeiten
und tauche ein in das Reich des kindlichen Wunderns.
Fühle, wie Inspiration und Tatkraft dahinfließen, und folge ihnen. Lass dich davontragen. Lass los, sei ganz lebendig
in diesem freien Fließen und im anhaltenden Zustand von
Klarheit und Freude. Sei ganz präsent und offen dem gegenüber, was gerade zu dir kommen mag. Jedes Gefühl von
Trennung löst sich in diesem reinen, lebendigen Bewusstsein auf. Die Spontaneität des EinsSeins ist die ehrliche,
essenzielle Wahrheit göttlicher Liebe. Entspann dich und
tauche ganz in das Göttliche ein. Folge der Einladung deiner Seele.

Die Erhabenheit der eigenen Seele zu erleben ist ein Merk-
mal für ein Leben, das in der Spontaneität des EinsSeins
verwurzelt ist. Du magst dich jetzt vielleicht fragen, wie du
das in deinem modernen Leben erreichen kannst. Du lebst
in einer Kultur, die dir oftmals eine Verbindung mit deiner
natürlichen Mystik und deinem Gefühl für Wunder nicht
ermöglicht. Der französische Philosoph Gaston Bachelard,
Autor von *Die Poetik des Raumes,* erklärt, dass es dreier
Faktoren bedarf, um ein Leben von Spontaneität und Leidenschaft führen zu können: Intensität, Intimität und Unermesslichkeit. Lass nun zu, dass diese drei Eigenschaften

dich heute führen, während dich das Universum in seinen natürlichen Rhythmus mitreißt.

- *Intensität:* Thomas von Aquin sagte, dass Begeisterung ihren Ursprung in der intensiven Erfahrung der Schönheit der Dinge hat. Wie würdest du diese »intensiven Erfahrungen« in deinem Leben beschreiben? Hast du den Eindruck, dass du dich zu etwas Unbekanntem hingezogen fühlst und dass dieses Unbekannte vielleicht die Illusion von Langeweile ein für alle Mal überwinden kann? Was schürt dein inneres Feuer? Mach jetzt sofort diese Erfahrung! Geh der Intensität des Lebens, die dir ein Zeichen gibt, nicht aus dem Weg. Sie ist hier, damit du ein lebendiges EinsSein erfährst, das dich im Licht baden und zum Leben erwecken wird.
- *Intimität:* Andrew Harvey sagte: »In jeder Tradition wartet die Präsenz nur darauf, sich zu zeigen und eine ekstatische und intime Kommunion mit seiner eigenen Schöpfung eingehen zu können.« Gott übt ununterbrochen eine Anziehung auf dein Herz aus und zieht dich liebevoll zu sich hin. Erlaube dir heute zu erfahren, wie du voller Freude und in Ekstase sanft in die ewige Liebe geführt wirst. Wie kannst du eine intime und ekstatische Kommunion mit dir selbst, mit dem Leben, mit deinen Mitmenschen und mit Gott eingehen? Lass dich zu den Erfahrungen führen, die dein Herz und deine Seele machen möchten. Genau wie eine Motte, die immer vom Licht angezogen wird. Geh das Wagnis ein, mit dir, mit deinen Mitmenschen und dem Göttlichen in der Spontaneität des EinsSeins Intimität zu erleben.
- *Unermesslichkeit:* Psalm 139 lautet: »Wohin soll ich gehen vor deinem Geist, und wohin soll ich fliehen vor

deinem Angesicht? Führe ich gen Himmel, so bist du da. Bettete ich mich in die Hölle, siehe, so bist du auch da. Nähme ich Flügel der Morgenröte und bliebe am äußersten Meer, so würde mich doch deine Hand daselbst führen und deine Rechte mich halten.« Erlaube dir, dich heute in die Sterne, die Planeten und in das Leben selbst zu verlieben. Verliebe dich in die Unermesslichkeit des Lebens und kehre zur natürlichen Ehrfurcht zurück! Spüre deine Verbindung zum ursprünglichen Gefühl des Seins und wisse, dass der Kosmos dir Leben geschenkt hat. Du bist ein wundervolles und großartiges Abbild – imago dei – der Göttlichkeit. Erlaube dir, dem zu folgen, was dich ganz natürlich mit der ehrfurchterregenden Herrlichkeit des Lebens, der Welt und des gesamten Universums verbindet. Lass los und werde fortgetragen von der Spontaneität des Eins-Seins.

Affirmationen

ICH BIN eine Seele, die ihre Herrlichkeit in einem Leben voller Intensität, Intimität und Unermesslichkeit lebt.
ICH BIN im Fluss mit der Spontaneität des EinsSeins.

Schritt 20
Die Sehnsucht des EinsSeins

»Glückseligkeit wird durch die Übung glückselig. In unserer eigenen Glückseligkeit sind die Sehnsucht, der Sehnende und der Prozess des Sehnens vereint – sie sind eins. Die Sehnsucht wird in ihrem Ursprung erfüllt.«
Maharishi Mahesh Yogi

»Menschen, die Sehnsüchten abschwören, werden oftmals plötzlich zu Heuchlern!«
Rumi

»Sehnsucht ist die wahre Essenz des Menschen.«
Baruch Spinoza

James: EinsSein ist etwas, wonach du dich in der Tiefe deines Herzens und deiner Seele sehnen musst. Wenn du nur ein bisschen eins sein möchtest oder es dir nicht Herausforderung genug ist, wirst du es nie erreichen. Das folgende Gleichnis fasst es ganz gut zusammen: Es war einmal ein weiser Lehrer, der den Kopf seines Schülers so lange unter Wasser tauchte, bis dieser fast ertrank. Als er ihn losließ, fragte er seinen Schüler, woran er die Zeit unter Wasser gedacht hatte. Dieser antwortete, dass sein einziger Gedanke war, wie er einen Atemzug machen könnte. Der Lehrer erwiderte: »Wenn du Gott so sehr willst, wie du den Atemzug wolltest, dann wird es dir gegeben.«

Stell dir heute die gleiche Frage: »Wonach sehne ich mich am meisten?«

Anakha: Diese Übung ist so wichtig, da sie direkt in das Wesen des EinsSeins dringt. Dennoch sind wir oftmals darauf programmiert, nicht in Verbindung mit unserer Sehnsucht zu stehen. Wir fürchten unser eigenes Verlangen und misstrauen ihm, doch authentische Sehnsucht führt uns in den Bereich des EinsSeins, in dem wir alles akzeptieren und willkommen heißen. Die Sehnsucht ist tatsächlich eine der Energien unserer göttlichen Lebenskraft. Deshalb ist es grundlegend für die Verbreitung des EinsSeins in der Welt, dass wir unserem innersten Verlangen und unserer wahren Sehnsucht wirklich vertrauen und folgen. Tun wir das, dann verbinden wir uns mit den Mitmenschen, die die gleiche Geisteshaltung haben. Dadurch werden die Chancen, Kreativität und Segnungen zu erlangen, um ein Vielfaches erhöht.

Sobald wir uns selbst nicht vertrauen oder wenn wir uns unserer tiefsten Wünsche nicht gewahr werden wollen, verhindern wir, dass EinsSein in unserem Leben entsteht. Wir fühlen uns weiterhin getrennt und allein. Diese Übung lädt dich dazu ein, dir bewusstzumachen, was dein Leben antreibt und dich vollkommen und harmonisch mit den Menschen verbindet, die ähnliche Sehnsüchte haben wie du. So können wir alle in einer sehr kraftvollen neuen Art und Weise zusammenarbeiten.

James: Das Prinzip der Wunschlosigkeit ist eine der wesentlichen Lehren Buddhas. Ich bin mir nicht sicher, ob ich persönlich das erreichen kann. Für mich ist es viel wichtiger, dass ich mir meiner Wünsche bewusst bin und Gott dann frage, wie ich sie nutzen kann, um das Beste zu erreichen. Wenn wir unsere Sehnsüchte auf den Dienst an unseren Mitmenschen richten, sind sie mehr als nur Erweiterungen unseres Egos. Sie werden zu Erweiterungen unserer Seele und bringen uns dem Zustand des EinsSeins näher.

Für mich geht es also nicht darum, keine Wünsche mehr zu haben. Es geht vielmehr darum, in jedem Moment zu erkennen, was die eigenen Wünsche sind, und zu sehen, ob der Samen des EinsSeins in diesen Wünschen vorhanden ist. Ist das der Fall, so frage ich mich, wie ich meinen Wunsch mit anderen teilen kann. Und dann nimmt es Ausmaße an, die ich mir nie hätte vorstellen können, inspiriert mich und andere. Manchmal ändert es sogar die Welt.

Anakha: Es ist wichtig, zwischen zwanghaftem oder süchtigem Verhalten (was nur Ablenkung ist und keine echte Sehnsucht) und dem wahren Wunsch der Seele (der seinen Ursprung im EinsSein hat und ein Segen für alle ist) zu unterscheiden. Oftmals sind wir nicht im Einklang mit unseren natürlichen Wünschen, die direkt aus dem Göttlichen, unserem Wesen stammen. Wir ignorieren sie, und das macht uns mürrisch, abgestumpft und erschöpft. Dadurch schaffen wir einen Nährboden für Trennung statt eines fruchtbaren Bodens, in den die Samen des EinsSeins gepflanzt werden können. Es ist äußerst wichtig, dass wir unsere Sehnsüchte ehren, gerade weil sie aus einem tiefen, aufrichtigen Wissen in uns stammen.

Ich denke, dass es sehr einfach ist, sich an die Sehnsucht des EinsSeins zu erinnern. Die Energie, die wir verwenden, um äußerlich etwas unter allen Umständen zu bekommen, besitzt eine völlig andere Qualität als das natürliche Gefühl unserer innersten Sehnsucht. Wir können unseren dem EinsSein entspringenden Sehnsüchten vertrauen und ihnen nachgehen, während sie erwachen.

Übung

Vertraue deinen angeborenen Wünschen, die im EinsSein begründet sind, um eine tiefgehende Verbindung zu dir selbst, zu anderen Menschen und zu deiner göttlichen Bestimmung zu schaffen. Deine authentische Sehnsucht ist eine deiner kostbarsten und grundlegendsten Lebenskräfte. Du benötigst sie, um andauernde Erfüllung und Wohlbefinden zu erreichen. Indem du den Wünschen deines Herzens folgst, lebst du das EinsSein auf eine kraftvolle Weise. Alles findet in diesem Zustand statt, und keine Handlung oder Sache ist besser als die andere. Während du deiner inneren Weisheit folgst, spielst du eine entscheidende Rolle beim Erschaffen einer Welt, in der jeder begünstigt und gesegnet wird.

Begib dich in das Schwingungsfeld der Sehnsucht des Eins-Seins und sei dir gewiss, dass es in dir genauso wie in allen Dingen existiert. Du entdeckst im EinsSein eine universelle Sehnsucht und trittst in ihren strahlenden, glänzenden Raum. Der Kosmologe Brian Swimme erklärt: »Indem du den Verlockungen nachgehst, hilfst du, das Universum zu verbinden. Das EinsSein der Welt ruht auf dem Streben nach Leidenschaft.« Willst du deiner Leidenschaft nachgehen, um die Energie des EinsSeins in deinem Leben und in der Welt zu manifestieren?

Lautet deine Antwort *Ja,* so bedarf es nur der Absicht, dem Leben gänzlich zur Verfügung zu stehen, um diesen Schritt zu tun. Welche Leidenschaften wirst du entdecken? Wo wird dich das Leben hinführen, wenn du der Energie deiner Leidenschaft in jedem Moment folgst?

Folgst du deinen tiefsten Wünschen, wirst du erfahren, dass du ein unvergleichliches Glück erfährst, wenn du im Leben ganz präsent bist. Die einfachsten Dinge, wie eine Tasse Tee zu trinken, in einem warmen Bad zu entspannen und der Anblick eines klaren blauen Himmels, erfüllen dich mit enormer Freude, solange du präsent bist. Mit anderen Worten: Du kannst bedingungslose Freude erfahren, wenn du dir der einfachen Dinge im Leben bewusst wirst und sie völlig annimmst. Dann brauchst du keine intensiven Erfahrungen mehr, um Freude zu empfinden. Das bloße Dasein und deine ständige Beziehung zu ihm belebt und begeistert dich.

Nichts und niemand kann weder die Sehnsucht des Eins-Seins noch die Schönheit, den Frieden und die Glückseligkeit, die sie einem bringt, stehlen. Sie gehört dir, sobald du präsent bist. Deine absolute Präsenz und die Empfänglichkeit für die Sehnsucht erzeugen ein kraftvolles Heilmittel, das die Trennung zwischen deinem Körper und deinem Geist, deinem Ego und deiner Seele überwindet und heilt. Die heutige Übung erfordert nichts weiter, als dass du dich danach sehnst, dich dem Leben komplett zu öffnen. Welche erstaunlichen Dinge wirst du heute in deinem scheinbar schlichten Alltag entdecken? Wenn du die Sehnsucht des EinsSeins pro Tag 60-mal 15 Sekunden lang übst, verbringst du 15 Minuten damit, einfach zu *sein.* Für heute sollen fünf Minuten ausreichen.

Komm ganz in diesem Moment an und spüre die Energie

des Sehnens. Erlaube dir, die Segnungen, die jeder Moment bereithält, zu empfangen. Hab einfach Freude daran, diese Bewusstheit jetzt zu erfahren. Nimm wahr, wie das göttliche Licht des Lebens dich in eine tiefere Beziehung zu dir selbst, deinem wahren Wesen bringt. Atme ein und sei mit allem in Kontakt: mit der Kleidung, die du trägst, mit dem Essen, das du isst, mit dem Bürgersteig, auf dem du gehst, mit der Hand, die du schüttelst, mit der Musik, die du hörst, und so weiter. Liebe jeden Moment in der Sehnsucht des EinsSeins.

Werde ganz präsent, wann immer du dich nicht verbunden fühlst und die Trennung von Körper und Geist, von Ego und Seele erlebst. Spüre, wie die Sehnsucht des EinsSeins deinen Körper und deinen Geist vereint und dich stärkt. Erlaube dir heute zu erfahren, wie aufregend und faszinierend die Sehnsucht des EinsSeins ist. Verbreite deine Leidenschaft für das Leben im EinsSein!

Affirmation

ICH BIN für immer durch die Leidenschaft des EinsSeins mit der Welt verbunden und lebe die Fülle meiner Seelenwünsche in jedem Moment.

Dialog zu den Schritten 21–30

James: Wir alle haben Schattenanteile in uns, die nur darauf warten, dass wir unsere spirituelle Reise aufgeben und zu unseren gewohnten Verhaltensweisen zurückkehren. Doch wenn wir in alte Gewohnheiten zurückfallen, setzt es in uns etwas in Bewegung. Wir nehmen plötzlich all unsere Begrenzungen wahr, all die Schattenanteile, an denen wir festhalten, aus Angst, wir könnten ohne sie nicht leben. Das ist eine ganz normale Reaktion, vor der wir nicht davonlaufen sollten. Stattdessen sollten wir uns die Schattenanteile genauer ansehen, da wir auch durch sie Heilung und EinsSein erfahren können. Genau das wird der Inhalt der nächsten Übungen: unsere aufsteigenden Ängste anzunehmen und die Lehren auf noch tieferer Ebene zu integrieren.

Anakha: Ich bin erleichtert, dass wir uns dem Gebiet der dunklen und schattigen Seiten in uns zuwenden, den Orten, an denen wir noch immer voller Angst sind, uns begrenzt fühlen und die noch nicht von der Existenz des EinsSeins geheilt wurden. Ein EinsSein, das nur »versprochen« ist – ein EinsSein, an das wir mental und spirituell glauben, es aber im Alltag nicht leben –, trennt uns innerlich. Es ist wichtig, zu verstehen, dass alle Menschen auf diesem Planeten in die »Schule Erde« gehen. Teil des Lehrplans ist es, sich auf eine spirituelle Übung einzulassen, die uns zu Stärke, Eigenverantwortung und Mut führt, damit wir uns unseren Schattenanteilen mit Klarheit und Integrität stellen können.

Wir müssen uns immer wieder darin üben, uns die dunklen Seiten in uns mit dem eindringlichen Blick des Eins-Seins anzusehen, um, wie ich es nenne, heilende Momente erfahren zu können. In solch einem Moment sagen wir: »Ich kann mich nicht aus eigenem Antrieb aus diesem Gefängnis der Trennung befreien, doch mit Hilfe der Übungen und meiner Ergebenheit gegenüber einer höheren Macht – dem Göttlichen, Gott – kann das EinsSein auf diesen dunklen Seiten wiederhergestellt werden.« Auf der Reise zum EinsSein ist es ganz natürlich und notwendig, dass wir alle Bereiche der Dunkelheit und Trennung in uns untersuchen, annehmen, heilen, uns ihnen ergeben und sie transformieren.

Schritt 21
Der Schatten des EinsSeins

»Alle Schönheit beinhaltet Dunkelheit.«
Daniel Odier

*»Du kannst einen Schatten nicht auflösen, indem
du ihn bekämpfst, auf ihm herumtrampelst,
ihn beschimpfst oder irgendeine andere Form des
emotionalen oder physischen Widerstands leistest.
Du musst ihn in Licht baden, damit er verschwindet.«*
Shakti Gawain

*»Erleuchtung ist nicht durch Imaginieren von
Lichtwesen zu erreichen, sondern indem man sich die
Dunkelheit bewusstmacht.«*
C. G. Jung

James: Wenn die Sonne scheint, dann wirfst du einen
Schatten auf den Boden. Der Versuch, das zu verhindern,
ist zwecklos, und Weglaufen bringt auch nichts, denn der
Schatten folgt dir überallhin. Genauso wenig erfolgver-
sprechend ist es, deinen spirituellen Schatten zu umgehen.
Du kannst dich zwar von ihm abwenden und so tun, als
wäre er nicht da. Doch ganz gleich, welche Vermeidungs-
strategie du anwendest, er ist immer direkt hinter dir. Die
einzige Möglichkeit, EinsSein zu erleben, besteht darin,

ein völlig integriertes Wesen zu werden. Das bedeutet, dass du deine hellen *und* dunklen Anteile annehmen musst. Dein Schatten hält wertvolle Lektionen für dich bereit. Doch du musst mutig genug sein, dich ihnen zu stellen.

Anakha: Die dunklen und beschränkenden Anteile halten ein Geschenk des EinsSeins für dich bereit, sobald sie geheilt und transformiert worden sind. Es gibt eine Einsicht, eine Erkenntnis in uns, die in der Angst gefangen ist. Die gute Nachricht ist, dass wir die Geschenke empfangen können, wenn wir gewillt sind, uns mit diesen Bereichen (wo wir uns getrennt und bewertet fühlen oder traurig sind) auseinanderzusetzen. Dann können wir diese Anteile in Liebe und Licht einhüllen und das Göttliche sowie unsere höheren Bewusstseinsanteile dazu einladen, Heilung zu bringen.

Wir entdecken vielleicht einen Aspekt unserer Ganzheit, der bisher unterdrückt wurde, da wir noch nicht bereit waren, uns diesen Schattenanteil anzusehen. Sind wir aber bereit, hinzusehen, so wird etwas aufgedeckt. Wir entdecken einen wesentlichen Teil von uns, der verborgen war und nun nach Hause gerufen wird, um integriert zu werden. Dies ist die Reise in ein verkörpertes EinsSein. Wir besinnen uns wieder auf unser angeborenes Ganz-Sein, auf unser wahres Selbst.

James: Sind unsere Schatten einmal geheilt, verwandeln sie sich in eine persönliche Stärke und werden ein Segen für die Welt. Ich finde es sehr treffend, Anakha, wie du diese Idee erklärst. Man kann das auch mit jemandem vergleichen, der abhängig von etwas ist. Diese Person kann sich der Abhängigkeit stellen und sie dann für den Dienst an ihren Mitmenschen verwenden, das heißt, sie hilft Menschen, die ein ähnliches Problem haben. Ich denke, dass gerade unsere Probleme unsere wertvollsten Geschenke sind.

Für gewöhnlich möchten wir in die Verhaltensmuster des Egos zurückfallen, da wir glauben, sie würden uns stärker machen. Doch es gibt einen Unterschied. »Großartigkeit« ist das Geschenk des Egos, wohingegen »Erhabenheit« das Geschenk der Seele ist. Der Dienst an unseren Mitmenschen ermöglicht uns, unser höchstes Wesen zu entdecken. Großartig zu sein bedeutet aber, dass wir uns aufbauschen. Und das ist immer das Ergebnis eines nicht integrierten Schattenanteils.

Wenn wir unsere dunklen Seiten annehmen und ihnen erlauben, heil zu werden, dann werden wir uns stärker fühlen und unser Wissen mit der Welt teilen wollen. Und das ist natürlich einer der wunderschönsten Aspekte des EinsSeins.

Übung

Goethe sagte einmal: »Wo viel Licht ist, ist starker Schatten.« Die heutige Übung ist die erste von zehn Übungen, die dich führen und unterstützen sollen, wenn du dich mit den Schatten des EinsSeins auseinandersetzt. Auf deinem Weg in ein erweitertes Bewusstsein des EinsSeins ist wahrscheinlich auch einmal das Gegenteil von EinsSein aufgetreten: der Schatten des EinsSeins, der eine Stimmung von »Unliebe« und Trennung erzeugt. Es gibt Bereiche in deiner Psyche und in deinem Leben, wo du dich eingeengt fühlst und wo du möglicherweise in Angst, Verurteilung,

Mangel, Begrenzung oder Trauer gefangen bist. Trotzdem wirst du jetzt mit ihnen konfrontiert, damit sie ausgebessert, geheilt, gereinigt und integriert werden können. Das ist ein wichtiger und normaler Bestandteil der Reise. Es geht hauptsächlich darum, dir deiner Schatten bewusst zu werden, um diese Aspekte deines Seins zu heilen und zu befreien.

Wenn dein persönlicher *Lehrplan* des *EinsSeins* auftaucht, ist es Zeit zu feiern, denn das Göttliche nimmt dich beim Wort. Durch deine disziplinierte Präsenz und Übung ist es möglich, wahre und andauernde Transformation und Erleuchtung zu erlangen.

Für die heutige Übung sollst du dir 45 bis 60 Minuten Zeit nehmen, um still, offen und nachdenklich zu werden. Such dir einen ruhigen Ort, an dem du die heilige Reise in deinen Schatten antreten kannst. Du benötigst eine Kerze, Papier oder dein Tagebuch, einen Stift und ein Glas Wasser. Du sollst dir nun deine Schatten bewusstmachen. Es ist wichtig, dass du dich mit deinen Schatten konfrontierst und erkennst, auf welche Weise sie den kollektiven Schatten widerspiegeln. Tu dies mit Vertrauen, Menschlichkeit und Hingabe, und du wirst bald eine andere Stufe von bedingungslosem Mitgefühl für dich und die Welt entdecken.

Im Schatten des EinsSeins wirst du feststellen, dass genau die Dinge, die deinen Verstand bedroht haben, deine Befreiung garantieren. Das Gift, das du eingenommen hast, wird zur Medizin, die dich heilt. Dies ist die Erlösung und deine Rückkehr in die Ganzheit, die phantastische Alchemie, in die du getaucht wirst.

Beginne die heutige Übung mit ein paar tiefen und reinigenden Atemzügen. Zünde eine Kerze an. Nimm dir dabei vor, deinem Schatten mit der ganzen Kraft, Präsenz und

Zärtlichkeit Gottes zu begegnen. Sei klar, mutig und voller Mitgefühl. Verbringe ein paar Minuten in Stille und denk dabei über die folgenden Worte Jesu aus dem Thomasevangelium nach: »Wenn ihr das in euch fördert, was in euch ist, wird euch das, was ihr habt, retten. Wenn ihr es jedoch nicht in euch habt, wird das, was ihr nicht in euch habt, euch töten.«

Nimm dein Notizbuch oder ein paar Blätter Papier zur Hand. Bitte um göttliche Führung, so dass dein »persönlicher Lehrplan des EinsSeins« zum Vorschein kommen möge. Denk über die folgenden Fragen nach und schreibe kurze Antworten und Vermerke dazu auf:

1. Welche tiefen Ängste und begrenzenden Glaubenssätze isolieren mich von den schönen Dingen, die es für mich gibt?

2. Welches sind die schmerzhaftesten und härtesten Urteile, die ich über mich, andere und die Welt habe?

3. Welchen Groll hege ich mir selbst, anderen und der Welt gegenüber?

4. Wo säe ich die Samen von Dunkelheit und Trennung?

5. Was an mir kann ich in diesem Moment erkennen, was ich zuvor noch nicht sehen wollte?

6. Wie wird der Krieg und Terrorismus, der sich in meinem Inneren abspielt, in den Kriegen und terroristischen Anschlägen unserer Welt widergespiegelt?

7. Was kann jetzt geheilt und im EinsSein erneuert werden?

8. Welcher dunkle Anteil in mir muss erhellt werden, damit ich mein Leben in Ganzheit und im lebendigen EinsSein leben kann?

Lass den Antworten genug Zeit, um mit Leichtigkeit und Anmut in dein Bewusstsein zu treten. Hab Vertrauen und akzeptiere alles mit Mitgefühl. Übe das *maitrī* – das kommt aus dem Sanskrit und bedeutet »bedingungslose Freundschaft mit sich selbst«. Atme ein, atme aus und nimm alles an dir bedingungslos an. Notiere genügend Informationen, damit du sie bei künftigen Übungen verwenden kannst.

Heute soll es genügen, dass du dir all dieser Dinge bewusst wirst. Glaube daran, dass das Göttliche dir zeigen wird, was Transformation und Heilung benötigt. Geh aufmerksam durchs Leben, denn die Hinweise sind direkt vor dir. Alles, was du über deine Schatten wissen musst, tritt nun in deinen Konflikten, Beziehungen, Kämpfen und Bewertungen zutage. Sei mutig und sieh hin. Hab den Willen, alle Seiten in dir anzunehmen und ein Leben in Ganzheit und im EinsSein zu leben.

Affirmation

ICH BIN dabei, dem Schatten des EinsSeins mit Mut und Klarheit gegenüberzutreten, und tauche die verlorenen und vergessenen Seiten meines Seins in Licht.

149

Schritt 22
Die Angst des EinsSeins

»Die größte Angst haben wir nicht vor dem Tod.
Die größte Angst haben wir davor, das Risiko
einzugehen, lebendig zu sein — das Risiko, lebendig zu
sein und auszudrücken, wer wir wirklich sind.«
Don Miguel Ruiz

»Unsere tiefste Angst ist nicht die, dass wir
unzulänglich sind. Unsere tiefste Angst ist, dass unser
Potenzial alle Grenzen überschreitet … Wenn wir unser
eigenes Licht zum Leuchten bringen, geben wir anderen
Menschen unbewusst die Erlaubnis, es uns gleichzutun.
Wenn wir uns von unserer Angst befreien, befreit unsere
Anwesenheit automatisch andere.«
Marianne Williamson

»›Was ist Liebe?‹
›Die absolute Abwesenheit von Angst‹,
sprach der Meister.
›Was fürchten wir?‹
›Liebe‹, sagte der Meister.«
Anthony de Mello

150

James: Es mag sich vielleicht komisch anhören, dass wir Angst vor dem EinsSein haben. Aber es ist wirklich wahr. Man könnte genauso sagen, dass wir Angst vor Gott haben, da Gott die ultimative Quelle des EinsSeins ist. Wir möchten glauben, dass das Göttliche das Letzte ist, was wir fürchten. Doch die Worte »Die Furcht vor Gott« sind so tief in unser Bewusstsein eingebrannt, dass wir vergessen haben, dass sie noch da sind. Wir haben vor dem EinsSein panische Angst, da wir glauben, wir müssten etwas, genauer gesagt uns selbst, aufgeben. Das ist jedoch nicht zutreffend, da wir bereits in allem, was ist (auch Gott genannt), enthalten sind. Wir müssen *nichts* aufgeben oder opfern. Es gibt also überhaupt keinen Grund, Angst zu haben. Wenn wir das einfach annehmen könnten, würde uns das EinsSein überall begegnen, ohne dass wir etwas dazutun müssten.

Anakha: Wenn wir Angst haben, vertrauen wir auch nicht unserer angeborenen Ganzheit und Gutherzigkeit. Wir glauben, dass wir uns davor schützen müssen, im EinsSein zu versinken. Doch es ist genau so, wie Jesus gesagt hat: Nur wenn wir unser Leben verlieren, werden wir es erhalten. Nur wenn wir uns ergeben und zulassen, dass das EinsSein uns transformiert, wir von anderen und der Welt berührt werden, können wir unsere wahre Natur entdecken. Das ist das Geschenk, das wir alle zu bieten haben.

James: Natürlich, denn das Gegenteil von Angst ist Liebe, und das Eintauchen in das EinsSein hat immer die Liebe zur Folge. Wir sollten nicht vor unserer Angst davonlaufen, sondern uns ihr voller Mitgefühl stellen. Sind wir dazu in der Lage, werden wir feststellen, dass alle negativen

Gedanken, begrenzenden Glaubenssätze und »Monster«, die wir wahrgenommen haben, nur in unseren Köpfen existieren. Denn sie sind die Erscheinungen der nicht geheilten und nicht integrierten Schatten in uns.

Wenn wir sie als das sehen können, was sie sind, gehören sie nicht mehr zu uns und lösen sich auf. Dann treten wir in den Raum des EinsSeins, wo es nichts zu fürchten gibt. Dort gibt es nur Liebe, die uns immer tiefer in das Mysterium des EinsSeins führt.

Anakha: Ich denke, wir sollten kurz über die Angst davor sprechen, was passieren kann, wenn sich unsere Herzen öffnen. Wir müssen uns sehr stark den Verbindungen zu unserer Familie, unserer Gemeinde und unseren Brüdern und Schwestern auf der ganzen Welt öffnen. Dann werden wir feststellen, dass wir viel mehr Mitgefühl empfinden und dadurch sensibler für Trauer, Verzweiflung und Gewalt werden. Das kann sehr beängstigend und überwältigend sein, da wir oftmals denken, dass wir schon mit unserem eigenen Leben genug zu tun haben. Für manchen mag es zu viel sein, sich mit den Erfahrungen der Menschen auf der ganzen Welt zu verbinden.

Wenn wir uns aus dem EinsSein heraus ganz auf diese Verzweiflung, Trauer oder Hoffnungslosigkeit, das heißt auf die Trennung, die viele Menschen heute erfahren, einlassen können, versetzt uns das in die Lage, unsere Herzen wahrhaftig zu öffnen. Wir erfahren dann eine noch größere Fülle an Liebe, die uns inspiriert, unseren »Herzschmerz« in einen gütigen und heiligen Dienst an den Menschen umzuwandeln.

Übung

Es gibt eine kollektive Angst vor dem EinsSein: die Vorstellung, verzehrt zu werden oder die eigene Identität, Persönlichkeit und Sicherheit zu verlieren. Das ist eine Angst vor Intimität und Verletzbarkeit und schließlich eine Angst vor dem Tod.

Diesem Glaubenssystem begegnest du oft in deinen engen Beziehungen. Du hast Angst, dich dem EinsSein hinzugeben, weil du dich »verlieren« könntest. Doch in Wirklichkeit ist das Gegenteil der Fall. Nur wenn du gewillt bist, dein Leben zu verlieren, wirst du dein Leben empfangen. Kein Aspekt deines wahren Selbst wird verschwinden oder verloren gehen. Im Gegenteil: Dein großartiges Wesen wird zum Leben erweckt und durch die Reise ins EinsSein erleuchtet werden.

Die Angst vor dem EinsSein kann auch als Machtlosigkeit gegenüber der Verzweiflung und der Gewalt in der Welt erfahren werden. Auf dem Weg des EinsSeins lernst du jedoch, wie du diese kollektive Trauer nutzt, um dein Herz und deinen Verstand noch tieferen Ebenen von Mitgefühl, Liebe, Großzügigkeit und Inspiration zu öffnen.

Du beginnst diese Übung, indem du dich bewusst dafür entscheidest, herauszufinden, wie dein Unterbewusstsein deine Entscheidungen und dein Verhalten steuert. Widme dich heute ausschließlich der Transformation deiner Ängste und schau sie dir genau an.

Schenke deiner Unsicherheit und deinen Urteilen, die sich immerzu hinter deinen Gedanken verstecken, besondere Aufmerksamkeit. Hör ihnen gut zu, denn sie beeinflussen viele deiner Entscheidungen und Taten. In jedem Moment finden mehr als 90 Prozent deiner Handlungen unbewusst statt! In der heutigen Übung werden wir versuchen, dein Unterbewusstsein ins Bewusstsein zu holen.

Während du so durch den Tag gehst, beobachte, wann du den inneren Dialog der strengen Bewertungen und Kritiken dir und anderen gegenüber erlebst. Nimm die Anspannung und Beklemmung in deinem Körper wahr sowie die verengte Atmung in deinem Brustbereich. Atme ein, atme aus. Fühle dich nun in absolutes Mitgefühl und bedingungslose Akzeptanz für dich und deine Mitmenschen hinein. Atme ein, atme aus und nimm wahr, was sich dir offenbart.

Durch diese Übung entwickelst du einen *inneren Zeugen* und einen *weisen Verstand.* Dein innerer Zeuge besitzt die Fähigkeit, deine Ängste zu beobachten. Dein weiser Verstand ist in der Lage, deine Gedanken in liebevolle Gedanken zu verwandeln, damit du im Einklang mit dem Eins-Sein bist. Werde dir heute deiner Ängste bewusst, indem du deinen inneren Zeugen aktivierst. Denn sobald sich deine innere Unruhe offenbart, kannst du geheilt werden. Schalte deinen weisen Verstand ein und kehre zurück in den Zustand der Liebe, der Akzeptanz und des Mitgefühls. Vergiss nicht, die buddhistische Kunst des *maitrī* (bedingungslose Freundschaft mit dir selbst) auszuüben. Geh behutsam mit dir um, denn die meisten deiner tiefsten Ängste stammen aus deiner Kindheit. Diese Ängste entstanden durch Ängste der Erwachsenen in deinem Umfeld, die selbst in ihrer Angst und ihrem Gefühl der Trennung gefangen waren.

Dein Wille, dich mit der Angst des EinsSeins bewusst und mutig auseinanderzusetzen, trägt zur Heilung der Probleme zwischen den Generationen bei. Sei stolz auf dich, dass du ein Instrument der Liebe sein möchtest. Widme deine persönliche Transformation der Transformation der Welt. Nutze heute deinen persönlichen Raum der Aufmerksamkeit, um deine Ängste aufzudecken und zu heilen. Komm ganz im Hier und Jetzt an, in den folgenden fünf Bereichen der persönlichen Erkenntnis:

1. Wahrnehmung: Was nimmst du wahr? Was spürst du in deinem Körper? Benutze alle deine Sinne, um in diesem Moment ganz anzukommen. Frage dich: »Was sehe ich? Was höre ich? Was spüre ich? Was rieche ich? Was schmecke ich?« Welche Signale sendet dir dein Körper?

2. Fühlen: Was fühlst du? Werde dir bewusst, wie sich deine Gefühle im Laufe des Tages verändert haben. Wenn du unruhig oder besorgt bist, stell dich deinen Gefühlen und frage dich, was du aus dieser Erfahrung lernen kannst. Welche Informationen über deine tiefsten Ängste können dir diese Gefühle liefern?

3. Denken: Woran denkst du? Welche Urteile, Meinungen, Bewertungen und Ideen hast du? Nimm dein Denken bewusst wahr. Beobachte und notiere alle möglichen Ängste oder Kritiken, die permanent da sind. Sie sind deine besten Lehrer, denn ihre Auflösung wird dich zu Freiheit und Ganzheit führen.

4. Verlangen: Wonach sehnst du dich? Was sind deine Wünsche? Was brauchst du? Nimm deine Bedürfnisse wahr und stell fest, dass sie von deiner eigenen Angst umgeben sind. Was sagt dir das über deine lange gehegten Urteile und Ängste?

5. Handeln: Welche Absichten hast du? Wie handelst du? Entspringt dein Handeln der Liebe oder der Angst?

Nimm deine Handlungen heute bewusst wahr. Bestimmt die Angst deine Taten, oder lässt du dich von der Liebe leiten?

Affirmation

ICH BIN Teil der Heilung der Trennung in der Welt, da ich meine eigenen Schatten und Ängste transformiere.

Schritt 23
Der Herzschmerz des EinsSeins

*»Je tiefer sich das Leid in euer Sein eingräbt,
desto mehr Freude könnt ihr erfassen.«*
Khalil Gibran

*»Das schrecklichste Gefängnis wäre ein
verschlossenes Herz.«*
Papst Paul II.

*»Diejenigen, die gewillt sind, verletzbar zu sein,
bewegen sich jenseits der Mysterien.«*
Theodore Roethke

James: Für Gott ist es ein Leichtes, sich Zugang zu einem gebrochenen Herzen zu verschaffen. Wenn unsere Herzen brechen, kann das Göttliche an den Bruchstellen in das Herz eindringen. Dann dehnen sich unsere Herzen aus und füllen sich mit noch mehr Liebe. Das Problem dabei ist, dass der Herzschmerz als vernichtende Erfahrung angesehen wird, also als etwas, das vermieden werden muss und nicht erstrebenswert ist. Doch wenn wir unser Leben wirklich mit Leidenschaft und Hingabe führen, dann ist es unvermeidlich, dass uns hin und wieder das Herz gebrochen wird.

Wir können uns nicht vor dem Leben verstecken, bloß

weil wir keinen Schmerz fühlen wollen. Genauso wenig können wir uns von dem abwenden, was uns in Mitgefühl mit dem Leiden der Menschheit verbindet. Könnten wir uns daran erinnern, dass der Herzschmerz des EinsSeins uns ermöglicht, das Mysterium des Göttlichen zu betreten, hätten wir vielleicht nicht so viel Angst davor.

Anakha: Ich glaube, wenn wir zulassen, dass EinsSein (Liebe) wie auch Schmerz uns durchdringen, erkennen wir, dass das Herz das mächtigste Werkzeug des Dienstes am Menschen ist. Es ist belastbar und hat eine unglaubliche Fähigkeit, durch- und auszuhalten. Es ist unsere Angst, die uns so viele Schmerzen bereitet. Wenn sich unsere Herzen im gemeinsamen Schmerz ausdehnen, schöpfen wir Kraft in der Anwesenheit des Göttlichen (oder des EinsSeins oder der Liebe), das uns immer zur Verfügung steht. Wir begreifen, dass wir die göttliche Kraft in jeder Situation unseres Lebens oder im Leben anderer abrufen können. Wir werden verblüfft und erfreut darüber sein, zu was für einem Geschenk das Herz wird, sobald wir uns auf den Prozess der Öffnung einlassen.

James: Wenn man sich das Leben großer Mystiker ansieht, so fällt einem auf, dass sie niemals Angst gehabt haben. Sie haben vielmehr jede Erfahrung willkommen geheißen, da sie in jeder Erfahrung solch eine Anmut entdeckt haben. Ich denke, dass dies der Schlüssel zum Herzschmerz des EinsSeins ist, denn man wird weg von den Äußerlichkeiten hinein in das Zentrum des Lebens geführt, das uns alle verbindet. Wenn man sich die »äußere Schicht« aller Religionen ansieht, so begegnen einem verschiedene Glaubenssätze und Ungleichheiten. Lässt man sich auf eine von ihnen gänzlich ein, so stellt man fest, dass sie im Kern doch alle das Gleiche verkünden, nämlich Liebe und Mitgefühl.

Ich bin der Meinung, dass dies der Grund ist, warum wir alle Aspekte des Lebens annehmen sollten, also auch Herzschmerz und Leid, da sie die größten Geschenke für uns sein können und uns helfen, die große Leidenschaft des EinsSeins zu erfahren.

Anakha: Joseph Campbell hat uns geraten, unserem Glück zu folgen. Man könnte sagen, dass wir die Welt nach unseren persönlichen Vorstellungen erschaffen haben. Dennoch können wir ein Gefühl von Zugehörigkeit und unsere göttliche Bestimmung entdecken, wenn wir uns dem EinsSein öffnen. Indem wir unsere Herzen öffnen, können wir das Rätsel lösen und herausfinden, warum wir wirklich hier sind.

Übung

Wenn du dich dem Glück des EinsSeins öffnest, so öffnest du dich gleichzeitig auch dem Herzschmerz. Du öffnest dich dafür, Trauer, Schrecken, Angst und Verzweiflung anderer Menschen zu fühlen und zu erfahren. Gleichzeitig entwickelst du ein Bewusstsein für deine vertraute Verbindung zu Situationen, Orten und Menschen in deinem Leben (und in der Welt), die sich nach Liebe, Zuneigung und Hilfe sehnen. Indem du dem Herzschmerz des EinsSeins folgst, gelangst du an dunkle und beengte Orte sowie zu den Menschen, die dein Licht benötigen. *Sie fordern die heilende Kraft der göttlichen Liebe.*

Die heutige Übung führt dich in das Zentrum des heiligen Dienstes, des ergebenen Handelns, das durch den Herzschmerz des EinsSeins geboren wird. Was durchdringt dein Herz mit Liebe? Was in der Welt fordert dich auf, noch mehr Mitgefühl zu entwickeln? Was treibt dich an, heilig zu handeln? Welche Schmerzen in deinem Herzen hast du betäubt?

Sieh dir die heutige Welt durch die Augen des Herzschmerzes des EinsSeins an. Betrachte die Welt, wie sie ist, mit ihren dunklen und hellen Aspekten. Mach dir bewusst, welche Orte, Menschen und Ereignisse dir seelischen Schmerz bereiten. Erlaube deinem Herzen, sich durch dein ungeschütztes Bewusstsein und deine Anwesenheit zu öffnen. Welche Form der »Heilung« kannst du anbieten? Wie kannst du anderen helfen, heil zu werden? Eines der Geheimnisse, wie man im EinsSein lebt, ist, dem EinsSein zu dienen. Wenn dein Herz sich im EinsSein öffnet, taucht die Frage »Wie kann ich dienen?« ganz von allein auf.

Nimm ein paar tiefe Atemzüge und komm langsam in deinem Körper an. Akzeptiere den Herzschmerz, den du fühlst, wenn du über die Geschehnisse in der Welt nachdenkst. Was spricht dein Herz an, was zieht die Aufmerksamkeit auf sich? Sei achtsam und fühle den Schmerz und das Leid anderer Menschen. Atme die Energie der Trennung, Dunkelheit oder Enge durch dein Herz ein und verfolge dabei die Absicht, diese Energie vollkommen anzunehmen und zu besitzen. Nun atme aus und stell dir vor, wie du Güte und Frische ausstrahlst. Du kannst dir auch gerne etwas anderes vorstellen, Hauptsache, es unterstützt Entspannung und Offenheit.

Nimm weiterhin tiefe Atemzüge. Spüre, wie du dich liebevoll dem Herzschmerz des EinsSeins öffnest. Fühle die

Energie und ruhe in ihr, mit deiner ganzen Aufmerksamkeit. Lass zu, dass Mitgefühl, Einfühlungsvermögen und Liebe in deinem Herzen erwachen. Nimm nun die Gefühle des Herzschmerzes des EinsSeins wahrhaftig an. Das Ziel der heutigen Übung kann in einem Wort zusammengefasst werden: *Fühle!*

Der Herzschmerz des EinsSeins appelliert an deine Integrität und fordert dich auf, dem Planeten zu dienen. Das Göttliche lädt dich ein, dir der Trauer, der Verzweiflung und des Hungers in der Welt bewusst zu werden und sie zu berühren. Hab keine Angst. Beantworte den Hilferuf und biete der Welt deine Heilung an, indem du dem EinsSein dienst.

Nimm ein paar weitere Atemzüge. Spüre, wie dein Herz vor Mitgefühl strahlt. Bring die tiefe Liebe, die durch dich fließt, zum Ausdruck. Dies ist der Herzschmerz des EinsSeins.

Affirmation

ICH BIN in meinem Herzen und fühle, wie es sich öffnet. Ich betrachte die Welt mit zärtlichen und mitfühlenden Augen.

Schritt 24
Die Klage des EinsSeins

»Jede Schuldzuweisung ist reine Zeitverschwendung.
Egal, wie viele Fehler du an einem anderen findest, und
ganz gleich, wie sehr du ihm die Schuld gibst, es wird
dich nicht verändern.«
Dr. Wayne W. Dyer

»Man kann sein Leben damit verbringen,
Schuldzuweisungen zu machen und den Grund für alle
Schwierigkeiten, die existieren, ›da draußen‹ suchen.
Setze dem die ›verantwortliche Einstellung‹ entgegen,
sich mit der Situation auseinanderzusetzen, ob schlecht
oder gut, und anstatt zu fragen ›Was hat den Ärger
verursacht? Wer ist der Schuldige?‹, frage: ›Wie kann
ich mit dieser Situation so umgehen, dass ich das Beste
daraus machen kann? Was kann ich hier noch retten?‹«
Abraham Maslow

»Du bist voller Fehler, du steckst in alten Mustern fest,
du übertreibst es. Du bist in der Tat in vielen Dingen
ziemlich unmöglich. Und dennoch bist du über alle
Maßen wunderschön. Denn dein wahres Wesen ist aus
der Liebe geschaffen worden, der wirksamen Mischung
aus Offenheit, Wärme und klarer, transparenter Präsenz.«
John Welwood

James: Es ist jetzt an der Zeit, die Schwerter niederzulegen und den Kummer loszulassen, der uns in der Illusion der Trennung gefangen gehalten hat. Irgendwie ist es schon merkwürdig zu glauben, dass die Urteile, die wir über uns und andere haben, genau der Grund dafür sind, dass wir kein EinsSein erfahren. Wenn wir über eine andere Person urteilen, bedeutet das, dass wir sie außerhalb von uns sehen, also anders und getrennt von unseren Vorstellungen über uns selbst. Wir halten an unseren Klagen fest, da sie die Trennung rechtfertigen und uns ein Gefühl von Gerechtigkeit geben. Doch um welchen Preis?

Wäre es nicht viel schöner, all das beiseitezulegen und einfach zu akzeptieren, dass wir Mitgefühl und Verständnis in der Welt brauchen? Und zu begreifen, dass wir das auch empfangen, wenn wir es anderen zuteilwerden lassen? Vielleicht hört es sich schwierig an, das umzusetzen. Doch wenn man sich erst an die damit verbundene Freiheit gewöhnt hat, erkennt man, dass es das Einfachste auf der Welt ist.

Anakha: Ich denke, dass die Beschwerden, die wir gegen uns selbst, andere und die Welt erheben, zum Teil ihren Ursprung in unseren eigenen begrenzten Glaubenssätzen und Ängsten haben. Wenn wir fürchten, dass etwas unseren Wert, unsere Sicherheit oder unsere Güte in Frage stellen könnte, dann suchen wir uns oft einen »bösen anderen«, um den Schmerz auf ihn zu projizieren. So machen wir einen anderen Menschen oder einen anderen Umstand zum Sündenbock. Wenn wir uns die Welt oder das eigene Leben heute genauer anschauen, erkennen wir, dass die Bereiche mit den meisten Konflikten diejenigen sind, in denen wir eine gewisse Härte und Ungerechtigkeit geschaffen haben, um den Schmerz der eigenen Ängste und das Gefühl der Unzulänglichkeit abzuschwächen.

Während der Reise zum EinsSein müssen wir uns fragen, wie wir zu den Unruhen in der Welt beitragen, indem wir unseren Klagen innerlich Raum geben. Wo erfinden wir Geschichten über einen »bösen anderen«? Wann erheben wir uns fälschlicherweise gegen einen anderen, nur um unser eigenes Leid kleiner erscheinen zu lassen?

Man braucht einigen Mut, um die eigenen Klagen aufzudecken und sie in die Hände des Göttlichen zu geben, damit sie geheilt werden können. Außerdem erfordert es eine ehrliche Verpflichtung, sich nicht ewig mit dem Schmerz herumzuplagen, sondern ihn auszuhalten. Wenn uns das gelingt, können die Ängste und alten Glaubenssätze dem allumfassenden Blick des EinsSeins nicht standhalten und lösen sich schließlich auf.

James: Einer meiner Lieblingsautoren ist der Jesuitenpriester Anthony de Mello. In einer seiner bedeutendsten Lehren kehrte er ein altes Sprichwort um: Statt »Ich bin in Ordnung, du bist in Ordnung« sagte er: »Ich bin ein Dummkopf, du bist ein Dummkopf.« Mir hat diese Umkehrung immer gefallen, denn sie ermöglicht uns, sofort mehr Mitgefühl zu empfinden. Es fällt leichter, anzuerkennen, dass wir alle unsere Probleme haben und hin und wieder Dummköpfe sind.

Ich kann dich nicht annehmen, ohne mich selbst anzunehmen. Genauso kann ich mich nicht annehmen, wenn ich nicht gewillt bin, dich anzunehmen. Es geht in beide Richtungen. Wenn wir also begreifen, dass wir in die »Schule Erde« (wie du vorhin erwähnt hast, Anakha) gehen, um zu lernen, uns zu erweitern und heil zu werden, können wir unsere Beschwerden und unsere Rechthaberei beiseitelegen. So ist es möglich, uns selbst und andere so anzunehmen, dass Heilung und nicht Trennung stattfinden kann.

Anakha: Mir fällt dazu noch ein, dass wir bedingungslos verletzbar sein müssen und uns in der eigenen Nacktheit uns und anderen gegenüber wohl fühlen müssen, um die Klagen zurücknehmen zu können. Wir öffnen uns ohne jegliche Einschränkung und erklären: »Ja, dies ist ein Teil von mir. Ja, ich habe diese Gedanken, aber ich bin gewillt, sie loszulassen.«

Übung

In seinen Alpträumen fürchtet sich das Ego vor anderen Menschen und ungewohnten, vermeintlich gefährlichen Situationen. Das Mantra des Egos lautet, dass das Universum böswillig ist. Wenn es etwas Gutes zu erreichen gibt, dann müssen wir mit anderen konkurrieren und uns den Leitspruch »Nur der Stärkste überlebt« zu eigen machen. Das ist das Spiel des Egos vom Gewinnen oder Verlieren, das schließlich in einer absoluten Niederlage endet.
Wenn du zulässt, dass dein Kummer dich kontrolliert, dann lässt du dich auf einen Kampf ein, bei dem du permanent Bedrohungen und Angriffen ausgesetzt bist. Gewinnen kannst du diesen Kampf nicht. Deine Handlungen, Entscheidungen und Verhaltensweisen spiegeln das wider. So beginnst du in einer Welt der Trennung zu leben. Du denkst dir Geschichten über die »bösen anderen« aus, um ihnen Schuld zuzuweisen und den Schmerz deiner Isolation zu lindern. Auf dem Weg ins EinsSein werden

jedoch all deine Klagen als das aufgedeckt, was sie wirklich sind. Du entscheidest, ob du den Alptraum deiner selbsterschaffenen Trennung loslassen willst, um heil zu werden, oder lieber weiter im Dunkeln leiden möchtest.

Die heutige Übung lädt dich ein, die Dinge auszumachen, die dir am meisten Kummer in deinem Leben bereiten. Wenn du dir deine Probleme ins Bewusstsein holst, kannst du dich von ihnen befreien. Die meisten alten Glaubenssätze sind ein Teil deiner Persönlichkeit geworden. Sie sind so tief in dir verwurzelt, dass du fälschlicherweise annimmst, sie würden Wahrheiten über dich und die Welt enthalten. Die Übung wird dir helfen, dir diese kummerbereitenden Glaubenssätze bewusstzumachen und die Geschichten, die du erfunden hast, um sie aufrechtzuerhalten, aufzulösen.

Denke zu Beginn an etwas in deinem Leben, das schmerzvoll, schwierig, stressig ist oder »nicht vorangeht«. Vielleicht denkst du an deine aktuellen Beziehungen zu deinem Ehepartner, zu Lebensgefährten, Freunden oder Kollegen. Zieh auch andere Kernbereiche deines Lebens wie Gesundheit, Geld, Karriere oder weitere Beziehungen in Betracht. Wenn du an eine bestimmte Situation denkst, welche Gefühle, Empfindungen und Gedanken steigen in dir auf?

Wenn du die Energie deines Schmerzes aktivierst, trennst du dich von deinen Mitmenschen und der Welt. Wie hast du in dieser Situation oder Erfahrung einen »bösen anderen« erschaffen? Welche Beweise hast du gesammelt, und welche Geschichte hast du dir ausgedacht, um deine Glaubenssätze zu rechtfertigen? Komm ganz in diesem Moment an und nimm deine Gefühle und körperlichen Empfindungen ganz bewusst wahr.

Frage dich nun, was dir in dieser bestimmten Situation

vertraut vorkommt. Wo oder wann hast du dich schon mal so gefühlt? In welcher Beziehung steht das zu vergangenen Erfahrungen? Wie würdest du das in Worte fassen? Nimm dein Notizbuch zur Hand und schreib deine Gefühle in klaren, einfachen Formulierungen auf: »Du respektierst mich nicht. Du schätzt mich nicht und beziehst mich nicht ein. Du liebst mich nicht. Du belohnst mich nicht. Du willst mich nicht. Du erkennst mich nicht an.« Nimm wahr, wie sich dein Schmerz deine tiefsten Ängste, nicht geliebt zu werden und dich wertlos zu fühlen, zunutze macht. Vieles von der Negativität, die wir auf andere und die Welt projizieren, entsteht durch solche begrenzenden Glaubenssätze.

Sei nun ganz präsent, ohne dabei jegliche Schuld oder Urteile zu verstecken. Aus dieser Perspektive heraus betrachtet, wie, glaubst du, beeinflussen deine Klagen dein Leben und deine Beziehungen? Wie tragen sie zur allgemeinen Stimmung des Sich-getrennt-Fühlens in der Welt bei? Nimm dir einen Moment Zeit, um den Atem durch deinen Körper fließen zu lassen. Atme ein, atme aus und lass los. Fahre fort, deine persönliche Bestandsaufnahme zu machen, und lenke deine Aufmerksamkeit auf den Schmerz, den du in dir trägst. Lass zu, dass er transformiert wird, indem du gewillt bist, ihn zu erkennen, ihn zu benennen und ihn letztendlich andächtig loszulassen.

Affirmation

ICH BIN einverstanden und übergebe meine Klagen der heilenden Kraft der göttlichen Liebe. Ich entscheide mich für das Wunder des EinsSeins.

Schritt 25
Die Feuerprobe des EinsSeins

*»Herr, schließ mich ein in die tiefsten Tiefen deines
Herzens; und dann halte mich dort fest und verbrenne
mich, reinige mich, zünde mich an, läutere mich,
bis ich vollkommen so geworden bin, wie du mich
haben möchtest.«*
Pierre Teilhard de Chardin

*»Die Alchemie ist die Kunst, das Leben und das
Bewusstsein in Materie zu verwandeln, damit es sich
weiterentwickeln kann oder Probleme innerer
Disharmonien gelöst werden.«*
Jean Dubuis

*»Es ist an der Zeit, das Herz in einen Tempel des Feuers
zu verwandeln. Deine Essenz ist Gold, das im Staub
verborgen ist. Um seinen Glanz zu enthüllen, musst du
im Feuer der Liebe brennen.«*
Rumi

James: Um unsere göttliche Natur erfahren zu können,
müssen wir uns der Feuerprobe des EinsSeins vollkommen ergeben. Vielleicht ist es das Schwierigste, das wir je
unternommen haben, denn das Ego glaubt, dass Ergeben das Gleiche ist wie Scheitern, was es natürlich nicht

akzeptieren kann. Das Ego versteht nicht, dass es bereits gescheitert ist, einfach weil es versucht hat, den göttlichen Willen durch den eigenen zu ersetzen. Und das ist unmöglich. Es mag vielleicht anfangs so aussehen, als ob das passiert wäre, doch letztendlich ist nichts erreicht worden.

Wir müssen uns auf den Weg der Ergebung machen. Wir müssen aufhören zu versuchen, das, was wir mit unserem Verstand nicht erfassen können, zu kontrollieren. Unsere Seele versteht bereits alles. Das ist das Geschenk, das uns das EinsSein darbietet.

Anakha: Ich denke gerade an die Geschichte in der Bibel über den Lahmen an der Zisterne von Bethesda. Er war seit 38 Jahren gelähmt, und eines Tages erschien Jesus vor ihm und fragte ihn, ob er denn *gewillt* sei, geheilt zu werden. In der Feuerprobe des EinsSeins fragt das Göttliche uns das Gleiche, da wir nicht in der Lage sind, unsere Ängste und Begrenzungen selbst zu heilen.

In vielerlei Hinsicht funktioniert unser Reptiliengehirn ganz automatisch. Unser Ego lebt im Unterbewusstsein, also unter unserem Bewusstsein, und steuert dennoch unsere Handlungen und unser Verhalten. Wir können uns nicht durch unseren bewussten Willen heilen. Stattdessen müssen wir an den Punkt völliger Ergebung gelangen und sagen: »Ja, Gott, ich will all das geben, was ich bin. Ich gebe meine Großartigkeit und mein Licht, meine Dunkelheit und meine Beschränkung, damit ich geheilt und transformiert werden kann.« Davon abgesehen müssen wir nicht viel mehr tun. Aber wir müssen erkennen, welche unserer Seiten genannt werden müssen. Dann ergeben wir uns, indem wir sagen: »Ich bin gewillt, absolute Heilung zu empfangen. Ich bin offen für eine erweiterte Erfahrung von EinsSein und Ganzheit.«

Wir glauben, dass wir hierzu automatisch ja sagen würden. Doch das ist nicht der Fall, weil unser Transformationsprozess oftmals sehr langsam vonstattengeht. Ich habe gehört, dass der Unterschied zwischen uns und den Mystikern darin besteht, dass diese weisen Menschen mit ganzem Herzen und ohne Zögern der Transformation zugestimmt haben, sobald sie sich mit der Möglichkeit, geheilt und transformiert zu werden, konfrontiert sahen. Wir dagegen halten uns zurück und sagen Dinge wie: »Ja, aber nicht auf Kosten einer Beziehung« oder »Nur wenn es nicht zu lange dauert und nicht mein Konto beeinträchtigt«. Doch wenn wir schließlich die Feuerprobe des EinsSeins annehmen, bejahen wir, dass wir alles loslassen wollen. Dann werden wir gereinigt und werden eins mit dem Göttlichen und unserer wahren Natur.

James: Wir müssen um Hilfe bitten. Wir müssen unsere eigene Heilung erbitten. Aus diesem Grund ist die Ergebung so wichtig. Wir schaffen es nicht allein, und das ist vollkommen in Ordnung. Die Feuerprobe fordert von uns, uns aufzulösen und uns mit allen anderen Elementen zu verbinden. Wir müssen uns erlauben, »durchmischt« und verändert zu werden. Gelingt uns das, werden wir zu etwas Neuem. Und obwohl wir an der Vorstellung davon, wer wir sind, festhalten möchten, ist sie es, die uns trennt. Sobald wir uns ergeben, werden wir eins mit allen Dingen. Wenn wir keinen Widerstand leisten, übertrifft das Geschenk alles, was wir uns vorstellen können. Ich glaube, das ist der Schlüssel, um in den Zustand des Eins-Seins zu gelangen: nicht versuchen, es allein zu schaffen, sondern zulassen, dass die Transformation einfach *geschieht.*

Übung

In der Feuerprobe des EinsSeins wird das alles verzehrende und alles transformierende Feuer der Liebe durch deine Sehnsucht, deine Hingabe, deinen Herzschmerz und dein Sehnen wie auch durch deinen Kummer, deine Angst und Empörung angeheizt. Absolut alles wird der verschmelzenden Präsenz und Kraft der göttlichen Liebe dargeboten. Wenn du dich ganz in die Feuerprobe des EinsSeins hineinbegibst, wirst du die heilende Gnade Gottes empfangen wollen. Denn du weißt, dass Gott das für dich tun wird, was du selbst nicht tun kannst.

Einstein hat einmal gesagt, dass man ein Problem nicht mit der gleichen Denkstruktur lösen kann, durch die es entstanden ist. In der Feuerprobe des EinsSeins übergibst du deinen persönlichen Schatten, dessen Ursprung in Angst und Trennung liegt. Du legst den Schatten auf den göttlichen Altar und antwortest mit *Ja,* wenn du gefragt wirst, ob du geheilt und transformiert werden möchtest. In diesem Moment ergibst du dich ganz dem EinsSein und dem reinigenden Feuer der göttlichen Liebe.

In der heutigen Übung musst du dir Zeit nehmen, um für deine Ergebung in die Feuerprobe des EinsSeins zu beten. Dafür benötigst du mindestens 30 Minuten. Nimm deine Notizen von Schritt 21 (»Der Schatten des EinsSeins«) zur Hand sowie eine Kerze und eine feuerfeste Schüssel. Außerdem brauchst du einen Stift und Papier, falls du dein Notizbuch nicht benutzt. Schaffe nun mit diesen Gegenständen deinen eigenen heiligen Raum.

Beginne die Übung, indem du deinen Körper entspannst und dir deiner Atmung bewusst wirst. Entzünde die Kerze und schau in die warme, flackernde Flamme. Lass dich durch den weichen Schein in einen ruhigen, zentrierten und offenen Zustand versetzen. Fühle die Präsenz. Atme ein und atme aus. Nimm deine Gefühle und körperlichen Empfindungen wahr. Spüre deinen Willen, in tiefe Einigkeit mit dir selbst, mit dem Göttlichen, mit anderen und mit allem Leben zu treten. *Fühle die Präsenz. Atme ein und atme aus.* Bete für deine rückhaltlose Ergebung. Spüre, wie sich dein Sehnen nach EinsSein vergrößert und kraftvoller wird. Lass es dein Herz umfangen und deinen ganzen Körper durchströmen. Erlaube, dass es dein ganzes Sein durchdringt.

Ruf dir nun den Schmerz ins Gedächtnis, den du in der Illusion von Trennung und Isolation erfahren hast. Spüre deine tiefe Sehnsucht, diesen Schmerz aus seinem Gefängnis zu entlassen. Fühle deinen Wunsch nach Freiheit. *Fühle die Präsenz. Atme ein und atme aus.* Alles, was in diesem Moment wichtig ist, ist deine tiefempfundene Ergebung an das Göttliche. Du wirst gebeten, deine Investition in die Trennung zurückzunehmen, um im EinsSein erneuert zu werden. In der Feuerprobe des EinsSeins wirst du neu geboren und wiederhergestellt.

Nimm nun deine Notizen aus der vorherigen Übung zum Schatten des EinsSeins zur Hand. Drücke die Seiten und alles, was sie enthalten, fest an dein Herz. Atme ein, atme aus. Spüre die Anwesenheit des Göttlichen, während du in die Flamme vor dir blickst. Fühle, wie sich dein Herz öffnet, wenn du die in dir aufsteigenden Worte flüsterst.

Ergib dich nun deiner Seele durch das Gebet in diesem heiligen Raum. Gib alles zu allem, was ist. Übergib das alte Leben, das du kanntest, ein Leben voller Trennungen. Halte nichts zurück. Empfange die Segnungen eines Lebens, das im EinsSein gelebt wird.

Leg nun die Seiten, die du dicht an dein Herz gehalten hast, in die Schale. Bleib in dieser Geisteshaltung und nimm dein Tagebuch. Schreibe deine Gebete und Erklärungen der Ergebung auf, oder bleib weiterhin in der Stille, wenn du es vorziehst. Stell die Schale mit deinen Notizen auf den Altar. (Du wirst sie in der nächsten Übung wieder zur Hand nehmen.)

Sprich weiter Gebete der Ergebung zum Göttlichen und tauche immer tiefer ein in die Feuerprobe des EinsSeins.

Affirmation

ICH BIN bereit, mich selbst und mein Leben dem alles verzehrenden und alles reinigenden Feuer des Göttlichen zu übergeben.

Schritt 26
Das Feuer des EinsSeins

»Spiritualität ist ein inneres Feuer, eine mystische Nahrung, die unsere Seelen nährt. Die mystische Reise führt uns zu uns selbst, zu einer Flamme in unserem Zentrum. Ihre Gegenwart wärmt und entzündet uns. Sind wir zu weit vom Feuer entfernt, so sind wir kalt und spirituell leblos. Wir sind nicht mehr menschlich ohne die Hitze. Unsere Verbindung zu Gott ist das Leben selbst.«
Marianne Williamson

»Die mächtigste Waffe auf der Welt ist die menschliche Seele in Flammen.«
Ferdinand Foch

»Ich werde den Tempel deines Körpers anzünden und seine Dornen in eine Rosenlaube verwandeln.«
Rumi

James: Manchmal kann man einfach nur stillhalten und das Feuer der Transformation an den Beinen hochklettern lassen, bis es einen ganz einnimmt. Für gewöhnlich will man davonlaufen, wenn es zu heiß wird. Doch das funktioniert meistens nicht. Das Feuer verfolgt einen und taucht in unzähligen verschiedenen Formen auf. Alle haben zum

Ziel, die Schatten wegzuschmelzen und einen ins Licht zu führen. Allerdings verursacht es Angst, denn es fällt sehr schwer, ruhig zu halten, während das Feuer langsam in die Zehen zwickt. Alle Verunreinigungen lösen sich jedoch auf, wenn man sich schließlich ergibt. Man erkennt, dass das göttliche Feuer einen im EinsSein verschlingt und befreit.

Anakha: Im Feuer des EinsSeins schenken uns nicht einmal unsere Gebete und unsere normalen spirituellen Übungen Erleichterung. Johannes vom Kreuz nennt es die »dunkle Nacht der Seele«, in der das heilige Feuer tief in unserer Seele arbeitet, um uns zu reinigen und mit dem Göttlichen zu vereinen. In dieser Phase fühlen wir uns vielleicht sogar von Gott getrennt. Vielleicht haben wir durch unsere spirituelle Praxis einen gewissen Grad an EinsSein mit dem Göttlichen erreicht, doch plötzlich, im Angesicht der heiligen Flammen, erscheinen all diese Dinge fast nutzlos. Das ist von Bedeutung, denn sogar die Übungen und Gebete, mit denen wir das EinsSein erfahren wollen, werden vom Feuer verzehrt, damit auch sie transformiert werden können.

Wie du bereits erwähnt hast, James, erfordert es Stille, um in diesem Brennen präsent zu sein. Wir werden fühlen, wie uns das Göttliche auf süße und sanfte Art verletzt, während es in unserer Seele arbeitet. Nur der göttliche Arzt und Künstler weiß genau, was zu tun ist. Diesem Prozess unterziehen wir uns nicht in Begleitung eines anderen, auch wenn ein Therapeut oder spiritueller Führer uns dabei helfen kann, durch die dunkle Nacht zu gelangen. Wir ergeben uns dem Feuer und erlauben ihm, das zu tun, was es am besten kann, nämlich all das zu verbrennen, was nicht mehr benötigt wird.

James: Ich finde es schön, dass du Johannes vom Kreuz erwähnt hast. Er erklärte, dass es die dunkle Nacht der Seele ist, die uns spirituelle Reife verleiht. Das ist wie bei einem Kind, das in den Armen Gottes gehalten und genährt wurde. Wenn es für Gott an der Zeit ist, uns vom Arm zu nehmen, damit wir auf unseren eigenen Füßen stehen können, fühlen wir uns verlassen. Plötzlich fühlen wir uns von Gott getrennt, doch in Wirklichkeit werden wir nur noch stärker. Es ist wichtig, dass wir dieses Verlassenwerden erfahren, damit wir auf die nächste Stufe gelangen können. Auf dieser Stufe erkennen wir, dass wir reifen und zu einer ganz neuen Schöpfung werden. Ermöglicht wird dies, wenn wir dazu bereit sind, uns vom Feuer des EinsSeins verzehren und transformieren zu lassen.

Übung

Heute wirst du in das vereinende und reinigende Feuer des EinsSeins eintauchen. Dieses ewige Feuer brennt im inneren Heiligtum deiner Seele und im Herzen des göttlichen Geliebten. Im Feuer des EinsSeins vereinen sich die Flammen und formen zusammen eine einzige, kraftvolle Flamme. Es ist der sehnlichste Wunsch deiner Seele, mit dem Göttlichen vereint zu sein. Und der göttliche Wunsch für deine Seele ist der gleiche. Der einzige Unterschied ist, dass du kleiner wirst und die göttliche Präsenz in dir zunimmt, wenn du dich mit dem Göttlichen vereinst. Du (das heißt das Ego) musst kleiner werden, damit die ICH BIN-Gegenwart (das heißt die Seele) größer werden kann. Das ist die Einladung, die dir heute ausgesprochen wird: dich dem Feuer des EinsSeins zu ergeben, in der Feuerprobe der göttlichen Liebe gehalten und im EinsSein mit dem Geliebten transformiert und erlöst zu werden.

Hast du das Stehvermögen, weiterzumachen? Du musst innere Verletzungen und demütigende Selbsterkenntnis aushalten, um wahre Erleuchtung zu erfahren. Im Feuer des EinsSeins wird das kleine Selbst, das Ego, vernichtet. So verwandelt das Feuer Kohle in einen funkelnden Diamanten. Das ist die Arbeit des Göttlichen. Es verbrennt all das, was dein wahres Wesen verschleiert, damit es zum Vorschein kommen kann. Im 17. Jahrhundert schrieb der japanische Dichter und Samurai Mizuta Masahide: »Die Scheune brannte nieder – jetzt kann ich den Mond sehen.« Die Machenschaften und Begrenzungen des falschen Selbst werden nun offengelegt. Das Feuer des EinsSeins transformiert die Tricks deines falschen Selbst und bereitet dich so auf ein Leben in Einheit und bewusstem EinsSein vor.

Die heutige Übung konzentriert sich auf deine Bereitschaft, vom Feuer des EinsSeins transformiert zu werden. Du solltest deine innere Bereitschaft in deinem Herzen pflegen, dich der Verkörperung des EinsSeins vollkommen zu widmen. Du gibst das demütige und lebensverändernde Versprechen, der Menschheit zu dienen, indem du dich dem in dir wachsenden EinsSein verschreibst. In den Flammen des EinsSeins wirst du zu einem Instrument göttlicher Freude, göttlichen Friedens und göttlicher Liebe. Du empfängst göttliche Gnade, während du in der Stille des inneren Feuers verweilst und dein altes Selbst verbrennt. Du brauchst weiter nichts zu tun, als zu formulieren: »Geliebter, lass mich EinsSein mit dir erfahren!« Durch dieses einfache Gebet fügst du dich dem göttlichen Willen. Dies ist die Stunde Gottes, ein wahrlich freudiger Moment. Denn

das Versprechen eines gedeihenden und anhaltenden Eins-
Seins wird eingehalten. Halleluja!

Nimm nun die Schale mit deinen Notizen zum »Schatten
des EinsSeins« und geh an eine gesicherte Stelle, wo du sie
verbrennen kannst. Dieses Ritual spiegelt die innere Arbeit
wider, die das Göttliche an deiner Seele leistet. Entzünde
ein Streichholz (oder benutze ein Feuerzeug) und setze die
symbolische Trennung in Brand, die in Form deiner Notizen in den heiligen Schmelztiegel, nämlich in die Schale,
gegeben wurde. Sprich leise das folgende Gebet:

Geliebter, ich übergebe dir alle Seiten meines Lebens,
wo ich in Trennung gelebt habe. Ich bin nun bereit,
ein stärkeres EinsSein mit dir einzugehen. Verbrenne
all das, was nicht Liebe und wesentlicher Bestandteil
meines Wesens ist. Bereite mich darauf vor, dem
wachsenden EinsSein zu dienen. Ich danke dir, Gott.
Amen.

Beobachte, wie das Papier im Feuer zur Asche wird. Spüre
das Heilige an diesem Moment. Wenn alles verbrannt ist,
gib die Asche zur Erde zurück, um den Boden zu nähren
und der Seele ein neues Leben zu schenken. Denk daran,
dass das Feuer des EinsSeins in deinem Inneren arbeitet.
Übergib weiterhin all die Dinge, die du als Trennung,
Angst und Kummer wahrnimmst, zur Transformation an
das Feuer. Wiederhole den Gesang: »Ich will, mein Wille,
Dein Wille.« Es dient als ein Gebet der Hingabe für das
EinsSein mit Gott.

Lies am Anfang und am Ende eines jeden Tages (und sooft
du den inneren Drang danach verspürst) folgendes Gebet
von Franz von Assisi. Wisse, dass du als ein perfektes und

wundervolles Instrument der göttlichen Liebe erschaffen worden bist. Bedanke dich für diese Wahrheit und spüre die Dankbarkeit für das alles verzehrende Feuer des Eins-Seins.

*Herr, mache mich zu einem Instrument Deines
    Friedens:
Dass ich Liebe bringe, wo man sich hasst,
Dass ich Versöhnung bringe, wo man sich kränkt,
Dass ich Einigkeit bringe, wo Zwietracht ist,
Dass ich den Glauben bringe, wo Zweifel quält,
Dass ich die Hoffnung bringe, wo Verzweiflung droht,
Dass ich die Freude bringe, wo Traurigkeit ist,
Dass ich das Licht bringe, wo Finsternis waltet.
O Meister,
Hilf mir, dass ich nicht danach verlange,
Getröstet zu werden, sondern zu trösten,
Verstanden zu werden, sondern zu verstehen,
Geliebt zu werden, sondern zu lieben.
Denn:
Wer gibt, der empfängt,
Wer verzeiht, dem wird verziehen,
Wer stirbt, der wird zum ewigen Leben geboren.*

Affirmation

ICH BIN in meinem Geliebten, und mein Geliebter ist in mir, für immer vereint in einer einzigen Flamme der Göttlichen Liebe.

Schritt 27
Die Versöhnung des EinsSeins

»Frieden und Versöhnung auszuüben ist die wichtigste und kunstvollste Form menschlicher Handlungen.«
Thich Nhat Hanh

»Das Ende ist Versöhnung; das Ende ist Erlösung; das Ende ist die Erschaffung der geliebten Gemeinde. Diese Art von Geist und diese Art von Liebe kann Gegner in Freunde verwandeln.«
Martin Luther King

»Anstatt das zu lieben, was du für Frieden hältst, liebe andere [Menschen] und liebe Gott über alles. Und anstatt die Menschen zu hassen, die in deinen Augen Kriege führen, hasse lieber deine Gelüste und die Unordnung in deiner eigenen Seele. Denn sie verursachen Krieg.«
Thomas Merton

James: Manchmal fühlt es sich so an, als ob die Erde unter den Füßen bebt, und man glaubt, die Welt stürzt über einem zusammen. Doch was, wenn das nur Teil eines ganz natürlichen Prozesses ist, in dem man es zulässt, dass eine neue Welt durch einen geboren wird? Was, wenn die alte Welt sich auflöst und eine neue entsteht, die unter völlig anderen Gesetzen funktioniert? Wenn man das Beben und Wackeln also aus diesem Blickwinkel betrachtet, erhält es eine größere Bedeutung und führt einen in Richtung Eins-Sein und nicht noch tiefer in Illusion und Trennung.

Anakha: Wenn wir auf dem Weg, EinsSein zu praktizieren, so weit gekommen sind, dann gibt es etwas in uns – wir haben es bisher die Samen des EinsSeins genannt –, das zu wachsen beginnt und jeden Bereich unseres Lebens beeinflusst. Es betrifft nicht nur unser spirituelles Ich, sondern auch die Dinge in der materiellen Welt: unsere Finanzen, unsere Karriere, Kreativität, Gesundheit, Beziehungen und so weiter. Alles ist betroffen von diesem neuen erweiterten Bewusstsein. Dinge beginnen sich zu verschieben, und an dieser Stelle sollten wir sagen: »Halleluja!« und »Gott sei Dank, es funktioniert tatsächlich!« Es kann aber auch beängstigend sein, wenn manches plötzlich auseinanderbricht und verschwindet. Wir fragen uns dann vielleicht, ob wir vom Weg abgekommen oder irgendwo falsch abgebogen sind. Wenn sich etwas ändert, können wir sicher sein, dass eine Neuvernetzung stattfindet. Unser Sein und unser Leben werden einer kompletten Neustrukturierung unterzogen, die ihre Impulse aus dem EinsSein bekommt.

Die Mystiker bezeichneten diesen Vorgang als »Umwandlung der Stoffe«. Dahinter steht die Vorstellung, dass wir uns auf eine neue Schwingung des Denkens und Handelns zubewegen und unser altes Glaubenssystem nicht mehr gültig ist. Anders gesagt: Alles, was auf einer Ebene der Angst oder Trennung schwingt, wird zusammenbrechen. Manche Dinge in unserem Leben werden einfach wegfallen wie bestimmte Beziehungen oder Lebensweisen, und andere werden in der neuen Frequenz des EinsSeins transformiert. Die »Umwandlung der Stoffe« ist ein unvermeidbarer und wichtiger Teil der spirituellen Reise.

James: Die Frage, die wir uns stellen müssen, lautet also: »Womit muss ich mich versöhnen?« Vielleicht damit, wie wir uns von unseren Schatten trennen? Oder wie wir vor dem Licht flüchten? Es ist wie auf einer Wippe, die sich hin- und her-, hoch- und runterbewegt, bis die Neuordnung vollzogen ist. Doch bevor der Prozess abgeschlossen werden kann, müssen wir uns in den Bereichen unseres Lebens entspannen, in denen Ungleichgewicht, Dunkelheit und Traumata vorherrschen. Alles ist ein natürlicher Bestandteil unserer Evolution. Dies ist ein wesentlicher Schritt, um zu einem völlig neuen Wesen zu reifen, das das EinsSein vollkommen integriert. Um das zu erreichen, muss man alle sich teilenden Wege und alle scheinbaren Schwierigkeiten, die einen glauben machen wollen, dass man nicht genug ist, nicht ganz ist oder nicht von Gott geliebt wird, wieder in Einklang bringen.

Wir müssen uns daran erinnern, dass Gott alle Aspekte unseres Seins liebt, einschließlich der Ungleichheiten, die wir verbergen möchten. Es gibt nichts, was wir tun müssen, um Gottes Liebe zu verdienen. Wenn wir uns in diesem Wissen entspannen können, findet die Versöhnung ganz von allein statt.

Anakha: Das ist herrlich und ruft all die Erfahrungen in mein Gedächtnis, die ich und alle Menschen machen, wenn man mit den Widersprüchen in sich selbst konfrontiert wird. Wir erkennen, wie sehr wir zum Beispiel in Bezug auf unsere Gesundheit schon das EinsSein verkörpern, doch wenn es um Beziehungen oder finanzielle Dinge geht, stellen wir fest, dass wir hier noch in einem anderen Bewusstsein leben. Indem wir uns der »Feuerprobe« unterziehen und uns vom Feuer des EinsSeins transformieren lassen, findet eine Versöhnung in uns statt, bei der unser innerstes Wesen im EinsSein gefestigt und verwurzelt wird. Während dieser Vorgang stattfindet, schwingen wir uns auf eine neue »Frequenz« ein, die alle Bereiche unseres Lebens durchdringt und sie auf das EinsSein ausrichtet. Das Gefühl von Widerspruch und Ungleichheit in bestimmten Bereichen wird ins Gleichgewicht gebracht, damit alles in uns unser essenzielles EinsSein ausdrückt.

Übung

Wenn das Gefühl des EinsSeins allmählich in dir wächst und die dunklen und verengten Aspekte deines Wesens erhellt werden, wird dein Leben anfangen, sich zu bewegen und zu zittern. Denn es verschiebt sich, verändert sich und weitet sich aus. Du wirst einen Bruch in deinen »normalen« Mustern und Beziehungen sowie in deiner inneren Wahrnehmung erleben. Dein »Betriebssystem« bekommt ein »Upgrade« für eine neue und verbesserte Version des EinsSeins. Die Programme, die vom Gefühl der Trennung betrieben wurden, funktionieren nicht mehr. Deine innere Transformation äußert sich durch eine heilige Neuordnung all deiner Lebensbereiche.

Das Bewusstsein des EinsSeins wird dich wieder in die Schwingung der Liebe führen und dich mit deinen Finanzen, deiner Arbeit, deinen Beziehungen, deiner Gesundheit, Kreativität und sogar mit deiner Erfahrung mit Gott in Einklang bringen. Es wird ein anderer Tanz getanzt, deshalb müssen sich deine Tanzpartner und deine Bewegungen verändern. Die tiefsten und wahrsten Seiten in dir werden mit den tiefsten und wahrsten Seiten deines Lebens sowie mit deinen Mitmenschen versöhnt.

Jetzt ist es an der Zeit, dir ganz sicher zu sein, dass du dem wachsenden EinsSein durch deine eigene Transformation dienen möchtest. Wenn das Kleinere zusammenbricht, um dem Größeren Platz zu machen, macht dir das vielleicht Angst. Vielleicht möchtest du zurück in die Illusion von Sicherheit und Geborgenheit, die dir das Gefühl der Trennung vorgaukelt, während sich die Versöhnung in deinem realen Leben langsam manifestiert. Aber die Tür ist hinter dir zugefallen. Du befindest dich in einer Übergangsphase, in der Schwebe. Atme langsam ein und aus und sprich: »Ich lasse das Kleinere los, um das Größere zu empfangen.«

Wann immer du Angst, Zweifel oder Unsicherheit verspürst, nimm einen tiefen Atemzug und wiederhole die Affirmation. Umfange dein neues Bewusstsein. Öffne dich dem frischen Ausdruck und der Verkörperung des EinsSeins. Denk daran, Folgendes zu wiederholen: »Ich will, mein Wille, Dein Wille.« Sei dir bewusst, dass es nur deinen Willen erfordert, damit der göttliche Koordinator dein Leben neu ordnen kann. So wirkt die Versöhnung des EinsSeins. Die Vergangenheit ist vorbei, die Gegenwart ist jetzt, und die Zukunft wird klar.

Denk heute einmal darüber nach, was sich in deinem Leben gerade ändert. Was möchte freigesetzt werden? Was fällt zusammen? Bemerkst du, dass sich etwas verschiebt? Wie sortieren sich deine Beziehungen neu? Deine Finanzen? Deine Karriere? Deine Gesundheit? Wie kannst du dich vollkommen mit dem Göttlichen zusammenschließen und kreativ an deiner Transformation mitarbeiten? Stell dir unbedingt die Frage: »Wie kann *ich* ein tatkräftiger Mitschöpfer in diesem Versöhnungsprozess sein?«

Zur Erinnerung: Deine Bereitschaft ist der Schlüssel. Nimm dein Notizbuch und verbringe etwa 15 Minuten damit, Sätze des Wollens aufzuschreiben. Stell dir die folgenden Fragen: »Welche neue Erfahrung des lebendigen EinsSeins bin ich bereit und gewillt zu machen? Welche neue Erfahrung mit mir als Ausdruck des lebendigen Eins-Seins bin ich bereit und gewillt zu machen?« Horch weiter in dich hinein und berücksichtige dabei alle Aspekte deines Lebens wie Gesundheit, Spiritualität, Beziehungen, Karriere, Kreativität, Familie, Gemeinschaft und so weiter.

Hier sind ein paar Beispiele für Aussagen des Wollens:

ICH BIN gewillt, …

… andere zu inspirieren, indem ich den Wandel beschleunige und so dem wachsenden EinsSein diene.

… ein geerdeter und hingebungsvoller Freund, Partner und Teil der Familie zu sein.

… der geliebten Weltgemeinschaft als leidenschaftlicher Bürger zu dienen.

… mich als geliebt, begehrt und gebraucht zu betrachten.

… meine Umwelt als vital, gedeihend und kreativ zu erleben.

… Geld als etwas Gesundes, Wesentliches und im Überfluss Vorhandenes anzusehen.

Nimm jetzt mindestens fünf bis sieben deiner Aussagen des Wollens und übertrage sie auf ein Blatt Papier oder eine Karteikarte. Trage sie griffbereit in deinem Portemonnaie oder deiner Tasche. Du kannst sie auch auf deinen Schreibtisch oder in deinen Nachtschrank legen oder an die Pinn-wand hängen. Wiederhole deine Aussagen des Wollens mehrmals am Tag und betrachte sie als ein kraftvolles Zeichen der Partnerschaft zwischen dir und dem Göttlichen in der Versöhnung des EinsSeins.

Affirmation

ICH BIN ein strahlender, kraftvoller Ausdruck des lebendigen EinsSeins und manifestiere Liebe in allen Bereichen meines Lebens.

Schritt 28
Die Vergebung des EinsSeins

»Wenn wir wirklich lernen wollen, zu lieben,
müssen wir lernen, zu vergeben.«
Mutter Teresa

»Das Licht der Welt bringt Frieden in jeden Geist
durch meine Vergebung.«
aus *Ein Kurs in Wundern*

»Vergebung heißt, sich für die Liebe zu entscheiden.
Sie ist die erste Fähigkeit auf dem Weg zur selbstlosen
Liebe.«
Mahatma Gandhi

James: Uns wurde beigebracht, dass wir die Dinge, die man uns angetan hat, vergeben sollen. Doch das ist nur der Versuch des Egos, die Umwelt aus den richtigen Augen zu betrachten und recht zu haben. In Gottes Augen wird nie wirklich eine Sünde begangen, und somit muss auch nichts vergeben werden. Das Einzige, was verziehen werden muss, ist die Vorstellung vom Verzeihen selbst. Dann können wir auch alles durch die Augen des EinsSeins betrachten und die Perfektion, die jeder Mensch und jede Situation auf unserem Weg in sich trägt, erkennen. Dies ist kein kleines Geschenk, sondern ein Geschenk, das uns befreit.

Anakha: Während du gesprochen hast, James, habe ich mich gedanklich zwischen zwei Wirklichkeiten wiedergefunden. In der einen Realität (die du erwähnt hast) gibt es in Gottes Augen keine Sünde. Somit entsteht wahre Vergebung, wenn wir unserem angstbesetzten Denken vergeben, das uns vom Göttlichen trennt. In der zweiten Realität sehen wir uns getrennt von Gott (wenn wir im Bewusstsein unseres Egos und der Trennung sind), und unsere Taten und unser Verhalten vergrößern die Trennung in unserem Leben. Wenn wir uns tatsächlich von den begrenzenden Glaubenssätzen lossagen können, sind wir in der Lage, in der Vergebung des EinsSeins diese Gnade und dieses Mitgefühl auf unsere Mitmenschen auszudehnen.

Wir können den Frieden in die Welt bringen, indem wir unser Beziehungsgefüge verbessern. Wir müssen unsere vergangenen und aktuellen Beziehungen unter dem Aspekt betrachten, dass wir geschlafen, den Hinweis nicht erkannt oder kein Mitgefühl gehabt haben. Dann ist es uns möglich, Änderungen vorzunehmen und Vergebung und Heilung zu erfahren. Zudem handelt es sich hierbei nicht allein um eine spirituelle Reise, sondern wir können auch körperliche Ganzheit in unseren Beziehungen erfahren. In dieser Übung gehen wir die unerledigten Dinge in unserem Leben und unseren Beziehungen an.

In einer vorangegangenen Übung hast du, James, über ein »Verbindungselement« des EinsSeins gesprochen. Wenn man beginnt, vergangene Taten wiedergutzumachen, und in seine Beziehungen Eintracht bringt, erfährt man eines dieser Verbindungselemente des EinsSeins. So kann man auch andere dazu inspirieren, Vergebung zu üben und EinsSein zu erfahren.

James: *Ein Kurs in Wundern* beschreibt das als den Unterschied zwischen dem Denken auf »Stufe eins« und dem Denken auf »Stufe zwei« und betont, wie wichtig es ist, im Gleichgewicht zu sein. Stufe eins beinhaltet die Erkenntnis, dass keine Sünde begangen worden ist. Es bedarf also keiner Vergebung. Das Denken auf Stufe zwei wird von dem Glauben geprägt, dass Vergebung nötig sei, da die Menschen etwas falsch gemacht haben.

Wir erleben es immer wieder, dass wir uns selbst vergeben und unsere Illusionen loslassen wollen. Dann fällt es leichter, auch anderen zu vergeben. Somit ist es angebracht, sich beide Stufen des Denkens anzusehen, da sie gleichzeitig auftreten. Nehmen wir alle diese Übungen zum EinsSein in uns auf, erreichen wir das Bewusstsein der Stufe eins. Auf Stufe eins nehmen wir die Welt wie Gott wahr und lieben einander, so wie Gott uns liebt. Ich glaube, das Folgende ist unser Ziel: uns am göttlichen Ungleichgewicht zu erfreuen, um so einen stimmigen Platz in der Vision des Göttlichen einnehmen zu können.

Anakha: Ja, für mich ergibt es einen Sinn, dass es nicht darum geht, ein bestimmtes Ereignis oder Verhalten zu verzeihen, wenn wir uns auf die Vergebung des EinsSeins einlassen. Stattdessen ist es eine Erweiterung der Liebe. Man sagt etwas wie: »Es tut mir leid; ich habe gerade vergessen, wer du warst und wer ich war. Lass uns den Streit beenden und wieder unser wahres Wesen zum Vorschein kommen lassen.«

Übung

Jesus fordert von uns, »7 mal 70«-mal zu vergeben. In der
Vergebung des EinsSeins wirst du aufgefordert, jede Handlung und jedes Verhalten entweder als einen Ausdruck der
Liebe oder als einen Wunsch nach Liebe zu betrachten und
dann entsprechend zu reagieren. Die einzige angemessene
Reaktion ist, den Menschen deine Liebe und Vergebung
anzubieten. Dehne dein Mitgefühl auf dich, deine Mitmenschen und die Welt aus. Im Reich des EinsSeins wird keiner
ausgeschlossen. Jeder gehört zur Liebe und verdient sie.

Es stimmt, dass deine Entscheidungen natürliche Konse-
quenzen zur Folge haben und dir Grenzen auferlegt werden, um deine Integrität zu wahren. Vergebung entsteht in
einem kontinuierlichen Prozess, indem wir die Gnade des
EinsSeins weiter in unser Leben einbeziehen. Die Fähigkeit, wahrhaftig deine Vergehen und die Vergehen anderer
zu verzeihen, ist ein Beweis für dein Engagement, im Eins-
Sein leben zu wollen.

Die Zeit ist gekommen, Verbitterung und Feindseligkeit
abzulegen und zu einem Kanal der Gnade und Liebe zu
werden. In der heutigen Übung wirst du aufgefordert, dich
der göttlichen Macht hinzugeben, damit dein Herz geheilt
werden kann. Du wirst um göttliche Führung bitten, alte
Verletzungen loswerden und dich von Selbstgerechtigkeit
und persönlicher Rechtfertigung lösen, ganz gleich, wie
schwerwiegend die Tat war. Die Energie des EinsSeins
kann nicht in dein Herz fließen, wenn du voreingenom-
men (dir und anderen gegenüber) bist und dich an vergan-
genem Kummer festhältst. Gib heute dein Herz in die
Hände Gottes und erlaube deiner Seele, dich in friedvolle,
stille Gewässer und somit an den ruhenden Ort der Verge-

bung zu führen. Dein Ego wird an deinen alten Gewohnheiten festhalten wollen, doch deine Seele wird sich nach
der süßen Zärtlichkeit und der mystischen Umwandlung
der Vergebung sehnen. Bitte um göttliche Hilfe, dass dein
Ego nicht länger eine andauernde Offensivhaltung einnehmen möge. Wiederhole folgende Worte von Matthäus 18,
Vers 20: »Denn wo zwei oder drei versammelt sind in meinem Namen, da bin ich mitten unter ihnen.« Lade Gott in
deine Beziehungen ein, vertraue darauf, dass das Göttliche
immer bei dir ist und die Dinge, die du nicht selbst für
dich tun kannst, für dich tun wird.

Nimm dir heute 30 Minuten Zeit, um in die Stille zu gehen und zu reflektieren. Entzünde eine Kerze als Zeichen
für Gottes heilende Kraft und Gegenwart. Bitte Gott, dich
sanft an die Orte zu führen, die die größte Vergebung nötig
haben. Schreibe deine Antworten zu den folgenden Fragen
in dein Notizheft: »Welche Feindseligkeiten verstecke ich?
Welche Änderungen sollte ich bei mir und bei anderen
vornehmen? Wie kann ich das Gefühl, nicht geliebt zu
werden, durch die Kraft des Verzeihens in meinem Leben
und meinen Beziehungen heilen?«

Atme ein und atme aus. Vertraue deiner Führung und der
organischen, mystischen Transformationskraft des Verge-
bens. Höre nicht auf, um göttliche Hilfe für die Versöhnung mit dir selbst, mit deinen Mitmenschen und mit der
Welt zu bitten. Notiere die Namen der Menschen, denen
du bereit bist, zu vergeben. Mit wem bist du gewillt, Änderungen vorzunehmen? Lass zu, dass dir in jeder Situation
das beste Handeln und die beste Kommunikation gezeigt
werden. Es gibt keinen richtigen Weg, die Vergebung des
EinsSeins auszuüben. Alles, was es braucht, ist ein demütiges und williges Herz.

Bist du gewillt, dich aus dem Gefängnis der Trennung zu befreien, in dem dich deine Feindseligkeiten und Urteile gefangen halten? Sende deine Gebete zu Gott, während du die Namensliste in deinem Notizbuch durchgehst, und warte auf die göttliche Führung. Frage: »Gott, was muss ich tun, damit dies geheilt wird?« Trage heute deinen Teil dazu bei, dass das Wesen des EinsSeins in dein Leben eingeflochten wird. Vergebung ist ein Geschenk – öffne dich und empfange es, heute!

Affirmation

ICH BIN gewillt, meine Feindseligkeiten durch die Macht und Gegenwart der göttlichen Liebe in Mitgefühl umzuwandeln.

Schritt 29
Die Demut des EinsSeins

»Demut, die tiefe, süße Wurzel, aus der alle himmlischen Tugenden hervorgehen.«
Thomas Moore

»Selig sind die Sanftmütigen; denn sie werden das Erdreich besitzen.«
Matthäus Kapitel 5, Vers 5

»Würdest du ein Pilger auf dem Weg der Liebe werden? Die erste Bedingung ist, dass du so demütig wie der Staub und die Asche wirst.«
Ansari des Herzens

James: Man kann das leicht feststellen: Je intensiver ein Mensch das EinsSein erlebt, desto demütiger wird er. Menschen wie Mutter Teresa und Gandhi hatten einen großen Einfluss auf unsere Welt, vielleicht mehr als irgendeine andere Person im 20. Jahrhundert. Und dennoch bewahrten sie sich ihre Demut. Sie wurde immer stärker und zur Quelle ihrer Energie und Kraft. Sie übergaben alles an das Göttliche und wurden dadurch zu Werkzeugen des Friedens. Millionen von Menschen beeinflussten sie auf positive Weise.
Was würde passieren, wenn wir es ihnen gleichtäten? Viel-

leicht sind unsere Leistungen nicht so weit reichend wie die von Gandhi oder Mutter Teresa. Dennoch können wir die Demut, die ihnen Freude bereitet hat, fördern. Wenn ein demütiges Herz tatsächlich die Erfahrung des EinsSeins anzieht, dann sollte es ein Weg sein, den es sich lohnt zu gehen.

Anakha: Wir haben zuvor über die Bedeutung der Präsenz gesprochen. Was ich aus eigener Erfahrung sagen kann, ist, dass eine wirklich demütige Präsenz ein erstaunliches Heilmittel für mich, für die, die ich liebe, und für das Herz der Welt ist. Wenn ich ganz bescheiden anderen diene, dann beeinflussen meine Entscheidungen mein Leben und das meiner Mitmenschen auf die gesündeste und nützlichste Weise.

Ich bin zudem der Meinung, dass unsere Geisteshaltung von einer Heilung umgeben ist, die immer mehr zum Vorschein kommt, je weiter wir auf dem Weg des EinsSeins gehen. Vielleicht dachten wir immer, dass wir jemand anderes sein müssen, als wir wirklich sind, damit wir der Welt am besten dienen oder um uns wertvoll und ganz fühlen zu können. Doch je weiter wir auf dem barmherzigen Weg voranschreiten, desto eher werden wir uns entspannen und uns in unserer wahren Natur wohl fühlen.

Das ständige Mühen, die Wichtigtuerei und die Beeinflussung des Egos zerstreuen sich allmählich. Uns bleibt ein offenes Herz, das jederzeit geben und empfangen kann. Die Demut des EinsSeins ist eine der süßesten und zartesten Früchte, an denen wir uns auf dieser Reise erfreuen können.

Übung

Folge dem Pfad der Bescheidenheit und Verehrung. Die Demut des EinsSeins löst dein Herz aus dem Griff deines Egos und bringt dich in Einklang mit der Großzügigkeit, Empfänglichkeit und Gnade der Seele. Wenn dein Herz von Demut erfüllt ist, lädst du das EinsSein in dein Haus ein. In diesem Zustand bietest du an, ein Werkzeug der Liebe zu sein und deinen Brüdern und Schwestern zu dienen. Durch deine selbstlose Hingabe und Zuwendung entsteht eine allumfassende Zärtlichkeit. Sie dient als Heilsalbe, die jegliche Spaltungen heilt und alle getrennten Kräfte in dir wieder vereint.

Demut, Humilität, ist eine Gnade der Seele. Der Wortursprung liegt im lateinischen *humilis* und *humus* (»Erde«) und ist mit dem griechischen Wort *chamai* (»auf dem Boden«) verwandt. Das bezeichnet die Art und Weise, wie man durch die Welt schreitet und in ihr lebt. Demut erfordert einen gewissen Grad an Ehrfurcht vor dem heiligen Boden deiner Seele, der Seele anderer und der Seele der Erde. Nichts liegt unter dir außer dem heiligen Weg des EinsSeins.

Die Demut lädt dich dazu ein, mit allen Menschen zu gehen, anstatt dich von ihnen zu trennen oder dich über sie zu stellen. Sobald du in die Demut des EinsSeins eintrittst, zeigst du dich ohne die Fassade aus Stolz, Arroganz und Prunk deines Egos.

Die Psyche setzt Demut oftmals mit Demütigung gleich. Hier erfährt das Ego Machtlosigkeit und gibt dir das Gefühl, dass dein Selbstbewusstsein angegriffen wird. Trotzdem ist die Demut ein machtvoller und sanfter Aspekt der Seele. Viele große spirituelle Lehrer wie Gandhi, Mutter

Teresa, Jesus und der Dalai Lama betonen, dass dieser Wesenszug der Weg zur Befreiung ist.

Verbringe heute mindestens 30 bis 45 Minuten damit, über die folgenden Fragen nachzudenken. Schreibe deine Antworten in dein Notizheft. Lass dich vom Göttlichen führen und sei gewillt, den Ruf nach Demut in deiner Seele zu vernehmen.

1. In welchen Bereichen deines Lebens würdest du dich gedemütigt fühlen, würde es sie nicht mehr geben? Nimm z.B. deine Arbeit, Beziehungen, Finanzen, äußeres Erscheinungsbild, materielle Güter, sozialen Status, persönliche Rolle und so weiter.

2. Vor welcher Demütigung fürchtest du dich am meisten? Wann hast du dich wirklich gedemütigt gefühlt? Was ist geschehen?

3. Inwiefern hast du dich schon durch Selbstverrat selbst gedemütigt?

4. Warum ist es für dich herausfordernd oder schwierig, demütig zu sein?

5. Welche Eigenschaften würde Gott dich auffordern, in deinem Leben und aus deinem Leben heraus zu entwickeln, um noch demütiger zu werden?

6. In welchen Bereichen kannst du mehr Demut zeigen? Wie würde das aussehen?

7. Wie wirst du dem wachsenden EinsSein mit dieser Übung dienen? Wie wirst du die Demut des EinsSeins verkörpern und in deinem Leben heute unter Beweis stellen?

Halte Ausschau nach Möglichkeiten, dich für die Demut des EinsSeins zu entscheiden. Denk daran, dass auf dieser

Reise nichts unter deiner Würde ist. Diene dem wachsenden EinsSein durch kraftvolle Taten der Demut.

Affirmation

ICH BIN mit Demut in meiner Seele beehrt und lebe die Zärtlichkeit des EinsSeins.

Schritt 30
Die Beständigkeit des EinsSeins

»Lass dich nicht ängstigen,
lass dich nicht schrecken;
alles geht vorüber;
Gott ändert sich nie.«
Theresa von Ávila

»Gott ist mit denen, die durchhalten.«
aus dem Koran

»Ein Künstler zu sein ... bedeutet,
reifen wie der Baum, der seine Säfte nicht drängt und
getrost in den Stürmen des Frühlings steht, ohne Angst,
dass dahinter kein Sommer kommen könnte.«
Rainer Maria Rilke

James: Was müssen wir alles ertragen, bis wir uns aus dem Griff des Egos lösen können und endlich EinsSein am eigenen Leib erfahren? Wie viel Mut brauchen wir, um den Weg weiterzugehen, auch wenn es den Anschein hat, dass alles gegen uns ist oder wir das Gefühl haben, wir gingen in die falsche Richtung?

Dies sind Momente, in denen wir uns selbst prüfen. Alles in uns sagt uns, es wäre besser, in die sichere Umarmung des Egos zurückzukehren. Wenn wir uns getrennt und allein fühlen, beruhigt uns das in mancher Hinsicht, bis wir erkennen, welchen Preis wir dafür zahlen müssen. Tatsächlich bezahlen wir den höchsten Preis, denn wir opfern das EinsSein, wenn wir uns selbst begrenzen und »klein« bleiben.

Wir haben nun die Chance, groß zu sein und die Sehnsucht unserer Seele zu erfüllen. Alles, was wir dafür tun müssen, ist, die kleinen Opfer zu bringen, die uns abverlangt werden. Und am Ende wird uns bewusst werden, dass wir in Wirklichkeit gar nichts aufgeben mussten.

Anakha: In vielerlei Hinsicht ist das Voranschreiten auf diesem Weg wie ein Training für einen Marathon. Solange wir hier auf Erden sind, wird es noch genügend individuelle wie auch kollektive Dinge geben, die umgewandelt werden müssen. Je mehr wir uns dem Licht, dem EinsSein und der Liebe zuwenden, desto leichter wird es uns fallen, Dunkelheit und Enge zu transformieren. Da wir Menschen sind, die aus dem Herzen heraus handeln und Frieden stiften, gehört es zu unserem Dienst, dabei zu helfen, die dunklen und verengten Orte zu heilen – und zwar nicht nur in unserem eigenen Leben, sondern auch im Leben unserer Mitmenschen.

Durch diese Übungen stärken wir unser Durchhaltevermögen. Stell dir einmal bildlich vor, wie guttrainierte Athleten gegeneinander antreten. Man hat den Eindruck, dass sie sich kaum anstrengen, wenn sie z.B. 100 Meter Freistil schwimmen oder 400 Meter laufen. Sie sehen dabei sehr anmutig und schön aus. Das kommt daher, weil sie diese Ausdauerübung schon seit sehr langer Zeit praktizieren und sie sich deshalb so geschmeidig und agil bewegen können.

Sobald wir unsere Schatten annehmen und sie durch die Gegenwart des EinsSeins transformieren, erreichen wir auch eine Form von Meisterschaft, die es uns ermöglicht, im Zentrum der göttlichen Liebe zu tanzen. Dann verstehen wir, dass es sich nicht um ein einmaliges Vorhaben handelt, sondern um einen lebenslangen Dienst an der Verkörperung des EinsSeins auf diesem Planeten.

James: Wenn man über Athleten und deren Training spricht, begegnen einem manchmal Formulierungen wie »das muss brennen« und »den Schmerz überwinden«. Es gibt diesen Moment, in dem der Körper beginnt zu schmerzen und zu brennen. Und genau darin verbirgt sich eine Gabe: den Schmerz zu überwinden und dieses Brennen im Körper auszuhalten. Das Gleiche gilt auch für die spirituelle Praxis. Manchmal müssen wir den Schmerz überwinden und das Unbehagen aushalten, denn nur so können wir unsere spirituellen Muskeln aufbauen. Dadurch werden wir stark, lernen Mitgefühl und können anderen eine größere Hilfe sein.
Auch wenn man das Gefühl hat, dass die Herausforderungen nur gegen einen arbeiten, so sind sie doch in Wahrheit die besten Verbündeten. Durch sie werden wir belastbarer und sind in der Lage, den gesamten Planeten zu transformieren und die Menschheit auf die nächste Entwicklungsstufe zu heben.

Anakha: Diesen Vergleich finde ich sehr passend. Ich denke, dass unsere größten Bemühungen, unsere Begrenzungen zu transformieren und zu transzendieren, durch unseren Mangel an innerer Stärke zunichtegemacht werden. Es ist dieses »Feuer im Bauch«, durch das wir Disziplin für die

Übungen entwickeln, auch wenn wir manchmal lieber im Bett bleiben, uns verstecken und an unserer Trauer festhalten würden. Es geht um den Willen, weiterzumachen, trotz unseres inneren Widerstands. Man hat die Disziplin, die Klarheit, die Kraft und die Präsenz, um bis zum Ende zu gehen. Und das verursacht die wirklichen Veränderungen im Leben.

Übung

Es ist eine spirituelle Übung, sich mit den dunklen und verengten Orten in sich selbst auseinanderzusetzen. Die Reise ins EinsSein verlangt, dass man im Dienst an anderen Menschen *alle Dinge erträgt, allen Dingen Glauben schenkt* und *alle Dinge aushält,* um Ausdruck und Verkörperung der Liebe zu werden. Das erfordert viel Mut, Willen, Demut und Disziplin. Man muss sich selbst und sein Leben immer wieder und wieder der göttlichen Liebe übergeben. Biete Gott demütig deine Gewohnheiten an, die dich immer wieder ins Vergessen fallen lassen. In der Ausdauer des EinsSeins wird dein Leben ein Zeugnis des wahren EinsSeins. Dies ist ein Marathon, kein kurzer Sprint! Auf deiner Reise ins EinsSein wirst du eine Ausdauer entdecken, die dir noch nie zuvor begegnet ist. Mit dieser Übung werden deine Angst und deine Vorstellung von Trennung aufgehoben, und die Großartigkeit deiner Seele kommt zum Vorschein. Pierre Teilhard de Chardin drückte es so aus: »Vertraue in erster Linie der Arbeit Gottes.« Nimm dein Notizheft und denk über die folgenden Fragen nach: Was hast du auf deinem spirituellem Weg ausgehalten? Wie hat dich das geformt oder dir gedient? In welcher

Hinsicht bist du gewachsen? Was lernst du gerade über die Ausdauer des EinsSeins? Wann und wie erlebst du die Biegsamkeit und das Durchhaltevermögen deiner Seele? Wie nützen diese Eigenschaften dem wachsenden EinsSein?

In der heutigen Übung sollst du 15 bis 20 Minuten in der Natur verbringen. Such dir einen Baum, an dem du sitzen oder stehen kannst. Komm ganz in deinem Körper an und lass den Atem ruhig werden. Stimme dich auf diesen wunderschönen Baum ein. Stell dir vor, dass dieses lebendige Wesen dein Führer ist, der vom Göttlichen ausgewählt wurde, dir mehr von der Ausdauer des EinsSeins zu zeigen. Streck deine Hand aus und berühre den Baum. Betrachte seine Blätter und Äste ganz genau. Was für eine Rinde hat er? Kannst du seine Wurzeln sehen? Welche besonderen Markierungen hat er? Nimm seine Schönheit und ganze Pracht wahr. Bewundere alle Details dieses lebendigen Ausdrucks von EinsSein. Spüre deine Verbindung, dein EinsSein mit diesem heiligen Wesen.

Tritt nun einen Schritt zurück und schau dir den Baum aus der Entfernung an. Frage den Baum: »Was musstest du auf deiner Reise aushalten? Was hast du gebraucht, um auf dieser Erde wachsen zu können?« Lausche seinen Lektionen über Durchhaltevermögen. Inwiefern bist du ihm ähnlich? Inwiefern hast du durchgehalten, so wie dieser Baum durchgehalten hat? Vertraue auf das, was du hörst. Hat dieser Baum schwere Stürme, Trockenperioden oder Erdbeben überstanden? Wurde er entwurzelt? Wurden Teile von ihm abgeschnitten?

Bitte den Baum nun, dass er dich führen möge. Wie kann er dir bei einer Herausforderung oder einem Schmerz, den du gerade erlebst, behilflich sein? Wie kann er dich mit seiner Botschaft der Beharrlichkeit stärken? Erlaube ihm,

dich zu segnen, indem du einfach in seiner unverwüst-
lichen und unerschütterlichen Gegenwart bist. Werde so
stark und unerschrocken wie dieser Baum und erlaube der
Ausdauer des EinsSeins, in dein Leben zu gelangen.

Affirmation

*ICH BIN ausdauernd, ertrage alle Dinge aus der Liebe heraus
und lebe ehrlich mein Versprechen, dem wachsenden EinsSein
zu dienen.*

Einführung in die Schritte 31–40

Du hast es geschafft! Wenn du noch immer liest, bedeutet das, dass du den schwierigsten Teil des Kurses unbeschadet überstanden hast. Du weißt nun, wie wichtig es ist, die Schattenanteile deiner Persönlichkeit anzunehmen, damit du die Tiefen deines Seins erfahren kannst. Des Weiteren hast du begriffen, dass du nicht ins Licht gehen kannst, bevor du nicht deine dunklen Seiten (die wir für gewöhnlich meiden) ertragen hast. Ich kann nur sagen: Gut gemacht! Jetzt fängt der Spaß so richtig an.

Die letzten zehn Schritte sollen dich emporheben und dich auf dem Weg ins EinsSein führen. Du wirst feststellen, dass es sich dabei um Themen handelt, die deine Seele sehr tief ansprechen, wie die Idee von der Gemeinschaft oder der Vision des EinsSeins – und vieles mehr. Wenn du alle Schritte durchlaufen hast, wirst du in der Lage sein, dich den Dingen, mit denen dich die Welt konfrontiert, zu stellen und sie zu transformieren. Es gibt für dich keine Begrenzungen mehr, wenn du weißt, dass du *eins* bist. Genau das ist immer das Hauptziel aller Übungen gewesen.

Jetzt nimm einen tiefen Atemzug und öffne dein Herz. Du bist in der Endphase angekommen und dazu bereit, die letzten Schritte zu gehen, die dich zu dem Ziel führen, das du die ganze Zeit verfolgt hast: *dich daran zu erinnern, wer du wirklich bist.*

Schritt 31
Die Verbundenheit des EinsSeins

»Das menschliche Energiefeld verkörpert eine kollektive
Weisheit, die die göttliche Weisheit aller zelebriert.
Deshalb müssen wir, um in Verbundenheit und
EinsSein leben zu können, die Vielfalt wie einen
Bruder umarmen, und dies so leidenschaftlich,
wie wir die Erde als unsere Mutter umarmen.«
Michael Teal

»Wenn wir für einen Moment innehalten, um
aufmerksam zu betrachten, was in diesem Sakrament
geschieht, bin ich mir sicher, dass die Liebe Christi zu
uns die Kälte unserer Herzen in ein Feuer der Liebe
und Dankbarkeit transformieren würde.«
Angela von Foligno

»Es gibt eine Partnerschaft, eine Verbundenheit
zwischen dir und dem Land, zwischen dem Land und
dir. Sie verläuft tief unter den Straßen, tief unter den
Gebäuden, tief durch und unter den Weltmeeren.«
Sharon McErlane

James: Sind wir spirituelle Wesen, die eine menschliche Erfahrung machen, oder sind wir menschliche Wesen, die eine spirituelle Erfahrung machen? Und ist da wirklich ein Unterschied? Was wir mit Sicherheit wissen, ist, dass wir in dieser Welt unter Millionen von anderen Wesen leben und mit ihnen interagieren. Dennoch gibt es etwas in uns, das uns nach mehr streben lässt, etwas, das wir nicht definieren können und uns in endlose Räume jenseits der Begrenzungen des Egos zieht. Irgendwann müssen wir diese unterschiedlichen Erfahrungen in Einklang bringen und begreifen, dass sie eigentlich gleich sind. In der Verbundenheit geht es in erster Linie um die Aussöhnung unseres begrenzten und unseres endlosen Selbst.

Ja, wir befinden uns in einem Körper, doch wir sind nicht auf diesen Körper begrenzt. Er ist nicht das, was wir sind. Er ist das Vehikel, das uns hilft, durch Zeit und Raum zu reisen. Dies sind aber alles intellektuelle Überlegungen, und daran sind wir hier nicht interessiert. Wonach wir uns wirklich sehnen, ist die Erfahrung des EinsSeins – und hier müssen wir anfangen.

Anakha: Ich denke, dass die Verbundenheit des EinsSeins eine Gefälligkeit oder ein Trost ist, den uns das Göttliche gewährt. Es ist eine Gnade, die durch uns und unser Leben fließt. Haben wir einmal die Übungen absolviert und uns einer Transformation unterzogen, bilden wir ein Ganzes, und das Mystische und das Reale widersprechen sich nicht mehr. Unsere Erfahrungen bilden vielmehr eine Einheit, eine heilige Verbindung tief in uns. Wir befinden uns in einem fortwährenden Gebet des EinsSeins, was eine gewisse Erleichterung ist, weil das Gefühl der Trennung so herausfordernd und schmerzvoll sein kann. Wir wissen zwar, wer wir wirklich sind, und dennoch erfahren wir uns selbst und unser Leben oftmals so radikal anders.

Wenn die Verbindung stattfindet, erleben wir plötzlich dieses Gefühl der uns innewohnenden Ganzheit, und wir erkennen, dass es keine Trennung gibt. Alles ist heilig. Der Boden, auf dem wir schreiten, unser Körper, der ein Tempel ist, und das Göttliche sind absolut nicht voneinander getrennt. Wir sind wahrhaftig eins!

Übung

Alles wird dem Göttlichen übergeben, wenn man im Eins-Sein gereinigt wird. Himmel und Erde sind in der Verbundenheit des EinsSeins vereint: Oben ist unten, innen ist außen, und zwei werden eins. Das ist die Vereinigung des Mystischen mit dem Realen. Du empfängst dein göttliches Erbe, das ein strahlendes, erwachtes Herz beinhaltet sowie eine radikal verkörperte Erfahrung der allmächtigen Gegenwart der Liebe. In der Verbundenheit der Liebe wirst du von der Liebe verzehrt. Liebhaber, Geliebte und die Liebe sind eins.

Die heutige Übung lädt dich ein, deine Dankbarkeit für die Segnungen der Verbundenheit des EinsSeins auszudrücken. In der christlichen Tradition ist das Abendmahl, die Eucharistie (was »danksagen« bedeutet), eine Feier des EinsSeins, ein Ausdruck der Einheit mit Gott, mit der eigenen Seele, mit anderen und mit allem Leben. Heute sollst du ein Abendmahl vorbereiten, ein Sakrament, um das tiefgründige Zusammenwirken des Lebens zu feiern und dafür zu danken. Das ist die Verbundenheit des Eins-Seins: Gott und Menschheit kommen zusammen, Gott und das »Fleisch« kommen zusammen. Das »Fleisch« des Weizens, des Weins, des Sonnenscheins, des Bodens, des Wassers, der menschlichen Genialität, der Sterne, der Supernovas, der Galaxien, der Stürme, der Feuerbälle.

Überlege dir, welches Getränk und welche Speisen du bei deiner Feier des EinsSeins reichen möchtest. Vielleicht bleibst du in der christlichen Tradition und entscheidest dich für Wein und Brot. Oder du bereitest Milch und Honig vor, um an das Gelobte Land zu erinnern. Dein Mahl kann aus einem Stück Obst und Mineralwasser, frischem Saft und Schokolade, essbaren Blumen und Rosenwasser, heißem Tee und Gebäck bestehen. Sei kreativ, damit deine Seele genährt wird und deine Dankbarkeit für das lebendige EinsSein zum Ausdruck kommt.

Bereite alle Speisen achtsam zu und sei dankbar, während du jeden Happen und jedes Küchenutensil, das du berührst, segnest. Nimm die Heiligkeit dieser Feier ganz bewusst wahr. Setz dich und geh in die Stille, sobald das Mahl zubereitet ist. Wisse, dass du bei jedem Schluck und jedem Bissen das lebendige EinsSein verzehrst und gleichzeitig von ihm verzehrt wirst. Sei dankbar dafür, dass du die tiefe Verbundenheit mit dem Leben erfahren darfst. Spüre das göttliche Beben des Kosmos und das in dir brennende Lauffeuer der Liebe. Erwache in dieser Verbundenheit zum Leben.

Trage dieses Gefühl in dir, während du den Tag bestreitest. Sei in Verbundenheit mit allen Menschen, mit der Natur, mit den Tieren und mit der Sonne, dem Mond und den Sternen. Zelebriere das heilige EinsSein überall, wo du bist, bei jedem Schritt, jedem Atemzug, jeder Berührung und jedem Blick. Sei ein schreitender, atmender Tempel der Verbundenheit. Sei dir der bedingungslosen Liebe und der großen Vertrautheit des Universums gewiss. Denk über die folgende Passage aus *Sins of the Spirit, Blessings of the Flesh* des spirituellen Lehrers Matthew Fox nach und feiere deine Verbundenheit mit dem EinsSein:

Für uns ist die Eucharistie Herzensnahrung aus dem Kosmos – der »mystische Körper Christi« und der kosmische Christus oder die Natur Buddhas, die man in allen Wesen des Universums findet. Christus ist das Licht der Welt, die, wie wir jetzt wissen, einzig aus Licht besteht. Das Fleisch ist Licht, und das Licht ist Fleisch. Wir essen, trinken, schlafen, atmen und lieben das Licht. In der Eucharistie weiten sich unsere Herzen und antworten großzügig: »Ja, wir wollen.« Wir wollen weitermachen mit der Arbeit des Herzens: dem Mitgefühl, der Arbeit des Kosmos.

Verrichte weiterhin deine »Herz-Arbeit« der Liebe und des Mitgefühls. Bekräftige deinen Schwur, dem wachsenden EinsSein zu dienen, indem du sagst: »Ja, ich will!«

Affirmation

ICH BIN, und ich liebe das Leben, und das Leben liebt mich in der Verbundenheit des EinsSeins.

Schritt 32
Die Gemeinschaft des EinsSeins

*»Unser Ziel ist es, eine geliebte Gemeinschaft zu
erschaffen, und das erfordert sowohl einen qualitativen
Wandel in unseren Seelen als auch einen quantitativen
Wandel in unserem Leben.«*
Martin Luther King

*»Ich bin der Meinung, dass mein Leben der
Gemeinschaft gehört, und solange ich lebe, ist es mir
ein Privileg, was immer ich kann, für sie zu tun.«*
George Bernard Shaw

*»Es kann keine Verletzlichkeit ohne Risiko geben; und
es kann keine Gemeinschaft ohne Verletzlichkeit geben;
und es kann keinen Frieden – und schließlich kein
Leben – ohne Gemeinschaft geben.«*
M. Scott Peck

James: Martin Luther King sprach oft über Menschen, die
gemeinsam leben, die Ausdrucksvielfalt schätzen und kreative Methoden finden, das EinsSein zu fördern und es zu
teilen. Er nannte das die »Geliebte Gemeinschaft«, und das
ist es, was wir noch heute zu realisieren versuchen. Die eigentliche Frage ist doch: Können wir das draußen in der
Welt erreichen, oder beginnt es irgendwo tief in uns selbst?

Ist es eine Entscheidung, die wir in unseren Herzen treffen und die dann nach außen zu den Menschen strömt?

Es heißt, dass wir nicht hier sind, um die Welt zu verändern, aber unsere Gedanken über sie. Was würde passieren, wenn jeder das tun würde? Ist es möglich, dass sich unsere Realität von selbst ändert, da die Welt, die wir wahrnehmen, in Wirklichkeit die Manifestation unserer Gedanken ist? Wir entwickeln uns gemeinsam hin zu einer Gemeinschaft des EinsSeins. Aber es fängt bei jedem selbst an, und jeder Mensch muss die Wahl für sich treffen.

Anakha: Und so, wie ich es verstehe, besteht die Wahl darin, Liebe für sich und für andere auszustrahlen. Es geht darum, sich die Vision von Martin Luther King zu Herzen zu nehmen und andere aufrichtig zu lieben und zu ehren, ganz gleich, ob sie einem ähnlich sind oder ganz anders. Ich glaube, die Gemeinschaft des EinsSeins bedeutet, dass wir dazu bereit sind, uns gegenseitig zu vertrauen und uns um unsere Brüder und Schwestern zu kümmern, wenn sie gerade vom Weg abkommen oder eine Extraportion Liebe und Unterstützung benötigen.

Wir haben eine Welt geschaffen, in der es so viele Möglichkeiten gibt, einsam und isoliert zu leben. Man hat sein eigenes Zuhause, sein Auto und seine Arbeit. Es ist so einfach, in eine Lebensform der Trennung hineinzurutschen. Die Gemeinschaft des EinsSeins ist eine Aufforderung, unsere Herzen zu öffnen und bereitwillig in die Herzen anderer zu treten, auf liebevolle Weise einbezogen und eingebunden zu sein. Manchmal äußert sich dies in Form von Zärtlichkeit und Mitgefühl, ein anderes Mal zeigt es sich in liebevoller Heftigkeit und fordert uns auf, unsere Größe, Integrität und Ganzheit zu zeigen.

James: Wir müssen uns permanent entscheiden, ob wir in der Liebe präsent sein wollen. Konstantes Üben führt uns schließlich zum EinsSein. Wir sagen in diesem Moment *Ja,* doch dieses *Ja* muss genährt werden und wachsen, während wir unser Leben leben. Wir können es nicht jetzt oder später sagen, wir müssen es genau jetzt leben. Wir haben unendlich viele Möglichkeiten dazu. Es geht nicht darum, einfach nur das Wort *Ja* zu sagen, es geht darum, die daraus resultierende Handlung zu leben: die Handlung des *Ja.*

Dies verlangt von uns, dass wir konsequent sind, gerade dann, wenn wir die bloße Idee in die Tat umsetzen. Tatsache ist, dass wir in diesem Moment eins sind. Wir werden nicht eines Tages »eins werden«. Wir leben in diesem Moment den Traum des Bewusstseins. Doch wir können nur durch ein konsequentes und beständiges *Ja* die gemeinschaftliche Erfahrung, die Gemeinschaft des EinsSeins, erleben, sie mit anderen teilen, sie leben und in ihr wachsen. Deshalb denke ich, dass Kontinuität in diesem Prozess mit am wichtigsten ist.

Anakha: Wenn wir die Grenze vom metaphysischen Bewusstsein und der Kenntnis des EinsSeins zum lebendigen EinsSein in unserer physischen Realität überqueren, ist es von größter Bedeutung, dass wir uns diesem *Ja* vollkommen verpflichten. Das lebendige EinsSein durchdringt und beeinflusst all unsere Lebensbereiche. Es bringt den Kern unserer Beziehungen auf den Punkt. Grundlegender Bestandteil der folgenden Übung ist es, die metaphysische Wirklichkeit kontinuierlich in die physische Wirklichkeit zu überführen.

Übung

Die Gemeinschaft des EinsSeins ist die Manifestation der Geliebten Gemeinschaft, in der jeder einbezogen, miteinander verbunden und voneinander abhängig ist. Wir arbeiten zusammen, um die Bedürfnisse aller zu stillen. Es geht darum, in allgemeiner Genügsamkeit anstatt in individuellem Überschuss zu leben. Es ist eine Gemeinschaft, die Jesu Gebot, sich wahrhaftig und unaufhörlich zu lieben, lebt und atmet. Die Geliebte Gemeinschaft ist ein lebendiger Ausdruck der Versprechen des EinsSeins: sich zu beschützen und füreinander zu sorgen, eine Quelle des Mitgefühls und der Stärke zu sein, ein Instrument der Liebe zu sein und im Dienst des wachsenden EinsSeins zu stehen.

In der heutigen Übung betrittst du den Kreis der Liebe, indem du die Versprechen der Gemeinschaft des EinsSeins lebst, egal, wohin du gehst und wem du begegnest. Warte nicht auf den perfekten Moment und bleibe nicht in deiner Komfortzone, sondern empfinde und empfange die göttliche Weisheit jeden Tag. Lass dein Herz größer werden und beziehe jeden Menschen mit ein. Die Weltgemeinschaft des EinsSeins manifestiert sich im Hier und Jetzt, während du Folgendes versprichst:

1. Liebe andere mit einer Liebe, die heftig und zart gleichermaßen ist.
2. Wache über und sorge für deine Mitmenschen, so wie du »deinen eigenen Augapfel« hüten würdest.
3. Sei ein heiliger Ort des Mitgefühls und Kraftquelle für alle.

Schreibe diese Schwüre auf eine Karteikarte und steck sie dir in die Tasche. Du kannst sie auch an den Spiegel oder Kühlschrank hängen, wo du sie gut sehen kannst. Oder du kannst sie als Bildschirmschoner auf deinem Computer installieren. Lies sie, sooft es geht. Setz es dir zum Ziel, ein Werkzeug der Liebe in der Welt zu sein, und wiederhole diese Versprechen bei all deinen Unternehmungen.

Nimm dir am Ende des Tages ein bisschen Zeit, um in dich zu gehen und deine Erfahrungen in deinem Notizheft niederzuschreiben. Was bedeuten dir diese Worte? Wie lebst du diese Versprechen? Wie ist es, wenn du andere auf zärtliche oder heftige Art liebst? Was bedeutet es, für andere zu sorgen und sie als eine Erweiterung deiner selbst zu sehen, als den eigenen »Augapfel«, wie es in der Bibel steht? Wie erschaffst du einen heiligen Ort des Mitgefühls? Bist du eine Kraftquelle für andere Menschen?

Du spürst, wie du in die Gemeinschaft des EinsSeins zurückkehren möchtest. Denk zu guter Letzt über den folgenden inspirierenden Auszug aus dem Buch *Wilde Kräfte* der Autorin und Aktivistin Starhawk nach:

Wir sehnen uns alle danach, nach Hause zu kommen, an einen Ort, an dem wir noch nie waren. Ein Ort, an den wir uns nur halb erinnern, der nur zur Hälfte da ist und den wir von Zeit zu Zeit nur flüchtig sehen. Gemeinschaft. Irgendwo gibt es Menschen, mit denen wir leidenschaftlich sprechen können, ohne dass uns dabei die Worte im Halse steckenbleiben. Irgendwo wird sich ein Kreis aus Händen öffnen und uns empfangen. Augen werden aufleuchten, sobald wir den Raum betreten, Stimmen werden uns feiern, wann immer wir in unsere eigene Kraft gelangen.

Gemeinschaft bedeutet Kraft, die sich unserer Kraft anschließt, um die Arbeit zu tun, die getan werden muss. Arme, die uns halten, wenn wir wanken. Ein Kreis der Heilung. Ein Kreis von Freunden. Ein Ort, an dem wir frei sein können.

Affirmation

ICH BIN dabei, meinen Kreis der Liebe auszudehnen, und werde zu einem heiligen Ort des Mitgefühls, eine Quelle der Kraft für jeden, der mir begegnet.

Schritt 33
Die Jüngerschaft des EinsSeins

*»Diese Welt ist nichts als eine Schule der Liebe; unsere
Beziehungen mit unserem Ehemann oder unserer
Ehefrau, mit unseren Kindern und Eltern, mit unseren
Freunden und Verwandten sind die Universität, in der
wir lernen sollen, was wahre Liebe und Hingabe sind.«*
Swami Muktananda

*»Die Natur ist die Lehrerin, die Seele ist der Schüler;
und was immer der eine lehrt und der andere lernt,
es kommt immer von Gott, dem Lehrer der Lehrer.«*
Tertullian

*»Als Individuum sind wir ein Tropfen.
Zusammen sind wir ein Ozean.«*
Ryunosuke Satoro

James: Ein Jünger zu sein bedeutet, ein Schüler zu sein,
jemand, der von einer anderen Person oder aus einer Situation lernt. In welcher Hinsicht sind wir Jünger? Anders
gefragt: Von wem oder was lernen wir? Folgen wir dem
Weg der Liebe oder dem Weg der Angst? Es ist leicht, die
Frage zu beantworten, man muss sich nur umschauen und
wahrnehmen, was sich im Leben manifestiert.
Ist dein Leben voller Liebe und Frieden oder eher voller

Kämpfe und Mangel? Der Schlüssel ist, sich sein Leben ohne Wertung anzusehen, ganz objektiv, denn man weiß, dass man seinen Kurs jederzeit ändern kann. Wenn du nur solche Gedanken hast, die dich in angstvollen Mustern gefangen halten, dann hab heute den Mut, dir einen neuen Lehrer zu suchen. Einen, der Liebe und Harmonie in dein Leben bringt. Du bist nur an die Entscheidungen gebunden, die du in diesem Moment triffst, genau jetzt. Alles, was du tun musst, ist, erst hinzuschauen und dann noch mal eine Wahl zu treffen. Schon ändert sich die Welt.

Anakha: Es ist ganz wichtig, sich bewusstzumachen, wem oder was wir folgen und ob wir das annehmen, was wir in unserem Leben erfahren und erschaffen. In der Jüngerschaft des EinsSeins wird alles und jeder zu unserem Lehrer. Alles verschwört sich, um uns aufzuwecken und die Wahrheit erkennen zu lassen, nämlich dass wir ein Abbild Gottes sind. Genauso wie alles, was wir im Leben sehen und erfahren, so, wie jede Person, mit der wir in Beziehung stehen, ein Ebenbild des Göttlichen ist.

Wir sind nicht länger Anhänger eines bestimmten Gurus, denn das Leben selbst ist unser Lehrer. Die Menschen, denen wir in unserem Alltag begegnen, dienen uns als Wegweiser. In diesem Kapitel schenken wir unseren Interaktionen Beachtung und dem, was in jedem Moment geschieht. Anstatt unsere Erfahrungen zu leugnen oder sich gegen sie zu wehren, lädt uns die Jüngerschaft des EinsSeins dazu ein, sich jede Erfahrung anzusehen und zu fragen: »Was versucht mich diese Situation zu lehren? Wie kann ich dieses Wissen in meinem Leben anwenden?«

James: Wir suchen uns oft Lehrer aus, die anders sind als wir, sei es, dass sie aus einem anderen Land kommen, eine andere Religion praktizieren, eine andere Sprache sprechen oder sich im Aussehen von uns unterscheiden. Doch was wäre, wenn wir einen Lehrer suchten, der widerspiegelt, wer wir wirklich sind, und nicht, wer wir nicht sind? Warum heißen wir nicht den Lehrer willkommen, der vielmehr unser Licht wiedergibt als unseren Schatten?

Wie du bereits erwähnt hast, Anakha, kann uns das in jedem Moment widerfahren. Wir müssen uns nur umsehen. Dann sehen wir das Licht des EinsSeins in einem Baum, einer Pflanze oder im Lächeln eines anderen Menschen. Wenn wir unsere Umgebung beobachten, nehmen wir das Licht in den gewöhnlichsten Situationen ganz einfach wahr. Wir halten nach Lehrern Ausschau, die sich von uns unterscheiden, weil wir der Meinung sind, dass wir nicht gut genug sind. Doch was würde passieren, wenn wir Jünger unseres Höheren Selbst würden? Es verfügt über all die Weisheit und Wahrheit, die wir brauchen und die bereits in uns ist. Würde sich unser Höheres Selbst ausdehnen und explodieren, während es in die Welt strömt? Wenn wir Anhänger der uns innewohnenden Wahrheit werden, ist EinsSein ein natürliches und unvermeidbares Ergebnis.

Übung

In der Jüngerschaft des EinsSeins leben wir bewusst in der Wahrheit, dass wir Söhne und Töchter eines lebendigen Gottes sind. Wir können uns sicher sein, dass die gesamte Welt sich verschwört, um uns zu erwecken, damit wir das lebendige EinsSein erfahren können. Wir sind Mitglieder

der globalen Gemeinschaft und bringen die höchste Form der Liebe zum Ausdruck. Durch unser bedingungsloses Mitgefühl und unseren Willen, einander zu dienen, werden wir in unserer persönlichen und gemeinschaftlichen Ganzheit zum Leben erweckt. Wir werden zum Heilmittel, zu Lehrern, zu Wegweisern und Heilern, wenn wir auf dem schmalen Grat der Integrität gehen und uns im Eins-Sein üben. Auf unserem Weg entdecken wir, dass die Wahrheit Liebe ist.

Beim EinsSein ist die Welt deine Schule. Deine Gemeinschaft, also deine Freunde, Familienmitglieder, Kinder und Kollegen, ist dein Lehrer. Und deine Lebenserfahrungen sind dein Unterricht. Dein heiliger Lehrplan für die Verkörperung des EinsSeins ist nun hier! Betrachte dein Leben. Was erzählt es dir? Was lehrt es dich? Welche neuen Aspekte des EinsSeins kannst du entdecken, ausdrücken und verkörpern? Was sind deine Herausforderungen? Welches sind deine Segnungen? Wen oder was kannst du nicht als Ausdruck des EinsSeins annehmen? Inwiefern wirst du aufgefordert, zu wachsen? Was steigt langsam in deinem Bewusstsein hoch?

Beginne die heutige Übung damit, den Tag im Bewusstsein der Jüngerschaft zu starten. Sei gewillt, den heiligen Lehrplan zu empfangen, der dir gezeigt wird. Richte deine Aufmerksamkeit auf die Dinge, die dich unentwegt auffordern, tiefer in das Bewusstsein und die Ganzheit einzutauchen. Das Universum liebt dich von ganzem Herzen und versucht alles, um dich dem lebendigen Bewusstsein des Eins-Seins näherzubringen. Alles und jeder wurde geschickt, um dich zu wecken, zu lehren, dich zu heilen und zu transformieren. Willst du heute ein Schüler des EinsSeins sein? Halte Ausschau nach den Fäden des Lernens, die zusammen einen wunderschönen Teppich ergeben. Dies ist dein heiliger, göttlicher Lehrplan, dein heiliger Vertrag. Dies ist die Jüngerschaft des EinsSeins.

Nimm dir 20 bis 30 Minuten Zeit, um die folgenden Sätze zu vervollständigen. Überleg nicht zu lange, tauche in den Strom des Bewusstseins ein. Hör nicht auf zu schreiben und verändere nichts. Nimm dir für jeden Satz etwa zwei bis drei Minuten Zeit.

Ich werde eingeladen, ... zu heilen.
Ich werde eingeladen, ... zu vergeben.
Ich werde eingeladen, ... aufzugeben.
Ich werde eingeladen, ... zu werden.
Ich werde eingeladen, ... auszudrücken.
Ich werde eingeladen, ... zu erschaffen.
Ich werde eingeladen, ... zu erweitern.

Vertraue auf das, was du empfängst und weißt. Glaube an die Führung, die dir zuteilwird. Tauche ein und formuliere klar und einfach. Durchdringe die Komplexität und Verwirrung und entdecke deinen heiligen Lehrplan des EinsSeins.

Affirmationen

ICH BIN ein Schüler in der Schule des EinsSeins und nehme meinen heiligen Lehrplan an.
ICH BIN gewillt, das Leben als meinen Lehrer zu verpflichten.

Schritt 34
Die Vision des EinsSeins

*»Große Ideen, so sagt man, gelangen in die Welt als
zarte Tauben. Vielleicht, wenn wir aufmerksam
zuhören, hören wir dann inmitten des Tumults der
Reiche und Nationen ein leises Flattern der Flügel, ein
sanftes Regen des Lebens und der Hoffnung.«*
Albert Camus

*»Der Frieden entsteht, wenn wir in der Lage sind, das
Beste in uns und alles, was wir sind, zu geben, damit
eine Welt entstehen kann, die jeden unterstützt.
Außerdem geht es darum, einen sicheren Raum für
andere zu erschaffen, damit sie das Beste in sich und
was sie sind, beitragen können.«*
Hafsat Abiola

*»Ich lebte auf der schattigen Seite des Weges und
beobachtete den Garten meines Nachbarn auf der
gegenüberliegenden Seite, der voller Sonnenschein war.
Ich fühlte, dass ich arm war, und so ging ich von Tür zu
Tür mit meinem Hunger. Je mehr mir die Menschen von
ihrem unbedachten Überfluss gaben, desto mehr wurde
mir meine Armut bewusst. Eines Morgens weckte mich
aus meinem Schlaf das plötzliche Öffnen meiner Tür,
und du tratest ein und fragtest nach Almosen. In meiner
Verzweiflung öffnete ich den Deckel meiner Brust und
war erstaunt, meinen eigenen Reichtum zu finden.«*
Rabindranath Tagore

James: Kannst du dir eine Welt vorstellen, in der all deine Bedürfnisse gestillt sind und jede Person, die du triffst, genauso zufrieden ist wie du? Das beginnt mit der Vision des EinsSeins.

Um diesen Zustand zu erreichen, müssen wir ihn zunächst in unserem Geist sehen, ihn dann mit unserem Herzen empfangen und ihm schließlich erlauben, sich zu manifestieren. Wenn wir uns eine Welt voller Mitgefühl und Frieden nicht vorstellen können, wie können wir dann hoffen, in so einer Welt zu leben? Wir dürfen also nicht aufhören, die Vision vom EinsSein in uns zu haben. Denn wenn wir nicht gewillt sind, unserer Inspiration, die uns unser Geist liefert, zu folgen, hat alles keinen Sinn. Wir müssen handeln, denn das Göttliche liebt Hände und Füße, die eifrig darauf warten, dem Ruf der Seele folgen zu können. Wenn wir etwas sehen können, so können wir es auch sein. Dazu braucht es nur unsere Sehnsucht, eine neue Art des Seins auf der Welt manifestieren zu wollen.

Anakha: Ich glaube, dass viele Menschen mit uns übereinstimmen und sich eine Welt wünschen, die für alle gut ist, eine Welt des Friedens, der Freude und der Liebe. Trotzdem sind noch immer viele unserer Konflikte und Erfahrungen der Trennung von Angst bestimmt. Wenn man sich die Orte ansieht, an denen Konflikte und Kriege um sich greifen, und dabei alle Schleier der Trennung beiseiteschiebt, erkennt man, dass die Menschen dort die gleichen Ängste haben wie wir. Sie, ja wir alle haben Angst, dass das Bedürfnis nach Liebe, Respekt, Sicherheit oder nach Nahrung und Wasser – oder was es sonst sein mag – nicht gestillt wird. Im Kern besteht unser Gefühl von Trennung darin, dass wir nicht darauf vertrauen, dass es genug für jeden gibt: genug Liebe, genug Fülle, genug Gutes, genug Kreativität, genug Göttliches und so weiter. Wir nehmen eine Haltung des Mangels ein, die Konflikte und Trennung zur Folge hat.

In der Vision des EinsSeins ist der erste Schritt, uns eine Welt vorzustellen, mit der alle einverstanden sind. Eine Welt, in der die Grundbedürfnisse des Menschen gestillt werden und es keinen privaten, individuellen, sondern einen globalen Zugang zu den weltlichen Gütern gibt. Ich habe schon oft gehört, es entspricht nicht der Wahrheit, dass wir nicht genügend Ressourcen hätten, um die ganze Welt zu versorgen. Vielmehr mangelt es an einer gerechten Verteilung. In der Vision des EinsSeins verteilen wir unsere Güter und vertrauen dem Prozess. Denn wir wissen, dass sowohl unsere als auch die Bedürfnisse anderer Menschen erfüllt werden.

James: Zusätzlich zu der Frage »Gibt es genug?« taucht eine noch viel wichtigere Frage auf: »Sind *wir* genug?« Genau hier kommen so viele Menschen von ihrem Weg ab. Als Einzelperson wie auch als Gemeinschaft glauben wir nicht, dass wir gut genug sind. Ich denke, dass uns die Vision des EinsSeins zu dem Verständnis führt, dass wir in unserem Wesen mehr als gut genug sind. Wir haben die Weisheit in uns. Wir haben das Licht in uns. Wir besitzen die Stärke in uns. Alles, was wir tun müssen, ist, das aufzudecken, was durch Angst, Illusionen und die Wahrnehmung von Mangel mit so viel Energieaufwand von uns versteckt wurde.

Doch was wäre, wenn man mit dem Gedanken beginnt: »Ich bin gut, so wie ich in diesem Moment bin, und meine Vision heilt die Welt. Das Bild, das ich aus meinem heiligen Verstand projiziere, reicht aus, um alles zu transformieren, was ich empfange.« Das mag sich zunächst überhöht anhören, doch ich denke, in Wirklichkeit ist es das Gegenteil! Es ist die Erkenntnis, dass Gottes Liebe und Vision in jedem Menschen zu Hause sind. Wenn wir bereit sind, sie zu entfesseln, kann die Vision des Göttlichen uns erfüllen und die Welt positiv verändern.

Anakha: Ich erkenne die Wahrheit in deinen Worten, James. Wenn ich in diesem Moment hier stehe und wirklich fühle, dass ich gut genug bin, dann trage ich zur Vision der »Genug-heit«, der Wahrnehmung von Fülle, Ganzheit und Wohlbefinden für die Welt, bei. Ich stelle mir vor, dass sich, sobald wir glauben, nicht zu genügen, alle ähnlichen Gedanken wie im Schneeballsystem ausbreiten und ein Bewusstsein des »Nicht-genug-Seins« erschaffen.

Unser Beitrag zur Erschaffung einer Welt, in der es genügend Liebe, Lebensmittel, Wasser usw. gibt und alles gerecht verteilt wird, besteht darin, uns mit der göttlichen Kraft zu verbinden. Denn in dieser Verbindung sind wir uns der befreienden Wahrheit bewusst: *Ja, ich bin gut genug!*

Übung

In der Vision des EinsSeins werden all unsere Bedürfnisse gestillt. Wir sind voller Inspiration und bieten unsere Talente im Dienst des EinsSeins den Menschen an. Konflikte und Unterschiede betrachten wir als eine Möglichkeit, in der Liebe zu wachsen. Jeder Mensch weiß, wer er ist, wo er herkommt und warum er hier ist. In dieser Welt erfahren

wir ein tiefes Gefühl der Zugehörigkeit und eine tiefe Verbindung zur Erde. Die Vision des EinsSeins ist die absolute Verkörperung unseres heiligen Versprechens, einander
zu lieben. Unser Handeln und unser Verhalten entspringen
dem Mitgefühl. Black Elk drückt die Vision des EinsSeins
so aus: »Die Kontinente der Welt und die Menschen mögen zusammenstehen. Wir kommunizieren mit unseren
Vorfahren, dem wilden Tier und dem Vogel, als ein Volk.
Wir mögen Frieden in allem erkennen.«

In der heutigen Übung sollst du in die Welt treten und sie
mit Achtsamkeit und Einsicht betrachten. Sei in der Welt.
Nimm wahr und beobachte. Betrachte die Menschen im
Supermarkt, in der Bank, an der Ampel, in der Kirche und
bei der Arbeit. Beobachte Kinder, ältere Menschen, Ob-
dachlose, Teenager und Menschen mittleren Alters. Schau
dir all diese Gesichter an, sieh ihnen in die Augen. Wie
sind diese Menschen? Wie sind sie nicht? Denk an all die
ungeborenen Babys. Leben wir in einer Welt, die diesen
Babys dienen kann? Glaubst du, dass diese Welt für jeden
gut ist?

Geh in die Natur und betrachte die Tiere, Blumen, Pflanzen und Bäume, die in deiner Nähe zu Hause sind. Denk
an die Flüsse, Seen, Meere, Täler und Berge. Wie sind sie
beschaffen? Wie sind sie nicht? Öffne dich dem Sehen und
Fühlen. Sei bereit, den Schleier der Illusion zu heben. Achte darauf, was funktioniert und was nicht. Wie offenbart
sich die Vision des EinsSeins (oder will sich offenbaren) in
jeder Erfahrung und jedem Menschen?

Such dir jetzt einen stillen Ort, um dort einen Moment zu
verweilen. Das kann eine Parkbank, ein geschäftiges Einkaufszentrum, ein Café oder ein Straßenrand sein. Frag
dich bei jedem Atemzug und jeder Person, die du siehst:

»Wie zeigt sich die Vision des EinsSeins? Ist dies eine Welt, die für alle Menschen wirklich gut ist?« Hör zu und lerne. Spüre die Wahrheit, die zu dir spricht, während du die Welt mit den Augen bedingungsloser Liebe und Mitgefühl betrachtest.

Nimm nun dein Notizheft zur Hand und denk über die folgenden Fragen nach. Lass sie sanft in dein Bewusstsein strömen und erlaube der Vision des EinsSeins, zu dir zu sprechen. Schreib die Antworten auf. Vielleicht möchtest du nur kurz ein paar Wörter und Sätze aufschreiben oder detaillierter notieren, was dir in den Sinn kommt. Entscheide dich einfach für das, was dich in deinem wachsenden Bewusstsein unterstützt.

1. Wie sieht die Vision Gottes für dein Leben und die Welt aus?
2. Wie kannst du dieser Vision dienen?
3. Wie kannst du bewusst zu einer Welt beitragen, in der alle Menschen zufrieden sind?
4. Mit welchen Talenten und Weisheiten kannst du beitragen?
5. Was für ein Mensch musst du werden, um dem wachsenden EinsSein zu dienen?
6. Zu welcher inspirierten Handlung wirst du aufgerufen?

Es ist wichtig, über jede Frage gut nachzudenken und geduldig zu sein. Öffne dich der Stimme der inspirierten Führung. Sei gewillt, zu hören, zu sehen und die Wahrheit zu wissen – genau hier und genau jetzt. Sei inspiriert und fühl dich von der Vision des EinsSeins geführt.

Affirmation

ICH BIN im Dienst der Vision des EinsSeins und bin daran beteiligt, eine Welt zu erschaffen, in der alle Menschen zufrieden sind.

Schritt 35
Der Dienst des EinsSeins

*»Deine Aufgabe ist es, deine Welt zu entdecken und
dich ihr dann mit deinem ganzen Herzen hinzugeben.«*
Buddha

*»Für mich ist wahrer Dienst eine Erfahrung von
Ganzheit, Erfüllung, Fülle, Selbstvertrauen und
Selbständigkeit für alle. Eine Erfahrung der
Herrlichkeit und der unendlichen Fähigkeiten des
Menschen. Wenn ich wirklich diene, verliere ich mich.«*
Lynn Twist

*»Sobald du deine Beziehung zu Gott entdeckt hast,
brauchst du dich nicht länger nach Arbeit umzusehen.«*
Muriel Lester

James: Wenn dein Ego das Wort *Diener* hört, denkt es
meistens an jemanden, der weniger wert oder unterwürfig
ist. Wie bei den meisten Dingen ist die Vorstellung des
Egos genau das Gegenteil der Vorstellung der Seele. Die
Seele weiß, dass man durch den Dienst an anderen Menschen der Welt dient, dem Göttlichen und natürlich sich
selbst. Es ist alles miteinander verwoben, und je mehr man
gibt, desto mehr wird das eigene Leben mit den Reichtümern angefüllt, nach denen sich die Seele zutiefst sehnt.

Dies ist dein Dienst, und es ist das Einzige, was dich wahrhaftig zufriedenstellen wird.

Anakha: Ich denke gerade daran, wie wichtig und einfach das ist, was du gesagt hast. Das Ego liebt es kompliziert! Doch wenn wir uns öffnen und erkennen, dass wir hier sind, um dem EinsSein zu dienen, können Gnade, Leichtigkeit, Klarheit und Hingabe in unser Leben treten. Wir sind hier, um dabei zu helfen, dass sich das EinsSein auf der Erde offenbart und prächtig gedeiht. Wenn wir jeden Tag mit dieser Absicht in unseren Herzen und Köpfen beginnen, können wir unsere ganze Energie und Aufmerksamkeit auf dieses Ziel lenken.

Es spielt keine Rolle, welchen Menschen wir im Laufe des Tages begegnen und welche Erfahrungen wir machen. Wir sind in dem Wissen verankert, dass wir ausschließlich hier sind, um dem EinsSein zu dienen und Liebe und Mitgefühl zu nähren, wo immer wir auch hingehen. Alles, was wir tun, wird von der Vision des EinsSeins emporgehoben und angetrieben. Durch unseren Dienst erreichen wir die Ausdehnung des EinsSeins.

James: Der Dienst des EinsSeins ist gleichzeitig auch der »Dienst des Moments«. Wenn ich mit Leuten daran arbeite, ihren persönlichen Weg des Dienstes zu finden, geraten sie oft ins Straucheln, weil sie glauben, dass Dienen mit *tun* und nicht mit *sein* verbunden ist. Doch man kann nur im Moment präsent sein, und nur dort können wir unseren wahren Dienst erfüllen: erkennen, was direkt vor uns liegt, und fragen: »Wem kann ich jetzt gerade dienen?«

Dieser Dienst kann aus einer einfachen Geste bestehen. Man kann jemandem die Tür aufhalten oder ihm ein Lächeln schenken. Wir können nie wissen, welchen Einfluss unser Handeln auf das Leben eines anderen Menschen hat. Befindet sich jemand z.B. gerade am Rande eines Nervenzusammenbruchs, kann eine herzliche Geste ihm oder ihr helfen, über den Berg zu kommen. Wir können dienen, indem wir im Moment präsent sind und alle Menschen als perfekte Ebenbilder des Göttlichen, von Christus – oder wie auch immer wir es ausdrücken möchten – ansehen.

Ich bin der Meinung, der Dienst des EinsSeins bedeutet, offen und sich bewusst zu sein, wie man jederzeit dienen kann. Das ist der Knackpunkt.

Anakha: Mir fällt gerade auf, dass jedes Mal so ein Hochgefühl in mir aufsteigt, wenn du darüber sprichst, im Moment zu leben, im Jetzt, in der Gegenwart. Während wir uns hier unterhalten, habe ich ein ekstatisches Erlebnis! Wir haben uns bei den bisherigen Schritten immer wieder auf diese Vorstellung bezogen. Ich glaube, wir sollten unablässig betonen, dass EinsSein manchmal nur schwer zu erreichen oder zu verstehen ist. Doch durch die Präsenz im Augenblick lösen sich die Schwierigkeiten auf, und EinsSein wird klar greifbar und erfahrbar. Man muss nichts Großartiges tun, es reicht völlig aus, sich mit Herz und Verstand auf die Liebe Gottes und die Liebe füreinander auszurichten.

Es ist genauso einfach, wie im Moment ganz da zu sein und zu fragen: »Wie lebe ich das EinsSein, und wie dehne ich es aus, wie kann ich mehr Liebe erschaffen, und wie kann ich dieser oder jener Person, die diese oder jene Erfahrung gerade macht, mehr Mitgefühl und Zärtlichkeit zukommen lassen?« Du hast vollkommen recht, James, wenn du sagst, dass es die einfachen Dinge wie ein Lächeln oder das Aufhalten einer Tür oder eine Umarmung sind, die das Dienen ausmachen. Denn gerade solche scheinbar kleinen Taten sind Momente voller Wunder. Sie bringen eine Welle des EinsSeins hervor, die über den ganzen Planeten schwappt.

Übung

Deine heutige Mission besteht darin, Gott zu lieben und dem EinsSein zu dienen, indem du dich der Tatsache hingibst, dass du ein Instrument der Liebe und der Gnade hier auf Erden bist. Dadurch kannst du an der gesegneten Natur Gottes auf kreative Weise teilnehmen. Du bist ein Diener der »einen Arbeit«, nämlich eine Welt zu erschaffen, die allem dient und nürzt. Nimm dir heute vor, den göttlich inspirierten Wesen Geburtshelfer und zugleich »Geburt-Erfahrender« zu sein. Biete deine Dienste mit einem demütigen Herzen und in verzückter Ergebenheit an. Im Dienst des EinsSeins wirst du zur Flamme des lebenspendenden Feuers, das durch Freude, Frieden, Liebe, Mitgefühl, Inspiration, die Erkenntnis Gottes und kreative Glückseligkeit entfacht wird. Handle in Übereinstimmung mit der göttlichen Voraussicht, dass alles zum höchsten Wohle aller geschieht. Indem du deine Dankbarkeit, deine Wahrnehmungsfähigkeit und deinen Dienst verfeinerst, nimmst du bewusst an der Offenbarung des göttlichen Lebens teil.
Ruf dir in der heutigen Übung zunächst die Worte Mutter Teresas ins Gedächtnis: »Wir können keine großen Dinge vollbringen, nur kleine, aber die mit großer Liebe.« Die folgenden einfachen Übungen geben dir die Möglichkeit, deinen Dienst des EinsSeins zu verfeinern. Ein Augenblick, ein Gebet und eine Tat zu einer Zeit – und das mit viel Liebe.

- *Dankbarkeit verfeinern:* Schreib in deinem Notizbuch eine Sache auf, für die du heute dankbar bist. Erstelle eine fortlaufende Liste. Am Ende der Woche kannst du ein kleines Ritual abhalten, in dem du alle deine Punkte durchliest und dann dem Göttlichen deine Dankbarkeit für all die Segnungen des EinsSeins in deinem Leben anbietest.

- *Wahrnehmungsfähigkeit verfeinern:* Verbringe heute eine Minute in liebevoller Gemeinschaft mit etwas, das du in der Natur findest. Das kann ein Stein sein, ein Blatt, ein Baum, eine Wolke, der Wind, Erde, eine Blume, ein Käfer, ein Vogel usw. Schenke ihm deine volle Aufmerksamkeit und erlaube dir, das EinsSein in diesem Wesen gänzlich wahrzunehmen.

- *Den Dienst verfeinern:* Nimm dir heute vor, einen liebevollen Dienst an einer anderen Person zu leisten. Das heißt, du könntest z.B. einen Freund anrufen, einen fröhlichen Brief schreiben, ein zusätzliches Gericht zubereiten, die Wäsche für jemand anderen zusammenlegen oder jemandem ein offenes Ohr schenken. Biete deinen Dienst aus tiefer, bedingungsloser Liebe und im Bewusstsein des Dienstes des EinsSeins an.

Teile heute aktiv deine bedingungslose Präsenz und Liebe!

Affirmation

ICH BIN im Dienst des EinsSeins und teile heute meine bedingungslose Präsenz und Liebe mit den Menschen.

Schritt 36
Das Königreich des EinsSeins

*»Die gesamte Erde ist ein lebendiges Symbol
des Gesichts Gottes.«*
Johannes von Damaskus

*»Jesus sagte: Wenn eure Führer euch sagen: ›Sehet, das
Königreich liegt im Himmel!‹, so werden die Vögel vor
euch dort sein. Wenn sie euch sagen, das Königreich ist
im Meer, so werden die Fische vor euch dort sein.
Vielmehr ist das Königreich in eurem Inneren, und
es ist außerhalb von euch.«*
aus dem Thomasevangelium

*»Das ›Königreich des Himmels‹ ist ein Zustand des
Herzens – nicht etwas, das ›über der Erde‹ liegt oder
›nach dem Tode‹ kommt.*
Friedrich Nietzsche

James: Jesus hat gesagt, dass das Königreich Gottes in jedem von uns ist. Was hat er damit gemeint? Vielen Menschen hat man erzählt, dass man sterben muss, bevor man in den Himmel gelangen kann. Doch das entspricht nicht der Lehre Jesu und anderer großer Mystiker. Das EinsSein liegt in jedem Moment vor uns. Wir brauchen nur die Vorstellungskraft und den Willen, um es zu bemerken. Genauso liegt der Himmel immer direkt vor uns. Man muss noch nicht einmal sterben, um dorthin zu gelangen, sondern *leben*. Wenn man die Seele das Steuer übernehmen lässt, kann man EinsSein erleben – und dann offenbart sich der Himmel, der immer schon da gewesen ist.

Anakha: Während du gesprochen hast, habe ich eine »aufwärtssteigende Spirale« der Liebe, von EinsSein, Verbindung, Freude, Kreativität, Spontaneität und Glückseligkeit visualisiert. Wenn wir all die Übungen durchführen, erschaffen wir solch eine sich fortwährend ausdehnende Spirale des EinsSeins, wir können sie erleben und in ihr leben. Ich glaube, das hat Jesus gemeint, als er vom Himmelreich gesprochen hat. Er sagte, dass wir es in uns tragen und es uns näher ist als unser eigener Atem. Es ist in jedem Moment bei uns, ganz gleich, ob wir Samen der Angst, der Liebe, der Trennung oder des EinsSeins säen. Ich finde es aufregend zu wissen, dass das Himmelreich jetzt genau hier ist! Und wir können es noch vergrößern.

Ich kann eine aufwärtsstrebende Spirale des Guten erzeugen, die mich nicht nur nährt und inspiriert, sondern sich auch auf alles erstreckt, was in meine Nähe, in mein Bewusstsein und meine Gegenwart gelangt. Wir haben bereits darüber gesprochen, dass wir zum Verbindungselement werden können. Außerdem können wir für andere ein tiefes Meer des EinsSeins werden, in das sie eintauchen können. Im Himmelreich des EinsSeins ist allein unsere Gegenwart ein Segen.

James: Ich stelle mir diese Spirale so vor, dass sie zu einem schlossähnlichen Gebäude wird, das unseren spirituellen Tempel darstellt. Wir bauen ihn genau jetzt und werden ihn nicht erst in einem zukünftigen mystischen Reich bewohnen, sondern in der Gegenwart. Unsere Mitmenschen heißen wir willkommen, denn wer will schließlich allein in einem Schloss leben? Wir sollten teilen. Wenn wir das tun, bewegt sich die göttliche Spirale weiter aufwärts, wie du, Anakha, es vorhin beschrieben hast. Diese Aufwärtsbewegung befördert uns schließlich in den Zustand des Himmelreiches. Das ist das Königreich des EinsSeins.

Anakha: Ich glaube, darauf hat sich Theresa von Ávila in ihrem Werk *Die innere Burg* bezogen, als sie die sieben Häuser und die sieben Stufen des spirituellen Lebens beschrieben hat. Der Weg des EinsSeins, dieses Königreich des EinsSeins, ist ein fortwährender Weg, eine unendliche spiralförmige Treppe. Es ist ein Leben in Liebe und erschafft intensivere Zustände des EinsSeins in unserem Leben.

Übung

Wir leben in Gemeinschaft und kompromissloser Intimität mit dem Leben. Die göttliche Liebe erfahren wir als unendlich und als etwas, das alle Dinge in einem noch höheren und erleseneren EinsSein zusammenführt. Die endlos aufwärtsführende Spirale der Liebe, der Freude und des Friedens ist das Königreich des EinsSeins. Als Bürger dieses göttlichen Königreichs erleben wir die Gnade, die unsere Seelen in innerer Harmonie begleitet. So entsteht automatisch ein Gleichgewicht mit dem Leben selbst.
Die heutige Übung besteht aus einer Meditation, in der du das Königreich des EinsSeins in dir wahrnehmen und empfangen kannst. Das Königreich des EinsSeins ist über und

unter dir, hinter und vor dir, rechts und links von dir. Spüre die Wahrheit in diesen Worten und nimm dir einen Moment Zeit, sie wahrzunehmen. Schließe dazu deine Augen und richte deine Aufmerksamkeit auf dein Herzzentrum. Belebe das Königreich. Fühle seine Gegenwart, fühle seine Kraft. Erkenne die Schönheit dieses Königreichs. Flüstere deinem Herzen die folgenden Worte zu: »Das Königreich ist in mir, das Königreich des EinsSeins ist in mir, das Königreich des Himmels ist in mir, das Königreich Gottes ist in mir, das Königreich der Liebe ist in mir.« Atme ein, atme aus und sinke noch tiefer in das göttliche Königreich, das in dir lebt.

Sobald du dich innerlich ganz verbunden hast, öffne deine Augen und sieh dich um. Fühle das Königreich in dir, während du das Königreich außerhalb von dir betrachtest. Flüstere diese Worte: »Das Königreich ist in mir, das Königreich ist außerhalb von mir, das Königreich umgibt und umfasst mich.« Geh deinen alltäglichen Aufgaben weiter nach und bleib dabei im »Bewusstsein des Königreichs«. Nimm alle Dinge, die über dir, unter dir, hinter dir, vor dir und links und rechts von dir sind, als Königreich des EinsSeins wahr und empfange es. Wenn du einer anderen Person begegnest, sage still: »Ich bin du, und du bist ich.« Versuche, jeden und alles als einen Teil des Königreichs des EinsSeins anzusehen. Beobachte, wann dir das schwer- und wann leichtfällt. Wenn du mit einem Problem konfrontiert wirst oder wenn du dich angespannt fühlst, bitte das Göttliche, deine Trennung aufzuheben und deinen Geist mit Liebe und Mitgefühl zu erfüllen. Sei bereit! Führe diese Übung den ganzen Tag über durch und tauche in das Bewusstsein des Königreichs ein, während du dich um deine Mitmenschen kümmerst und deinen alltäglichen Aktivitäten nachgehst. Mit jedem Atemzug, jedem Schritt und jedem Gebet förderst du das Königreich des EinsSeins. Am Ende des Tages kannst du in deinem Notizheft über die folgenden Fragen nachdenken und dir die Frage stellen, inwieweit du dein Leben dem lebendigen EinsSein jetzt und für immer verschreibst:

1. Welches sind deine göttlichen Verantwortlichkeiten als Bürger im Königreich des EinsSeins?
2. Wie kannst du das Bewusstsein für das Königreich in dir nähren?
3. Wie kannst du ein fruchtbarer Geliebter Gottes und ein Bote des Himmels in deinem Leben werden?
4. Wie erschaffst du eine aufwärtsstrebende Spirale der Freude und Liebe im Königreich des EinsSeins?

Affirmation

ICH BIN im Königreich des EinsSeins – es ist über, unter, hinter, vor, links und rechts von mir – ICH BIN, ICH BIN, ICH BIN!

Schritt 37
Die Intimität des EinsSeins

*»Wenn sich die Angst auflöst, trennst du dich nicht
länger von diesem einzigen Fluss immenser Kraft. Liebe
ist Beständigkeit mit unbegrenzter Lebenskraft, ein
EinsSein des Daseins ohne Trennung. [Liebe ist der
Schlüssel], um sich diesem Fluss der Lebenskraft zu
öffnen.«*
David Deida

*»Der Wert der persönlichen Beziehung zu allen Dingen
besteht darin, dass Intimität entsteht. Und Intimität
schafft Verständnis. Und Verständnis schafft Liebe.«*
Anaïs Nin

*»Als ich es bei anderen gesucht habe,
konnte ich es nicht erreichen.
Jetzt gehe ich allein;
und finde es überall.«*
Tōzan

James: Fast jeder Mensch hat bestimmte Schwierigkeiten
in Bezug auf Intimität. Manche haben gelernt, die Angst,
einer anderen Person nahe zu sein, zu überwinden. Dennoch verspüren viele Menschen Angst, sobald sie jemand
wahrhaftig *sieht*. Was könnte man sehen, wenn man sich

238

der Liebe öffnet? Haben wir Angst, unsere Mitmenschen bemerken unsere Schatten und Fehler? Oder liegt es daran, dass es manchmal so schwerfällt, sich selbst zu lieben und sich die Intimität und Nähe zu geben, die man sich so sehr von anderen wünscht?

Vielleicht hast du bereits erkannt, dass es ein Geschenk ist, das wir uns zunächst selbst schenken müssen, bevor wir es von anderen erhalten können. Wenn du dich der immer anwesenden, dir innewohnenden Liebe öffnest, wird Intimität leicht und natürlich in dein Leben gelangen. Doch wenn du sie dir versagst, wie kannst du dann hoffen, mit einem Geliebten, einem Freund oder sonst jemandem Intimität zu erleben? Die Intimität der Liebe ist es, wonach du dich die ganze Zeit gesehnt hast. Du musst nur gewillt sein, dich ihr zu öffnen und sie zu empfangen.

Anakha: Ich denke, das führt uns zu der Frage, wie viel Freude, Liebe und Verbundenheit man erfahren möchte und kann. Oftmals erschafft man sich eine Glasglocke, einen Kasten, in dem man dann lebt. Selbst wenn die große Liebe anklopft, kann man widerstehen. Ich erinnere mich an die Worte von Marianne Williamson: In Wirklichkeit fürchten wir unser Licht am meisten und nicht unsere Dunkelheit. Wenn wir uns der Intimität öffnen, sehen andere zwar unsere Schatten. Doch gleichzeitig begegnen sie unserem Glanz und unserer Kreativität und allen anderen Aspekten des EinsSeins, die uns innewohnen. Der andere sieht, wie das EinsSein in uns und aus uns leuchtet. Wenn wir keine Nähe zulassen, so geschieht dies meist aus Angst vor unserer eigenen göttlichen Natur. Wenn wir schließlich in der Lage sind, uns zu entspannen und uns dem eigenen Glanz, dem eigenen Licht zu vertrauen, können wir

Intimität auf wunderschöne und nährende Art und Weise mit anderen erleben.

Vor kurzem habe ich eine spirituelle Sitzung mit einem jungen Mann durchgeführt, der sehr intelligent und spirituell begabt ist. Er erzählte mir, dass er als Kind in eine katholische Schule gegangen war. Als er in der sechsten Klasse war, nahm ihn eine Nonne beiseite und sagte zu ihm: »Du bist etwas Besonderes. Du bist brillant und musst ein Vorbild sein.« In dem Moment dachte er, er müsse etwas »tun«, um genial zu sein. Doch in diesem jungen Alter (und er hatte gerade den Vater durch eine Scheidung verloren) war dieser kleine Junge bereits damit überfordert, der »Mann im Haus« zu sein. Er wollte nicht noch mehr »tun« müssen. Als wir seinen begrenzenden Glaubenssatz ausgemacht und aufgelöst hatten, konnte er die Brillanz des EinsSeins erfahren und sein Licht zum Leuchten bringen.

In der Intimität des EinsSeins laden wir uns gegenseitig dazu ein, im Licht zu erscheinen und liebevoll und brillant miteinander umzugehen. Und genau das kann eine beglückende, aber auch beängstigende Erfahrung sein.

James: Vor ein paar Jahren habe ich bei dem Film *Into Me See* (In mich sehen) Regie geführt. Dieser Film handelte von Intimität. Mir gefällt der Titel sehr, da er zum Ausdruck bringt, dass es bei Intimität nicht um jemand anderen geht, sondern darum, in *mich* zu sehen, in *mein* Herz. Wenn ich in mein Herz sehe, kann ich die Arbeit leisten, die es dazu braucht, zunächst mich und dann andere Menschen zu lieben.

Um die Intimität des EinsSeins erfahren zu können, muss man sich nach innen richten und die tiefsten Gedanken und die innersten Sehnsüchte ausfindig machen. Wenn einem das gelingt, fällt es einem leichter, anderen näherzukommen. Denn auf eine gewisse Art und Weise hat man die Menschen bereits in seinem tiefsten Wesen willkommen geheißen. In meinem Herzen kann ich für jeden Menschen ein Heim schaffen. Es spielt keine Rolle, ob es sich um einen Lebenspartner, einen Freund oder einen Fremden handelt, den ich auf der Straße getroffen habe. Ich kann jedem ein Heim geben, der mir begegnet, da ich das EinsSein, das wir teilen, bereits angenommen habe.

Anakha: Da stimme ich dir zu. Ich denke außerdem, dass man in der Intimität des EinsSeins für die Beziehung zwischen den Menschen das Ziel haben sollte, in seiner Ganzheit und seinem verkörperten EinsSein wachsen zu wollen. Dabei spielt es keine Rolle, ob man sich in einer Liebesbeziehung, einer engen Freundschaft oder einer spirituellen Erfahrung innerhalb einer Gemeinschaft befindet. Nur zu oft steht der Widerstand gegen Intimität auch für den Widerstand, sich weiterentwickeln zu wollen. Man wehrt sich gegen die eigene Ganzheit und gegen das EinsSein. Folgende Übung bietet die Möglichkeit, Beziehungen mit seinen Mitmenschen einzugehen und nicht nur das Beste in jedem zum Vorschein zu bringen, sondern auch die Stellen, an denen man wachsen und heil werden muss.

Übung

Die Intimität des EinsSeins ist ein heiliger Ort. Sie ist die Ich-Du-Beziehung zu allem Leben. Sie ist ein lebendiges *Namaste.* Sie ist ein Wahrnehmen, Empfangen und Ehren des göttlichen Lichts und der Mitmenschen. Wenn wir in unserer Menschlichkeit gedemütigt und in unserer Göttlichkeit verherrlicht werden, dann durchströmt uns die Erkenntnis: *Ich bin in dir, du bist in mir, und wir sind eine heilige Einheit.* Wir erleben zugleich die höchste Verletzbarkeit und die ekstatischste Segnung des EinsSeins. Wir erweitern unser Wissen über uns selbst und über andere. Wir erfahren die Liebe und die Sehnsucht, die das Universum für uns bereithält, sowie die Anziehung und den Reiz, die sie auf uns ausüben. Wir teilen einen immer intimer werdenden Tanz im Königreich des EinsSeins. Wir lieben jeden Moment, indem wir das EinsSein ungehemmt zum Ausdruck bringen. Wir werden Geliebter, Liebhaber, Gemahl und Begleiter. Es wird die Romanze unseres Lebens, eine Liebesgeschichte mit dem lebendigen, erwachenden, atmenden Gott. Das ist die Intimität des EinsSeins.

Wir laden dich heute ein, die Begeisterung und das Strahlen darüber, dass du am Leben bist, zu erforschen. Jetzt ist der Moment gekommen, in dem du dich ganz der Liebe ergibst. Dies ist dein feierlicher Schwur: ein kompromissloser Liebender auf Erden zu sein und die Intimität des EinsSeins zu leben. Du entscheidest dich in jedem Moment, ob du erwachen willst oder lieber weiterschlafen möchtest. Sei kein toter Fisch im Ozean Gottes.

Beginne deinen Tag ohne Zurückhaltung. Entscheide dich dafür, mit einem sorglosen Herzen zu leben und zu lieben. Spüre deinen Herzschlag. Beobachte deinen Atem, während dein Brustkorb sich hebt und senkt. Fühle deinen Körper, deine Muskeln, deine Knochen. Nimm wahr, wie dein Blut durch deine Adern fließt. Erfahre die heilige Intimität, die du mit deinem wundervollen Körper hast. Was fühlst du? Woran denkst du? Was willst du? Schwinge dich auf dein inneres Bewusstsein ein.

Wenn du dich morgens zurechtmachst, bewege dich langsam und bleib mit deinem Atem, deinem Körper und dem, was du gerade tust, in anmutiger Verbindung. Spüre deine Haut, deine Muskeln und Knochen, während du unter der Dusche stehst. Sei in deinem göttlichen Tempel ganz präsent. Lass zu, dass die Dinge um dich herum dich berühren, wie z. B. ein zartes Stück Seife, ein weiches Handtuch, eine seidige Krawatte, getragene Jeans oder Socken aus Kaschmir. Nimm die Sinneseindrücke von Intimität um dich herum wahr.

Schau dir beim Blick in den Spiegel tief in die Augen. Was siehst du? Atme ein und atme aus. Nimm das Bild des EinsSeins in dir auf, das dir im Spiegel begegnet. Gib dir ein wenig Zeit, ganz in diesem Moment anzukommen. Spüre deine eigene göttliche, menschliche Gegenwart. Flüstere »Ich liebe dich«, während du dich im Spiegel betrachtest. Fühle, wie tief deine Verbindung zu deiner Seele ist. Atme ein und atme aus. Erlebe alle Gefühle, die diese Intimität begleiten. Bist du gerührt und dankbar, oder fühlst du eher Widerstand und Skepsis? Nimm alles ohne Beurteilung und Auswertung einfach wahr.

Geh weiter durch den Tag. Versuche allem, was du berührst, schmeckst, hörst, siehst und riechst, auf intime Art und Weise zu begegnen. Kommuniziere mit einer Orange, tanze mit einer Fahnenstange Tango, flieg mit einem Adler, sing mit einem Vogel, schrei mit einem Baby. Erlaube dir, das Reich der kompromisslosen Intimität zu erkunden. Mach dich zum Narren der Intimität wegen! Gib dich dem Leben ganz hin, sei »nackt« und verletzbar. Nimm alles an, was zu dir kommt. Sei lebendig und voller Freude.

Dehne diese Intimität nun auf diejenigen aus, die dich umgeben. Sei gewillt, andere so zu erleben, wie sie wirklich sind. Schau hinter die Masken und die Rollen, die die Menschen spielen. Sieh in ihre Herzen und öffne dich der Lebenskraft, die zwischen euch fließt. Spüre, wie dir deine ICH BIN-Gegenwart ein größeres Bewusstsein und ein intensiveres Erfahren der Intimität des EinsSeins ermöglicht.

Nimm dein Notizheft und verbringe 30 Minuten damit, dir Gedanken über die folgenden Fragen zu machen, die belegen sollen, wie sehr du die Intimität des EinsSeins annimmst:

1. Wie kann ich mehr Intimität mit mir, mit Gott, mit anderen und mit dem Leben erschaffen?
   Welche kleinen, aber bedeutenden Schritte kann ich machen?
2. Wie würde es aussehen, wenn ich mit einem »sorglosen Herzen« lieben würde?
3. Wie kann ich meine Ängste beruhigen und mein Herz erweichen, damit ich einen besseren Zugang zur Intimität des EinsSeins erhalte?
4. Wie kann ich eine verletzlichere und offenere Intimität mit meinen Mitmenschen erleben?
5. Was muss ich loslassen? Was sollte ich annehmen?
6. Wie würde ein Leben in der Intimität des EinsSeins mich und andere segnen?

Vervollständige diesen Satz: »Die Intimität des EinsSeins, nach der ich mich sehne, ist …«
Sprich ein Gebet, wenn du heute Abend zu Bett gehst. Bitte das Göttliche, mit deinem Herzen und deiner Seele

zu arbeiten, während du schläfst. Bitte darum, dich in das Gelobte Land, in die Intimität des EinsSeins zu führen.

Affirmation

ICH BIN dabei zu erwachen und erlebe die ekstatische Nahrung und kompromisslose Intimität des EinsSeins in meinem Leben.

Schritt 38
Das Gebet des EinsSeins

»Ich beginne mein Gebet immer in Stille,
denn Gott spricht durch die Stille des Herzens.«
Mutter Teresa

»Betet ohne Unterlass.«
Erster Brief Paulus an die Thessalonicher 5, 17

»Derjenige, dessen Gebet so rein ist, dass er Gott um
nichts bittet, weiß nicht, wer Gott ist, und kennt sich
selbst auch nicht: Denn er kennt sein eigenes Bedürfnis
nach Gott nicht.«
Thomas Merton

James: Die Wüstenväter lehrten ihre Anhänger, »ohne Unterlass zu beten«. Diese Philosophie drängt darauf, Gebete intensiver zu betrachten und zu entdecken, wie sie zum EinsSein führen können. Stell dir ein Telefongespräch vor: Du sprichst vielleicht nicht die ganze Zeit, doch das Wissen, dass da noch jemand ist und du nicht allein bist, hält die Energie lebendig. Außerdem wird eine höhere Stufe von Intimität geschaffen. Das Bewusstsein, dass du immer in Kommunikation mit dem Leben, mit der Liebe und mit Gott stehst, ist der Kern des Gebets des EinsSeins. Dadurch kannst du eine tiefgehende Erfahrung des EinsSeins erleben.

Anakha: Ich saß gestern draußen auf einer Hollywood-schaukel hier in Portland, Oregon (USA), als ich über die verschiedenen Schritte nachgedacht habe. Mit 14 Grad war es für Februar relativ warm, und ich nahm die Gebete der Natur überall um mich herum wahr. Ich hörte die Vögel singen, fühlte die Sonnenstrahlen in meinem Gesicht, berührte die abgestorbenen Blätter und trockenen Äste der Bäume. Es hatte den Anschein, als ob sich die gesamte Natur mit mir im Gebet des EinsSeins vereinen würde.

Selbst auf einer befahrenen Straße in der Innenstadt von Seattle oder mitten auf dem Times Square in New York gibt es andauernde Gebete um uns herum, denen wir uns öffnen und anschließen können. Während ich dem süßen Gesang der Vögel lauschte, hatte ich das Gefühl, sie würden das bestätigen: »Ja, dies ist der Weg. Ja, Liebe ist der Weg.«

James: Was du gerade beschreibst, hört sich nach Franz von Assisi an, denn er hat genau so gelebt. Er schrieb Gebete über den Bruder Sonne, die Schwester Mond, den Bruder Himmel, den Wind, das Feuer, den Regen. Und er war *in* all diesen Elementen der Natur bis zu dem Grad, wo er eins mit ihnen war. Es gibt Geschichten, in denen er zu den Vögeln predigte und sich mit den Wölfen unterhielt. Alle diese Wesen, die wir als »wild« bezeichnen, konnte Franz von Assisi »zähmen«, denn er kannte diesen »wilden« Teil auch in sich. Sie zu zähmen gelang ihm durch Beten und durch das Verständnis, dass man immer mit dem Leben und mit Gott kommuniziert.

Wenn man also im Bewusstsein des ständigen Gebets bleibt – was nicht heißt, dass man permanent mit Worten betet –, kann man einen Zustand der göttlichen Gegenwart in jedem Moment erleben. Das ist das wichtigste und effektivste Gebet, das man im Alltag verrichten kann.

Anakha: Stimmt, das Gebet des EinsSeins (das unaufhörliche Gebet) und die Gemeinschaft des EinsSeins sind eng miteinander verknüpft. Wie man sieht, greifen alle Schritte ineinander und fließen zusammen. Werden die Schritte konsequent durchgeführt, entsteht eine aufwärtsstrebende Spirale. Das Gebet des EinsSeins bringt alle Schritte zusammen.

Übung

Du bist ein lebendiges Gebet des EinsSeins. Dein ganzes Sein ist ein Heilmittel – das *Manna* (Himmelsbrot) für andere. Du lebst in Gemeinschaft und betest ohne Unterlass. Du bist ein Kanal für die Liebe und die Gnade in der Welt.

Die heutige Übung besteht aus drei Teilen. Im ersten Teil wirst du aufgefordert, unablässig mit Gott zu kommunizieren, egal, wo du bist und wo du hingehst. Führe dieses Gespräch genau so, wie du mit einem lieben Freund, der Gott *ist,* sprechen würdest. Richte deine Aufmerksamkeit auf die Gegenwart Gottes und lass dich ganz natürlich in ein fließendes Gespräch führen. Lass das Göttliche zu deinem ständigen Gefährten werden. Wie transformiert dich die Gegenwart Gottes? Wie dein Leben?

Im zweiten Teil der Übung sollst du das Gebet verkörpern. Du sollst also zu einem Gebet werden, das lebt, atmet, geht, spricht, isst und schläft. Alles, was du dazu brauchst, ist deine andächtige Gegenwart. Lass alles, was du tust, zum Gebet werden, indem du deine Handlungen (und deine Untätigkeit) in den Dienst des wachsenden Eins-Seins stellst. Denk daran, dass du in diesem Moment auf heiligem Boden stehst, dem »Boden« deines eigenen Seins. Entfache die Flammen der Liebe, den göttlichen Funken in dir und werde zum lebendigen Gebet des EinsSeins. Lass dich von folgendem Gebet von Theresa von Ávila inspirieren:

> *Christus hat keinen Körper außer dem deinen,*
> *keine Hände außer den deinen, keine Füße außer den*
> *deinen.*
> *Deine Augen sind es, durch die Christus mitfühlend auf*
> *die Welt blickt.*
> *Deine Füße sind es, mit denen er umhergeht, um Gutes*
> *zu tun.*
> *Deine Hände sind es, mit denen er die Menschen heute*
> *segnet.*

Der letzte Teil der heutigen Übung beinhaltet, dass du das unausgesprochene Gebet in deinem Herzen entdeckst. Der Autor und spirituelle Lehrer Dr. Matthew Robertson drückt es so aus: »Es gibt ein Gebet, das im Zentrum deines Herzens liegt. Wenn du es aussprichst, wird es dein Leben verändern. Wie fängt es an?« Wie lautet das Gebet, das in deinem Herzen existiert und dein Leben verändern wird, sobald du es aussprichst?

Nimm dir am Ende des Tages Zeit und zieh dich in die Stille und in die liebevolle Gemeinschaft mit Gott zurück. Atme ruhig, zentriere dich und werde still. Betrete den Tempel deines Herzens. Lausche dem Ton deines einzigartigen inneren Rhythmus. Ein Gebet wartet darauf, erhört zu werden. Wie lautet es? Erlaube dir, es jetzt frei zu sprechen. Das ist dein Gebet des EinsSeins.

Affirmation

ICH BIN ein lebendiges Gebet des EinsSeins und bin in stetiger Gemeinschaft mit Gott und allem Leben.

Schritt 39
Die Reise des EinsSeins

»Das Gefühl bleibt, dass Gott auch auf der Reise ist.«
Theresa von Ávila

*»Die großen und wenigen Mystiker der
Vergangenheit … waren in der Tat ihrer Zeit voraus
und sind noch immer unserer Zeit voraus. Mit anderen
Worten: Sie sind definitiv keine Gestalten der
Vergangenheit. Sie sind Gestalten der Zukunft.«*
Ken Wilber

*»Wenn du dir des Göttlichen Bewusstseins in dir und
deiner göttlichen Identität gewahr wirst, wirst du dir
gleichzeitig des Göttlichen Bewusstseins in allen
anderen Wesen gewahr. Und das ist keine Dichtkunst
und kein Gefühl, es ist eine direkte Erfahrung des
göttlichen Lichts, das in allen und durch alle Wesen
lebt. Und bis diese Erkenntnis nicht fest in dir
verankert ist, wirst du nicht wissen,
wer oder wo du bist.«*
Andrew Harvey

James: Allzu oft wird unser Wesen von Gedanken verein-
nahmt, die sich um unsere letztliche Bestimmung oder unsere Lebensziele drehen. Dabei übersehen wir schnell die

kleinen Wunder am Wegesrand. Im spirituellen Sinne wurde uns immer gesagt, dass es das Ziel sein sollte, Erleuchtung zu erlangen. Aus diesem Grund konzentrieren wir uns genau darauf und versuchen alles, um dies zu erreichen. Doch was ist, wenn Erleuchtung nicht das ultimative Ziel ist? Was ist, wenn die *Reise* zur Verwirklichung des heiligen Selbst das eigentliche Ziel ist? Anders gesagt: Vielleicht bedeutet, ein spiritueller Mensch zu sein und Eins-Sein zu erfahren, sich zu entspannen und die Früchte eines jeden Moments zu genießen.

Anakha: Wenn man etwas außerhalb von sich sucht, auch in spiritueller Hinsicht, enthält man sich die Gegenwart des EinsSeins vor. Etwas erreichen wollen hat genau das Gegenteil zur Folge. Ein begrenzender Glaubenssatz wie »Ich bin nicht gut genug, wie ich gerade bin« hält einen davon ab, sich die Wahrheit der eigenen Ganzheit und des Wohlergehens zunutze zu machen. Und, ja, die Reise ins EinsSein ist wie eine Blume, die aufblüht, dann stirbt, wieder zur Erde zurückkehrt, erneut zum Leben erwacht und den Zyklus wiederholt. Die Reise des EinsSeins lädt uns ein, an dieser andauernden Blütezeit teilzunehmen. Sie fordert uns auf, alle Phasen des Wachstumsprozesses anzunehmen und auszukosten. Dabei spielt es keine Rolle, ob wir uns gerade in der dunklen, winterlich kalten Erde oder in der vollen und herrlichen Blüte des Frühlings befinden. Wir müssen alle Erfahrungen des wachsenden EinsSeins willkommen heißen, da jede Erfahrung aus einer anderen heraus entsteht.

James: *Ein Kurs in Wundern* beschreibt die »Reise ohne Distanz«. Ich glaube, genau darum geht es auf der Reise des

EinsSeins. Wir sind auf dem Weg, dennoch scheint er uns letztendlich nirgendwo hinzuführen, außer dahin, wo wir uns gerade befinden. Ich will damit sagen, dass wir bereits im Himmel sind. Wir sind bereits erleuchtet und ganz. Manchmal kommt es uns vielleicht so vor, als ob wir jemand anderes seien oder uns in einem anderen Seinszustand befänden. Aber wenn wir uns auf die Reise des Eins-Seins einlassen, geht es gänzlich darum, zu erkennen, wer wir sind und wo wir gerade sind – jetzt, da wir Schritt für Schritt tun und einen Fuß vor den anderen setzen.

Je präsenter man auf der Reise sein kann, desto eher kann man diese Erkenntnis machen: »Ich kann ganz klar sehen, dass ich nie meine Quelle verlassen habe. Ich bin zu Hause! Ich bin bereits in dem Himmel, den ich suche.« Ich denke, die größte Einsicht ist, zu verstehen, dass wir in Wirklichkeit nirgendwo hingehen. Doch wir müssen die Reise antreten, um diese Einsicht zu erlangen.

Anakha: Das ist eine wundervolle Gegensätzlichkeit. Zwar können wir nirgendwo hingehen, kommen aber immer auf einer neuen Ebene des EinsSeins an. Es stimmt, wir befinden uns in einem fortlaufenden Prozess und sind gleichzeitig ganz und vollkommen so, wie wir sind. Wir können in einem noch größeren Bewusstsein leben, und gleichzeitig ist alles schon hier, genau jetzt. Das ist eine von diesen »Beide/Und«-Erkenntnissen. Ich glaube, wenn man solch eine Gegensätzlichkeit entdeckt, wird man auch die tiefe Wahrheit in ihr erkennen. Denn die Reise verlangt von einem, dass man beide Vorstellungen und Erfahrungen gleichzeitig bereithält.

Übung

Dies ist eine Reise in das Ewige. Es gibt weder Ende noch Anfang. Wenn man an einem Punkt des EinsSeins angekommen ist, so ist es ein erneuter Start. Es wartet bereits eine weitere endlose und grenzenlose Reise in noch höhere, großartigere und verinnerlichte Zustände des EinsSeins. Man wird in die Dimension der unendlichen Transformation und Wandlung gehoben. Dies ist die Reise Gottes, der in und durch die gesamte Schöpfung zu Gott zurückkehrt.

Diese Übung hilft dir, das Paradoxon der Reise ins EinsSein zu verstehen. Es ist ein phantastischer, heiliger und manchmal verwirrender Zustand des »Beide/Und«. Mit anderen Worten: Du bist das Göttliche, und du wirst zum Göttlichen. Du bist eins, und du wirst eins. Du bist ganz, und du wirst ganz. Man kann nirgendwo und überall hingehen. Die Reise findet genau jetzt statt, und sie ist unendlich. Wir sind zu Hause, und wir gehen nach Hause. Was passiert, wenn man diese sich offensichtlich unterscheidenden Aspekte der Einen Wahrheit verinnerlicht?

Die heutige Übung besteht darin, über die folgende Passage des Liedes der Lieder, des Hoheliedes, zu meditieren und nachzudenken:

Der Feigenbaum rötet seine Feigen,
und die Reben, die in Blüte stehen, geben Duft.
Mach dich auf, meine Freundin, meine Schöne,
und komm!

Halleluja! Es stimmt, du bist auf deiner Reise ins EinsSein gereift. Du wirst aufgefordert, weiterzugehen und *dich aufzumachen und zu kommen!* Während du dich in einer Spirale ins EinsSein bewegst, erkennst du, dass du immer höher aufsteigen kannst. Es gibt noch höhere Stufen des EinsSeins, die man verkörpern kann. Gregor von Nyssa sagte einmal: »Der göttliche Kurs erschöpft sich niemals. Deshalb müssen wir uns immerzu wachrütteln und dürfen niemals aufhören, uns unserem Kurs zu nähern. Denn jedes Mal, wenn Er zu uns sagt, *Steh auf* und *Komm,* gibt Er uns die Kraft, aufzustehen und Fortschritte zu machen.«

Verbringe etwa 30 Minuten damit, über die folgenden Fragen nachzudenken und zu beten. Notiere deine Antworten in deinem Notizheft. Umarme und feiere die »Beide/Und«-Aspekte der Reise ins EinsSein.

1. Wie ist EinsSein in dir und in deinem Leben gereift?
2. Wie ist EinsSein in deinen Beziehungen aufgeblüht?
3. Welcher Duft wird in dir und durch deine Anwesenheit freigesetzt?
4. Welche Eigenschaften – das sind die Früchte deiner Reise ins EinsSein – kommen in deinem Leben zum Ausdruck?
5. Wie feierst du bislang deine Reise ins EinsSein?
6. Welcher neue Aspekt deiner Reise wird gerade eingeleitet?
7. Was fordert dich auf, »aufzustehen und zu kommen«?
8. In welchen Lebensbereichen könntest du noch vermehrt das Bewusstsein des EinsSeins ausdrücken?

Du kannst dies z. B. auf deine Beziehungen, deine Karriere, deine Gesundheit, deine Finanzen, deine Kreativität und deine Sexualität beziehen.

Vielleicht möchtest du aber auch damit experimentieren, Spiralen in dein Notizheft zu zeichnen oder Möbiusbänder herzustellen, um Meditationen auf deiner Reise ins Eins-Sein zu aktivieren.

Affirmation

ICH BIN in der Transformation von Herrlichkeit zu Herrlichkeit, werde der, der ich bereits bin, und gebäre das Göttliche in meiner Seele.

Schritt 40
Das Geheimnis des EinsSeins

»Suche jetzt nicht nach den Antworten. Sie können dir
jetzt nicht gegeben werden, weil du sie nicht leben
könntest. Es geht darum, alles zu erleben. Im Moment
musst du die Fragen leben. Vielleicht wirst du dann
allmählich, ohne es zu merken, eines fernen Tages die
Antwort erfahren.«
Rainer Maria Rilke

»Alles, was ich gesehen habe, lehrt mich,
dem Schöpfer in all den Dingen zu vertrauen,
die ich noch nicht gesehen habe.«
Ralph Waldo Emerson

»Das Mysterium Gottes hält dich in
seinen allumfassenden Armen.«
Hildegard von Bingen

James: EinsSein kann sehr geheimnisvoll wirken, zumindest aus der eigenen Perspektive. Für gewöhnlich sieht man alles aus der Sicht des Verstandes (der Persönlichkeit) oder sogar durch den Körper. Es ist also keine Überraschung, dass man sich in der Trennung viel wohler fühlt als in der Einheit. Doch wenn diese Veränderung geschieht und man sich nach der Sicht der Seele und nicht nach der Sicht des

Egos ausrichtet, wird das, was zunächst so geheimnisvoll erschien, plötzlich glasklar. Man begreift, dass das EinsSein absolut kein Geheimnis ist, sondern die wohl sicherste Sache des Universums.

Das Ziel dieser 40 Schritte war von Anfang an, diese Veränderung vorzunehmen und in ihr bewusst zu leben. Es ist nun an der Zeit, die Wahrheit einzusehen. Wenn wir das können, wird das EinsSein für uns ein Zustand sein, in dem wir permanent leben können.

Anakha: Das gefällt mir! Auch hier handelt es sich wieder um eine Gegensätzlichkeit. Das EinsSein *ist* einfach und ist in diesem Moment genau hier. Dennoch ist es ein Geheimnis. Man kann die Vorstellung vom EinsSein begreifen und es genau jetzt empfangen. Aber man kann das EinsSein noch intensiver kosten, es vertiefen oder auf erweiterte Art und Weise erleben. Das erinnert mich daran, dass es natürliche Entwicklungsphasen gibt, mentale und spirituelle. Diese durchschreiten wir genauso wie die Stufen vom kleinen Kind hin zum Erwachsenen. Durch die einzelnen Schritte, die ich selbst praktiziert habe, kann ich nun spüren, wie meine Verkörperung und meine gelebte Erfahrung des EinsSeins stetig wächst. Gestern war mir noch nicht klar, dass ich jeden Tag mehr und mehr über das EinsSein lerne. Das Geheimnis des EinsSeins inspiriert uns, wie ein Kind zu staunen und zu sagen: »Wow, das EinsSein, das ich gerade erlebe, ist unglaublich! Was könnte das noch übertreffen, was ich noch nicht kenne oder noch nicht empfunden habe?«

Während Gott durch uns und unsere individuelle wie auch kollektive Erfahrung des verkörperten EinsSeins zu neuem Leben erwacht, fühlen wir, dass Gott auf eine gewisse Art und Weise für Gott ein Geheimnis ist. Anders gesagt: Wir sind die Samen, die das Göttliche ausgesät hat. Doch wer werden wir, wenn wir in unserer ganzen Fülle aufblühen? Dieses Geheimnis führt uns an einen Ort der Neugier und der Ehrfurcht. Es ist eine offene, kindliche Erfahrung des EinsSeins.

James: Es ist nicht falsch, unterhalten zu werden. Manchmal unterhält man sich selbst besser als irgendjemand anderes. Ich glaube, darum geht es in dieser Übung. Man lässt es geheimnisvoll erscheinen, damit man sich weiterhin bemüht. Das ist eine gute Sache. Sich dem Leben zu verpflichten, ist auch eine gute Sache. Wäre es langweilig, würde man schnell das Interesse verlieren. So scheint es fast, als ob man einen Teil der Realität verhüllt, der dann nicht in Reichweite ist. Dadurch zieht einen das verblüffende Mysterium mit sich und immer näher zur Erfahrung des EinsSeins.

Ja, wir sind bereits eins. Wir sind bereits ganz und erleuchtet. Doch dieses Geheimnis, das wir erschaffen haben, ist so groß und wunderschön, denn es verleiht dem Leben eine Qualität, die wir sonst vielleicht nicht erfahren könnten. Sie ermöglicht uns, frisch zu sein und den göttlichen Fluss am Leben zu erhalten, ganz gleich, wo wir hinblicken.

Anakha: Ich denke, dass uns das Geheimnis einlädt, eine dynamische Beziehung zum Leben und zur Lebenskraft einzugehen. In der Tradition des Tantra gibt es einen heiligen Text namens *Spandakarika,* was so viel bedeutet wie »heiliges Erschüttern«. Im Geheimnis des EinsSeins ist man Teil dieses heiligen Erschütterns und auch Teil der gesamten Schöpfung. Wenn man die Erfahrung des Eins-Seins verbessert, verbreitet man das EinsSein im ganzen Universum. Wenn wir die Schritte in jedem Moment unseres Lebens ausführen, leben wir in einer dynamischen Partnerschaft der Verkörperung und des Ausdrucks des EinsSeins, die wir gemeinsam erschaffen haben.

Übung

Heute wirst du dich mit dem ultimativen Geheimnis, dem heiligen Ort, der »Höhle im Herzen« verbinden und das wahre Wesen des Universums und deiner Seele zugleich erfahren. Das Geheimnis des EinsSeins ist deine direkte, unmittelbare Verbindung zum Göttlichen und dein intuitives Wissen der transzendenten, direkt bevorstehenden Präsenz. Indem du dich mit leidenschaftlicher Hingabe und Disziplin den 40 Übungen verschrieben hast, hat sich das strahlende Herz des EinsSeins wieder mit dem lebendigen Mystiker in dir verbunden. Du wurdest in der göttlichen Liebe vollendet und bist in ihr Mysterium eingetaucht. Folge der Einladung und tritt in deine wahre Natur. Sei ein Fachmann in der Kunst, eine bewusste Verbindung zum Mysterium des EinsSeins herzustellen, es zu verkörpern und auszudrücken.

Dem Großen Mysterium wurden schon viele Namen gegeben. Mystiker, Heilige und Weise haben es zu allen Zeiten in ihren Gedichten, ihrer Musik, ihrer Kunst und ihren Schriften beschrieben. Denk einen Moment über die folgenden Namen nach. Welcher findet Anklang in deinem weisen, inneren Wissen? Was bezeichnest du als das Geheimnis des EinsSeins?

- Der Versteckte Himmel
- Das Ewige
- Strahlende Dunkelheit
- Heiliges Nichts
- Der Göttliche Wille
- Das Enorme Mysterium
- Das Unbekannte Unerkennbare
- Die Wolke des Unbekannten
- Das Unvorstellbare
- Das Königreich
- Das »Ich Bin jenseits von ICH BIN«
- Das Leuchtende
- Das Heilige
- Das Verschleierte Gesicht Gottes
- Der Weg
- Das Kosmische Mysterium
- Das Großartige Höchste
- Das Riesige Allumfassende
- Das Prächtige
- Das Eine
- Das Alpha und Das Omega

Die heutige Übung lädt dich ein, deine einzigartige Verbindung mit dem Göttlichen in allen Dingen zu erleben. Das erfordert von dir, dass du deinen Geist von alten Bildern und Vorstellungen befreist. So kannst du das Geheimnis des Lebens aus der Sicht eines Einsteigers, der frei von Begrenzungen und vergangenen Assoziationen ist, erfahren. Dadurch wird der Weg frei, und du kannst »einem Nichts und einem Nirgendwo« direkt begegnen. Sie führen dich in die unergründbare Erfahrung des Göttlichen. Du musst wieder Kind werden, offen, neugierig, unschuldig und zugänglich.

Die heutige Übung holt dich aus deinem Alltag heraus und führt dich in die Natur, um dort am Geheimnis des Eins-Seins teilzuhaben. Die Natur ist eines der wichtigsten Verbindungselemente zum überwältigenden und ehrfurchtgebietenden Geheimnis des EinsSeins. Denk darüber nach, während du dich in Gottes heiliger Schöpfung aufhältst. Beobachte und schätze das Unbekannte, das in allen Dingen enthalten ist und alles durchdringt. Lass zu, dass sich deine festgefahrene Wahrnehmung auflöst, und schau mit den Augen der Liebe und des Mitgefühls. Sieh, höre, schmecke, berühre und rieche zum ersten Mal. Betrachte die unermessliche Heiligkeit, die dich umgibt, und betritt das phantastische Geheimnis des Universums.

Plane deinen Ausflug zu den »ursprünglichen Sakramenten«, wie Matthew Fox es nennt: zum Meer, zu Land, Wind, Feuer, Leben und zum Universum selbst. Es bleibt dir überlassen, ob du 30 Minuten oder einen ganzen Tag in der Natur verbringen willst. Erschaffe ein Erlebnis, das deinen inneren Mystiker ehrt und das Sehnen deiner Seele nach inniger Gemeinschaft mit dem EinsSein nährt. Welcher Bereich der Natur zieht dich an? Wohin wirst du gehen, um in die »Höhle deines Herzens« zu treten? Es heißt, dass Franz von Assisi oft nach Höhlen gesucht hat, um dort zu beten. Wo wirst du Zuflucht suchen, um mit dem Geheimnis des EinsSeins zu beten?

Wenn du in der Natur bist, feiere und bewundere das Geheimnis. Sei empfänglich für alles, was heilig ist, und verliebe dich in das Universum und in die gesamte Schöpfung. Lass dich verzücken. Erlaube dir, mit dem Mysterium des Lebens zu schaudern, zu zittern und zu beben. Fühle, empfinde, sei und erwache zum Leben! Atme das Leben und die Liebe um dich herum. Spüre, wie das Uni-

versum dich liebt und du das Universum liebst. Geh diese
Beziehung mit wilder Unbekümmertheit und völliger Hingabe ein. Lass dich von allem, was dich umgibt, anziehen
und verlocken. Gewähre dem Geheimnis Eintritt. Erlebe
Gott, wie er in dich hineintritt. C. S. Lewis beschrieb dies
wie folgt: »Etwas von Gott … fließt in uns hinein, aus dem
blauen Himmel, aus dem Geschmack von Honig, aus der
köstlichen Umarmung des Wassers, ob warm oder kalt,
und selbst aus dem Schlaf.«

Sei fasziniert. Empfange das lichtvolle Mysterium. Erlaube
deiner Seele, das Mysterium ohne jegliche Schleier zu erblicken. Wie Josua sagte: »Wisse, was vor deinem Gesicht
liegt und was vor dir verborgen ist, wird offengelegt. Denn
es gibt nichts, was nicht aufgedeckt wird.« Lass zu, dass
sich das Geheimnis des EinsSeins dir offenbart.

Nimm dir am Ende des Tages Zeit, um über deine Erfahrungen nachzudenken und sie in deinem Notizheft niederzuschreiben. Drücke, wie schon die Mystiker vor dir, deine
Begegnungen und deine Wahrnehmung des Mysteriums
des EinsSeins in Worten, Liedern, Symbolen, Bewegungen, Geschichten und Kunst aus.

Affirmationen

ICH BIN ein Teil der unermesslichen Göttlichen Schöpfung,
des einen unteilbaren, Göttlichen Geistes.
ICH BIN das sich enthüllende Geheimnis des EinsSeins.

TEIL II
Das Unmögliche erreichen

Wenn du diese Zeilen liest, hast du hoffentlich bereits meinen Kurzfilm *The Proof* gesehen. In dem Film versteckt eine junge Frau ein Buch an einem beliebigen Ort in den USA. Ich finde das Buch einzig und allein dadurch, dass ich die Frau bitte, sich auf diesen Ort zu konzentrieren. (Wenn du den Film noch nicht gesehen hast, kann ich dich nur ermutigen, ihn dir unter www.jameswyman.com anzusehen. Klicke auf den Link *The Proof.*) In Teil II dieses Kurses möchte ich dir die Grundlagen beibringen, die dir ermöglichen, es mir gleichzutun. Das klingt unmöglich? Wenn du mit dieser Einstellung an die Sache rangehst, wird es wahrscheinlich auch so sein. Doch wenn du zuversichtlich und offen bist, wirst du überrascht sein, wie leicht diese Aufgabe zu bewältigen ist. Du wirst in der Lage sein, mein Experiment eigenständig durchzuführen. Auch wenn du vielleicht nicht ein ganzes Land nutzen möchtest, um deine Fähigkeiten zu testen, wird das Ergebnis dasselbe sein: Du hast dich an den Strom des EinsSeins angeschlossen. Nun wirst du Wunder vollbringen können.

Bevor ich den Film gedreht habe, hatte ich noch nie versucht, einen versteckten Gegenstand in einem solch großen Gebiet zu finden. Überrascht dich das? Ich werde dir ein paar weitere Hintergrundinformationen geben. Wie ich bereits erwähnt habe, hatte ich mir die Technik – zumindest die Grundlagen – schon vor Jahren angeeignet. Doch mir war es nie in den Sinn gekommen, einen Gegenstand irgendwo in den USA zu verstecken. Ich hatte von Leuten gehört, die dieses Kunststück innerhalb einer Stadt vollbracht hatten. Aber ich wusste von keiner Person, die so einen ungeheuren Versuch wie den meinen unternommen hätte. Ich entschloss mich, erst einmal zu üben. Ich schaltete eine Anzeige im Internet, um Helfer zu finden, die kleine Gegenstände in Einkaufszentren verstecken sollten. Wo sie die Gegenstände verstecken wollten, stand ihnen frei, z. B. in einem Schuh in einem Schuhladen, unter Bettlaken in einem Kaufhaus usw.

Als ich mich an einen Satz aus meinem Lieblingsbuch *Ein Kurs in Wundern* erinnerte, habe ich es zum ersten Mal in Erwägung gezogen, diesen Versuch auf das ganze Land auszudehnen. Der Satz lautete: »Wunder besitzen keinen Schwierigkeitsgrad.« Anders ausgedrückt: Ein großes Wunder unterliegt denselben Gesetzen wie ein kleines Wunder. Wenn ich also einen Löffel in einem Schuh im Einkaufszentrum finden konnte, warum dann nicht unter einem Strauch in Seattle? Ich entschied, dass es da kaum einen Unterschied gab – und von dem Moment an hatte ich absolutes Vertrauen in meinen Erfolg.

Allerdings hatte ich von Anfang an eine Sorge, die mich fast veranlasste, das Projekt aufzugeben. Ich machte mir keine Sorgen darüber, ob ich das Experiment schaffen würde oder nicht. Meine Bedenken galten eher dem, was danach geschehen würde. Die Gesellschaft neigt dazu, Dingen, die außergewöhnlich, übernatürlich oder paranormal erscheinen, zu viel Aufmerksamkeit und Bedeutung zu schenken. Während ich diese Zeilen schreibe, fallen mir mindestens vier Fernsehprogramme ein, die sich mit menschlichen Medien, übersinnlicher Wahrnehmung und einer Vielzahl anderer psychischer Fähigkeiten beschäftigten. Wollte ich zu dieser Gruppe dazugehören? In den vergangenen 15 Jahren bestand meine Arbeit darin, den Frieden voranzutreiben und als Musiker auf der ganzen Welt aufzutreten, während Kriege um mich herum wüteten. Ich wollte mir sogar einen Traum erfüllen, den ich seit meinen Kindertagen hegte, nämlich dem Franziskanerorden beizutreten und Klosterbruder zu werden.

Was für eine sonderbare Reise würde *das* wohl werden? Es war nicht absehbar, wohin sie mich führen würde.

Doch wegen meiner eigenen Neugier gelang es, das Beste in mir zum Vorschein zu bringen. Obwohl ich zuversichtlich war, dass ich die bevorstehende Aufgabe erfolgreich abschließen würde, hatte ich noch Zweifel. Ich musste mir noch eine Frage beantworten: Würde ich wirklich etwas erreichen können, was noch nie zuvor jemand getan hatte, und wenn ja, könnte ich damit eine tiefer gehende Erkenntnis weitergeben? Etwas, das Millionen von Menschen auf der Welt maßgeblich beeinflussen würde?

Deshalb schreibe ich dieses Buch. Wäre es mir nur darum gegangen, die Menschen zu beeindrucken, wäre nach dem Film Schluss gewesen. Doch die Tatsache, dass ich das Buch finden konnte, bedeutet, dass *jeder* über diese Fähigkeit verfügt. Wenn man sich an diese Energie anschließen kann, vermag sie einen in bedeutsamere Bereiche des Lebens zu führen, die bisher nicht wahrgenommen wurden.

Vielleicht sollte ich das Buch finden, um Menschen dadurch anzuregen, sich tiefer auf sich selbst einzulassen und eine bestimmte Energie freizusetzen. Eine Energie, die ihr Leben, ihre Gemeinschaften und die gesamte Welt verändern kann. Das hört sich viel verlangt an. Aber genau daran glaube ich tief in meinem Herzen.

Was hat das Experiment nun mit den 40 Schritten zu tun? Nun ja, wenn du erst einmal erkannt hast, dass du Macht hast, Wunder zu vollbringen (z. B. ein Buch nur durch die Kraft deiner Intuition zu finden), wirst du noch tiefer in deine Seele vordringen wollen, um permanent eins zu sein. Der Schlüssel dazu liegt in den hier vorgestellten Übungen – und in der Beständigkeit. Denn ein kurzzeitiger Gedankenblitz kann dein Leben nicht wirklich positiv beeinflussen. Ich rate dir, zwischen den beiden Teilen dieses Buches hin- und herzuwechseln, damit du die Möglichkeit hast, die unterschiedlichen Stufen des Bewusstseins zu entdecken.

Du bist nun kurz davor, eine Reise anzutreten. In den folgenden Kapiteln wirst du Fähigkeiten erlernen, die du brauchst, um einen Gegenstand zu finden, den eine andere Person versteckt hat. Ich werde dir zeigen, wie du diese dir innewohnende Wahrnehmungsfähigkeit wachrüttelst, von der du gar nicht wusstest, dass sie existiert. Doch das ist erst der Anfang! Hast du das erst einmal erreicht, wirst du hoffentlich, genau wie ich, lernen, wie du diese innere Wahrnehmungsfähigkeit in vielen anderen Bereichen deines Lebens anwenden kannst. Du wirst eine Sensibilität entwickeln, mit der du Wunder vollbringen kannst, egal, wo du hingehst.

In jedem Moment wirst du dir der Energie und der Erkenntnis um dich herum bewusst sein. Was wäre, wenn du dich auf Menschen besser einstellen könntest und dadurch einen tieferen und intimeren Zugang zu ihnen hättest? Wenn du schon ein kleines Wunder vollbringen kannst – einen versteckten Gegenstand mit Hilfe deiner Intuition finden –, stell dir vor, was du noch alles erreichen könntest.

Lektion 1
Der Tastsinn

Hast du schon einmal so etwas, was du als *EinsSein* bezeichnen würdest, erlebt? Vielleicht hast du dich mal in
einem Moment der inneren Einkehr mit allem um dich
herum aufs engste verbunden gefühlt. Oder vielleicht warst
du schon einmal über beide Ohren verliebt, und die Mauern und trennenden Grenzen, die sonst so unvermeidlich
erschienen, lösten sich plötzlich vor deinen Augen auf.
Vielleicht ist es in einem Moment gewesen, der ansonsten
ganz normal und gewöhnlich gewesen wäre. Denk einmal
zurück und suche nach einem Anhaltspunkt, nach etwas,
das dir ein Gespür dafür gibt, worum es in diesem Buch
geht. Stell dir nun folgende Frage: »Will ich das – und
mehr – in jedem Moment meines Lebens erleben?«
Du wurdest geboren, um jederzeit EinsSein zu erfahren
und dabei zu wissen, dass du eins bist mit allem um dich
herum. Du bist hier, um dich als eins mit dem Göttlichen,
wie auch immer du es bezeichnen möchtest, zu fühlen. Das
ist das Ziel dieses Buches. Es geht nicht nur darum, zu
lernen, wie man die Gedanken eines Menschen liest. Es
geht vielmehr darum, wie man dauerhaft erfahren kann,
was die Mystiker und Heiligen zu allen Zeiten als die Krö-
nung des Menschseins beschrieben haben: die Fähigkeit zu
wissen, dass man eins ist mit allem, was man wahrnimmt.
An dieser Stelle möchte ich eine kurze Pause machen, denn
ich möchte nicht, dass dir etwas Wichtiges entgeht. Du
fragst dich vielleicht, was ich damit meine, wenn ich sage
»dem Göttlichen, wie auch immer du es bezeichnen möch-

test«. Es liegt auf der Hand, dass viele Menschen unterschiedliche Vorstellungen und Erfahrungen von und mit Gott in sich tragen. Das ist abhängig von ihrem persönlichen Glauben oder davon, wie sie erzogen wurden. Dann gibt es noch diejenigen, die keine Vorstellung von Gott haben und nicht an das Göttliche glauben. Es stellt sich also die Frage, ob es notwendig ist, solch eine Vorstellung von Gott zu haben, um sich an die Gedanken eines anderen Menschen (wie ich es in meinem Film getan habe) anschließen zu können. Man kann sogar noch weiter gehen und fragen, ob man glauben muss, um Zugang zu übersinnlichen und paranormalen Erfahrungen zu haben.

Ich werde dir die Sache erleichtern. Solange du akzeptierst, dass es etwas jenseits unseres begrenzten Erfahrungsbereiches gibt (das sind die Dinge, die man mit den gewöhnlichen Sinnen wahrnimmt), ist alles in Ordnung. Die eine Person nennt dieses Etwas Gott oder Allah, jemand anderes bezeichnet es ganz einfach als das Universum. Ich will nur sagen: Alleine ist man begrenzt, doch man kann diese Begrenzungen überschreiten, um andere Bereiche des Möglichen zu erfahren.

Ich will diese Idee noch weiter verdeutlichen: Stell dir vor, du bist ein Computer mit einer begrenzten Speicher- und Prozessorkapazität. Auch wenn du sehr leistungsstark bist, bist du dahin gehend begrenzt, als dass du nur eine bestimmte Arbeitsmenge in einer bestimmten Zeit leisten kannst. Stell dir nun vor, dass du dich mit dem Internet verbindest. Obwohl noch dieselben Begrenzungen vorhanden sind, verändert sich plötzlich alles, weil sich deine Möglichkeiten um ein Vielfaches vergrößert haben. Nun hast du Zugang zu Daten von Millionen von Computern auf der ganzen Welt. Du kannst Ideen, Programme, Bilder und Klänge mit anderen teilen, zu denen du alleine keinen Zugang gehabt hättest. Du bist noch immer, was du bist, ein einzelner Computer. Doch gleichzeitig bist du eins mit dem Datenfluss anderer Computer auf der Welt.

Das verstehen wir unter EinsSein.

Jetzt hast du eine bessere Vorstellung davon, was der Begriff bedeutet. Nun können wir mit der Praxis beginnen. Ich möchte in der ersten Lektion erreichen, dass du die erste Stufe der Verbindung mit einer anderen Person erfahren kannst. Das bedeutet, dass du in der Lage sein wirst, einen Gegenstand, den er oder sie bei dir zu Hause (oder wo du auch immer gerade bist) versteckt hat, einzig durch deine Konzentration auf diesen Ort zu finden.

Stell dir das einen Moment lang vor. Im Film *The Proof* konntest du sehen, wie ich ein Buch gefunden habe, das in den USA versteckt worden war. Anfangs wirst du vielleicht nicht in der Lage sein, deinen Horizont so weit auszudehnen. Doch ich garantiere dir, dass du dasselbe Kunststück vollbringen kannst, wenn du den Anweisungen folgst, offen bist und bleibst. Du wirst lernen, dass EinsSein auf viele unterschiedliche Arten und auf vielen Stufen erfahren werden kann. Wenn du die Anfangsstufe gemeistert hast, wirst du mehr auf das eingehen können, was du gelernt hast, und es dauerhaft erleben.

Bist du bereit?

Die Frage hört sich leicht an, doch ich verspreche dir, sie ist viel wesentlicher, als du dir das gerade vorstellen kannst. Es ist sehr wichtig, dass du erkennst, dass du wirklich bereit bist. Wenn du das Buch gelesen hast und dann zu dir sagst: »Ich kann so etwas auf gar keinen Fall erreichen«, dann wird genau das eintreten. Doch wenn du jetzt damit beginnst, folgende Affirmation zu sprechen, werden dich die Ergebnisse überraschen: *ICH BIN bereit, EinsSein auf eine neue, tiefgründige Art und Weise zu erleben, und erreiche das, was mir zuvor noch wie ein Wunder vorgekommen wäre.* Es liegt alles an dir.

Ich möchte noch etwas zu diesem Prozess und zu dem Buch, das du gerade liest, hinzufügen. Einen Gegenstand zu finden, indem sich jemand lediglich auf den Ort konzentriert, an dem er sich befindet, mag sehr beeindruckend sein. Doch das ist nur die Spitze des Eisbergs. In mancher Hinsicht ist es nichts weiter als ein Köder, der dich dazu veranlasst, ein bisschen tiefer zu blicken als gewöhnlich. Wenn du bereit bist, deinem kritischen Verstand eine Auszeit zu gönnen, und Vertrauen hast, wirst du überrascht sein, wie weit du gehen kannst. In der ersten Lektion sollst du lernen, einen versteckten Gegenstand zu finden. Doch eigentlich hoffe ich, dass du dich selbst, deine eigene versteckte Kraft findest. Wenn das geschieht, werden sich dir überall Wunder offenbaren, und du wirst dir jeden Traum erfüllen können.

Lass uns nun beginnen. Die ersten Schritte helfen dir, zu erkennen, was du alles von deinem Tastsinn lernen kannst.

Die ersten Schritte

Nimm einen kleinen Gegenstand und bitte jemanden, den du kennst, ihn in einem bestimmten Zimmer oder im Haus zu verstecken. (Du beginnst vielleicht zunächst mit einem kleinen Raum und arbeitest dich langsam aufwärts. Doch du wirst schnell feststellen – genau wie ich, als ich mich auf die gesamte USA bezog –, dass die Größe des Gebietes kaum einen Unterschied macht. Sobald du dich auf eine andere Person eingestimmt hast, macht es keinen Unterschied, ob du ein Objekt in einem großen Gebäude oder einem einzelnen Raum suchst.) Die Person soll sich nun direkt vor dich stellen. Bitte sie, sich genau auf den Ort zu konzentrieren, an dem der Gegenstand versteckt ist. Sie sollte den Ort so klar wie möglich visualisieren, den Gegenstand in Gedanken sogar mit den Händen berühren, ganz so, als ob sie genau davor stehen würde. Je mehr Sinne beteiligt sind, desto klarer wird das Signal am Ende.

Nun soll deine Versuchsperson die Augen öffnen. Sie soll dein Handgelenk nehmen und es mit normaler Kraft festhalten. Erkläre ihr, dass sie einfach wortlos hinter oder neben dir gehen soll. Ihre einzige Aufgabe besteht darin, dich *in Gedanken* an den Ort zu führen, das heißt, sie sollte Gedanken wie die folgenden haben: »Nach links … halte hier an … er ist weiter unten … genau hier!« Je mehr Energie sie in diese Gedanken gibt, desto leichter wird es dir fallen, die Signale aufzufangen. Geh also los (deine Versuchsperson hält weiterhin dein Handgelenk locker fest). Anfangs zögerst du vielleicht etwas, doch dann wirst du deutlich ein inneres Gespräch vernehmen, das dich führt. Innerhalb von Sekunden oder Minuten erkennst du, dass du an dem Ort angekommen bist. Jetzt musst du den Bereich weiter eingrenzen. Bewege deine Hand vor und zurück, bis du den Impuls *Stopp* spürst. Vielleicht siehst du den Gegenstand, oder du fühlst, dass er, hinter etwas verborgen, direkt vor dir ist. Sobald du das schaffst, hast du die erste Stufe erreicht.

Die Wurzeln der Methode untersuchen

Damit du erfolgreich bist, werde ich den gerade beschriebenen Vorgang aufschlüsseln und detaillierter beschreiben und etwas zum geschichtlichen Hintergrund der Technik sagen. Du wirst überrascht sein, wie einfach die Methode ist und wie leicht man sie lernen kann. Dennoch ist es wirklich nur der erste Schritt und somit die Einführungsstufe, um EinsSein zu erleben. Es wird eine Tür geöffnet, und du kannst sehen, dass es so viel mehr gibt als das, was du im Allgemeinen wahrnimmst. Jenseits der Begrenzungen deiner fünf Sinne liegt eine ganz neue Welt.

Wie ich bereits erwähnt habe, entwickelte ein Zauberer namens Alex Hellstrom in den frühen Jahren des 19. Jahrhunderts einen »Trick«, der die Menschen bis heute fasziniert. Ich bin mir nicht sicher, ob er sich der enormen Auswirkungen seiner Entdeckung bewusst war. Doch sie wurde zu einem Sprungbrett, das uns hilft, diese neue Welt betreten zu können. Seine Technik wurde als »Muskellesen« bekannt. Sie bezieht sich auf die Fähigkeit eines Gedankenlesers (oder einer Person mit einer außerordentlich guten Wahrnehmungsfähigkeit), die feinen physischen Reaktionen einer Person auf bestimmte Ereignisse zu »lesen«. Die Theorie von Hellstrom war, dass das Unterbewusstsein offenbart, was man denkt, indem es im Körper ungewollte physische Reaktionen hervorruft. Interpretiert man diese Reaktionen korrekt, kann ein Gedankenleser einen Eindruck davon bekommen, was man gerade denkt.

Dennoch möchte ich ausdrücklich betonen, dass es nicht das ist, worauf ich mich beziehe, wenn ich davon spreche, das EinsSein zu erleben. Aber es ist ein Schritt in die richtige Richtung. Durch die Selbsterfahrung wirst du in der

Lage sein, die nächsten und weitaus wichtigeren Schritte zu machen.

Während ich an dem Film arbeitete, hatte ich nur wenig Kontakt mit Leslie (sie war meine Freiwillige, die das Buch in den USA versteckte). Du kannst dich aber vielleicht daran erinnern, dass zu Beginn des Films vier Freiwillige Gegenstände in einem Supermarkt versteckt hatten. Während ich versuchte, den Aufenthaltsort des jeweiligen Gegenstandes zu bestimmen, hielt ich einen Stift. Die Person, die den Gegenstand versteckt hatte, hielt den Stift am anderen Ende fest. Dadurch wurde verhindert, dass ich von den Personen aufgrund bestimmter Körper- oder Muskelreaktionen Informationen erhielt. Mein Ziel war es ja nicht, meine Fähigkeiten im Muskellesen zu testen. Ich praktiziere diese Technik jetzt schon seit vielen Jahren (seitdem ich ein Kind war) und habe durch konstantes Üben festgestellt, dass es eine Stufe der Kommunikation gibt, die nichts mit dem Muskellesen zu tun hat. Auf dieser Stufe, man kann sagen in diesem Bewusstseinszustand, gibt es keine Mauern der Trennung mehr, und man *weiß* einfach, wo der Gegenstand ist. Diesen Geisteszustand wollte ich in meinem Film darstellen und dir jetzt zeigen, wie du ihn erreichen kannst.

Denk daran, dass es letztendlich nicht darum geht, einen versteckten Gegenstand zu finden. Dein Auftrag ist es, dein Wissen im Alltag anzuwenden. Wenn dir das gelingt, wirst du begreifen, wie weit du gekommen bist.

Doch bevor es so weit ist, musst du ein allgemeines Verständnis dafür bekommen, wie man die ungewollten Muskelreaktionen einer Person liest. Nach ein wenig Übung wird dir das relativ schnell gelingen. Dann bist du so weit, eine tiefere Verbindung zu erfahren, die in den nächsten zwei Lektionen beschrieben wird.

Lass uns zurück zum Anfang gehen. Der erste Schritt besteht darin, einen Freund zu bitten, den von dir ausgesuchten Gegenstand zu verstecken. Es spielt keine Rolle, was für ein Gegenstand es ist. Stell nur sicher, dass es bei diesem Gegenstand bleibt. Es gibt ein paar Regeln, die du deinem »Assistenten« vor dem Versuch erklären musst. Als Erstes muss die Person den Gegenstand an einem Ort verstecken, zu dem du auch Zugang hast. Wenn sie ihn in einen abgeschlossenen Safe legt, wirst du wohl kaum Erfolg haben, da du wahrscheinlich keine übermenschlichen Kräfte besitzt. Zweite Bedingung ist, dass das Versteck ortsgebunden ist. (Ich habe einmal jemanden gebeten, einen Gegenstand zu verstecken, und habe dabei vergessen, die Bedingung der Ortsgebundenheit zu erklären. Meine Freundin versteckte den Gegenstand in ihrer Tasche. Ich ging völlig verwirrt im Kreis umher, bis ich begriff, was ich getan hatte. Du solltest diesen Fehler nicht wiederholen!)

Am allerwichtigsten ist jedoch, dass die Person *will,* dass du den Gegenstand findest. Wenn es ihr Ziel ist, dich in die Irre zu führen, indem sie an einen anderen Ort denkt, wirst du an diesen Ort gelangen und nicht zum wirklichen Versteck. Erkläre ihr, dass sie die Anweisungen in ihrem Geiste geradezu laut rufen muss, damit du sie wahrnehmen kannst. Je mehr sich die Person konzentriert, desto leichter wird es dir fallen, die subtilen Impulse wahrzunehmen und den Gegenstand zu finden. Außerdem ist es von großer Bedeutung, dass dein Freund weder spricht noch irgendetwas anderes tut, außer neben dir zu gehen. In dieser Phase des Experiments hält er nur dein Handgelenk (mit leichtem Druck) und gibt dir mental Anweisungen.

Hier ist ein Beispiel, wie du die Vorgehensweise erklären kannst:

»Jetzt, wo du den Gegenstand versteckt hast, möchte ich, dass du deine Augen schließt und dir das Versteck so deutlich wie möglich vorstellst. Visualisiere jedes Detail. Stell dir vor deinem geistigen Auge vor, wie du den Gegenstand berührst und fühlst.

Öffne deine Augen und nimm mein Handgelenk. Umfass es mit normaler Kraft. In ein paar Sekunden werden wir losgehen, und ich möchte, dass du neben mir gehst und mir in Gedanken sagst, wie wir zu dem Versteck gelangen. Natürlich sagst du nichts laut, du denkst die Anweisungen nur, wie z. B.: *Geh geradeaus ... jetzt links ... du bist zu weit gegangen, geh zurück ... du bist da, halte jetzt an!*

Es ist auch sehr wichtig, dass du die Gedanken wirklich im Geiste laut rufst, du musst wirklich wollen, dass ich das Versteck finde. Wenn du mich aufs Glatteis führen willst, wird dir das gelingen. Doch wenn du meine Anweisungen befolgst, werden wir wahrscheinlich direkt auf das Versteck zulaufen.«

Es kann losgehen! Geh einen Schritt nach vorn und halte dann an. Vielleicht spürst du, dass die Person sehr natürlich nach vorne geht. Das könnte ein Zeichen dafür sein, dass ihr in die richtige Richtung geht. Wenn du einen Widerstand spürst, kann es ein Hinweis darauf sein, dass sich der Gegenstand in der entgegengesetzten Richtung befindet. Entscheide dich für eine Richtung und geh los. Geh nicht zu langsam, denn dann ist es unwahrscheinlicher, dass dein Partner dir starke Signale sendet. Am besten ist es, schnell zu gehen und vielleicht sogar etwas ruckartig.

Dein Freund wird dadurch den natürlichen Reflex haben, dich in die richtige Richtung zu ziehen oder zu schieben. Ich sage es noch einmal: Das Signal wird sehr subtil sein, doch wenn du dich konzentrierst, wirst du es wahrnehmen können. Dein Partner wird nicht wissen, dass du ihn auf diese Weise »liest«.

Geh so lange weiter, bis du den Impuls verspürst, anzuhalten oder die Richtung zu wechseln. Diesen Drang kannst du auf verschiedene Art und Weise wahrnehmen. Vielleicht nimmst du es auf physischer Ebene wahr (als ein Ziehen, das dir sagt, wohin du gehen sollst), oder du spürst es auf einer tieferen Ebene (du weißt, dass es nichts mit den körperlichen Reaktionen deines Freundes zu tun hat). Falls Letzteres zutreffen sollte, bist du der Übung schon weit voraus. Bei den meisten wird das nicht gleich der Fall sein. Sei einfach weiterhin offen für die Impulse, die du durch die Hand oder die Bewegungsrichtung deines Partners wahrnimmst.

Ich habe festgestellt, dass ich, wenn ich das Experiment mit der richtigen »Versuchsperson« durchführe, ohne zu zögern auf den Gegenstand zusteuere. Mir kommt es dabei so vor, als ob die Person mir tatsächlich sagen würde, wie ich zum Versteck gelange. Die Methode, die wir im Film mit Leslie angewendet haben, kann ich nicht mit einer beliebigen Person wiederholen. Man benötigt dafür Menschen, die über die sehr ausgeprägte Fähigkeit verfügen müssen, ohne Körperkontakt ihre Gedanken über den Aufenthaltsort des Gegenstandes auf mich projizieren zu können. Wenn man sich einmal auf diese Übungen eingelassen hat, kann man dies jedoch immer wieder bewerkstelligen. Wenn du in der Lage bist, diese Denkweise zu üben und dich darauf einzulassen, wirst du feststellen, dass es viel einfacher ist, als du gedacht hast.

Du wirst an den Punkt gelangen, an dem du *weißt,* dass du am Versteck angekommen bist. Wie wirst du es wissen? Nun, du wirst dir sicher sein, da deine Versuchsperson dich nicht weitergehen lassen wird. Solange sie absolut fokussiert ist und will, dass du das Versteck findest, wird sie dich förmlich zurückziehen, wenn du von dem Versteck weggehen willst. Natürlich wird sie das nicht bewusst wahrnehmen, da ihre Muskelreaktionen so subtil sind. Doch du wirst es spüren. Sobald du zuversichtlich bist, dass du dich am richtigen Ort aufhältst, gilt es, den Gegenstand zu finden.

Bitte deinen Freund, deine Hand (mental) genau an den Punkt zu führen, an dem sich der Gegenstand befindet. Du beginnst damit, dass du deine Hand kurz über den Boden hältst. Die Person soll *Stopp* denken, sobald deine Hand sich in der richtigen Höhe befindet. Vielleicht musst du ein bisschen hoch- und runtergehen, doch du wirst, wie schon zuvor, das eindeutige Gefühl von *Stopp* wahrnehmen, wenn du angekommen bist. Wenn deine Hand auf der richtigen Höhe ist, bewege sie nach links und rechts. Wiederhole den Vorgang mit der Person. Warte auf das Gefühl, auch wenn du es mehrere Male versuchen musst. Sollte es dir sehr schwerfallen, so bitte deine Versuchsperson, sich wirklich zu konzentrieren und die Anweisungen lautstark in deinen Kopf zu rufen. Sobald du den richtigen Ort gefunden hast, solltest du sehen oder wissen, dass du etwas beiseiteräumen musst, um an den Gegenstand zu gelangen. Vielleicht bist du in der Küche und siehst eine Packung Müsli, hinter der du den Gegenstand vermutest. Hab Geduld und vertraue dir. Du kannst es schaffen. Wenn du glaubst, dass es leicht ist, wird es leicht sein. Dein Freund wird absolut überrascht sein, wenn du nach vorne greifst und den versteckten Gegenstand hervorholst.

Nachdem du nun die Grundtechnik gelernt hast, ist es an der Zeit zu üben. Vielleicht stellst du fest, dass du ein Naturtalent bist und versteckte Gegenstände mit Leichtigkeit findest. Vielleicht machst du aber auch eine ganz andere Erfahrung und läufst oftmals im Kreis. Gib nicht auf. Ich habe bereits erwähnt, dass diese Übung fast jeder bewältigen kann. Hast du es einmal geschafft, ist die erste Hürde genommen.

Nach etwas Training bist du bereit für die nächste Stufe. Jetzt geht es darum, einen versteckten Gegenstand durch minimalen körperlichen Kontakt zu finden. An dieser Stelle übernimmt deine Intuition das Steuer, und deine jetzigen Erfahrungen werden sich von deinen anfänglichen Versuchen erheblich unterscheiden. Bis jetzt hast du dich fast ausschließlich auf das Muskellesen, also auf die subtilen Körperreaktionen deines Partners, verlassen. Das ist ein sehr guter Trick, aber es ist eben nur ein Trick. Das eigentliche Ziel besteht nicht darin, deine Freunde zu beeindrucken, sondern dein Bewusstsein für eine neue Ebene der Kommunikation zu öffnen. Diese neue Ebene ist dir nicht vertraut und fühlt sich doch sehr natürlich und selbstverständlich an. Ist die Tür einmal geöffnet, wirst du sie niemals wieder zufallen lassen.

Jetzt ist es an der Zeit, deine Absicht zu klären. Stell dir die Frage: »Beabsichtige ich, den ganzen Weg zu gehen und zu erkennen, dass ich auf einer höheren Ebene mit jedem Menschen und jeder Situation eins bin?« Wenn du mit »Ja« antwortest, dann mach weiter! Diese erste Lektion war nur eine Einführung, ein erster Schritt, der erahnen lässt, was alles möglich ist.

In der nächsten Lektion wirst du erfahren, dass es eine ganze Sprache hinter den gewöhnlichen Reden gibt, die einen

Großteil deines Lebens ausmachen. Tatsächlich kommunizierst du ständig auf eine ganz unbemerkte und unbewusste Art, meistens sogar mehr als mit reinen Worten. Ich werde dir zeigen, wie du dir dieser Sprache bewusst wirst. Danach lernst du, wie du sie anwendest. Bist du dann dazu in der Lage, wird sich dir eine ganz neue Welt direkt vor deinen Augen offenbaren.

Lektion 2
Die Sprache hinter allen Sprachen

Die Menschen haben ein unfehlbares Vertrauen in die Worte, die sie zu anderen sagen, und gleichzeitig in die Worte, die zu ihnen gesprochen werden. Man lernt das als kleines Kind, lange bevor man Worte kennt, die einem ermöglichen, mit den Mitmenschen in Kontakt zu treten. Zunächst hört man Worte, die aus den Mündern der Menschen kommen. Dann kann man in den Gesichtern erkennen, dass die Worte wohl eine Bedeutung haben, die einem noch entgeht. Schließlich kann man die meisten dieser Klänge interpretieren und sich einen Reim darauf machen. Dennoch kann man keine eigenen Worte als Antwort geben. Nach einigen Jahren ist man schließlich in der Lage, den Kreis zu schließen und einfache Phrasen und Sätze zu bilden, um die eigenen Gedanken, Hoffnungen und Sorgen mitzuteilen. Der Mensch hat gelernt zu sprechen.

Doch genauso viel, wie man dadurch gewann, verlor man auch. Als wir sehr jung waren, bestand unsere Kommunikation aus Gefühlen und Intuition. Wir konnten das, was um uns herum geschah, aus einer höheren Perspektive wahrnehmen und beurteilen. Das war möglich, weil keine Worte im Weg waren. So lernten wir, Situationen unmittelbar wahrzunehmen und nicht erst durch mehrere Filter laufen zu lassen.

Was will ich damit verdeutlichen? Wenn man genau darüber nachdenkt, sind Worte Symbole von Symbolen (wie es *Ein Kurs in Wundern* ausdrückt). Somit werden sie zweimal von der Wahrheit entfernt. Eine Erfahrung beginnt mit einer direkten Wahrnehmung. Als Beispiel nehmen wir einmal die Wahrnehmung, wie es regnet. Zunächst bin ich ohne Worte in der direkten Erfahrung des Moments. Doch um ihn wirklich verstehen zu können, muss ich ein Konzept entwickeln, das meinem Geist ermöglicht, das zu erfassen, was ich wahrnehme.

Das ist die zweite Stufe. Das Konzept basiert nicht, wie du vielleicht bereits erraten hast, auf dem aktuellen Geschehen, sondern auf dem Vergangenen. Man fragt sich: »Wann hatte ich ein ähnliches Gefühl, und wie unterscheidet es sich vom Rest?« Innerhalb kürzester Zeit kann man dann genügend Beweise sammeln, um ein mentales Konstrukt (in diesem Fall »Regen fällt zu Boden«) aufzubauen. Daraufhin kann man sich ein Wort denken: *Nass!* Jetzt ist man in der Lage, das, was man zuvor nur in Symbolen verstanden hat, in »Sprache« zu kleiden. Gleichzeitig entfernt man sich jedoch von der eigentlichen Erfahrung.

Ich weiß nicht, wozu das alles gut ist!

Folgendes Experiment kannst du einmal ausprobieren. Sieh dich um und such dir etwas, auf das du deine Aufmerksamkeit lenkst. Das kann ein Stuhl, ein Stift oder aber ein Bild an der Wand sein. Für gewöhnlich siehst du diese Dinge mit deinem Unterbewusstsein, das sagt: »Dies ist ein Stift, denn er sieht anderen Stiften ähnlich, die ich in der Vergangenheit gesehen, die ich in der Hand gehalten und mit denen ich auf Papier geschrieben habe. Ich weiß, dass es kein Bleistift ist, denn der Stift schreibt mit Tinte, nicht mit Graphit. Wenn ich nicht achtgebe, kann der Stift entzweigehen, und wenn er in meiner Hosentasche ist, kann er abfärben, weil mir das im Alter von zehn Jahren schon einmal passiert ist.« Dieser Denkprozess geht immer weiter, alles in einer Zehntelsekunde. Natürlich ist man sich dessen nicht bewusst. Man sieht ganz einfach den Gegenstand auf dem Tisch und denkt: *Stift*.

Doch was würde passieren, wenn man zu dem Gegenstand keine Assoziation aus der Vergangenheit hätte? Hätte man überhaupt irgendeine Idee, was das sein könnte, oder würde man sofort das Gedächtnis durchforsten, um etwas Ähnliches zu finden? Was passiert, wenn man nichts findet, was dem Wahrgenommenen ähnelt? Was wäre, wenn man nichts Vergleichbares hat?

Man würde direkt wahrnehmen –
ganz ohne den Filter vergangener Erfahrungen.

Sieh dir den Gegenstand an, den du dir ausgesucht hast. Lass alle Vorstellungen und Konzepte, die du von ihm hast, los. Betrachte ihn, als ob du ihn zum ersten Mal sehen würdest, und sage dir: »Ich weiß nicht, wozu man das benötigt.« Erlaube dem Gegenstand, dir zu sagen, was es ist. Du kannst ihn in die Hand nehmen und durch deine Finger gleiten lassen. Stell dir vor, du kommst von einem anderen Planeten und betrachtest dieses Objekt ohne jegliche Vorerfahrung. Lass deiner Vorstellungskraft freien Lauf, ignoriere vorgefasste Ideen und hör nur auf deine Intuition. Wenn du das Gefühl hast, die Aufgabe ist bewältigt, nimm dir einen anderen Gegenstand und führe das Ganze noch einmal durch. Mach diese Übung so lange, bis du eine konkrete Erfahrung davon gemacht hast, was sich hinter deinen Vorstellungen und Konzepten verbirgt. Konfrontiere dich mit dem wahren Wesen der Dinge.

Die Tiere benötigen keine Worte, denn sie sprechen die

»Sprache, die sich hinter allen Sprachen befindet«. Sie können mit Hilfe instinktiver Reaktionen miteinander kommunizieren. Dadurch haben sie Zugang zu einer ungeheuren Menge an Informationen, die für den Menschen nicht sichtbar sind. Ein Wolf hebt die Nase in die Luft und weiß, dass sich in eineinhalb Kilometern Entfernung ein Hirsch aufhält. Der Hirsch nimmt gleichzeitig wahr, dass er in Gefahr ist, und überlegt, ob er darauf reagieren oder auf weitere Informationen warten soll. Die Natur lehrt uns, alle Dinge als direkte Erfahrung wahrzunehmen. Worte hingegen sind wie Schachteln, die unsere Erfahrungen einschließen und begrenzen und dadurch unsere ursprüngliche, körperliche Wahrnehmung beiseiteschieben.

Um auf die nächste Stufe des EinsSeins zu gelangen, ist es besonders wichtig, dass du diese Form der Wahrnehmung wieder lernst. In der ersten Lektion hast du gelernt, wie man einen versteckten Gegenstand wiederfindet und sich dabei auf die subtilen Reaktionen einer Person stützt, mit der man körperlich minimal verbunden ist. Damit du nun Gegenstände nicht mehr nur auf physischer Ebene wahrnimmst, sondern von einer höheren Warte aus, musst du deine Vorstellungen und Wörter loslassen. Vertraue von nun an den unendlichen Informationen, die sich *hinter* allen Dingen befinden.

Das Gehen üben

Such dir einen Ort, an dem du unter vielen Menschen bist. Das kann z.B. eine geschäftige Straße sein. Nimm ein paar tiefe Atemzüge und entspann dich, so gut du kannst. Du wirst mit keinem Menschen sprechen müssen. Der Sinn dieser Übung ist, allmählich die Informationen hinter den Wörtern, an denen man sich zu gerne festhält, wahrzunehmen.

Wenn du startklar bist, beginne, durch die Menschenmenge zu gehen. Achte ganz genau auf deine Gefühle und nicht auf deine Gedanken. Hab also keine Gedanken wie: »Die Frau macht einen netten Eindruck, aber der Typ, der neben ihr geht, sieht wie ein Idiot aus.« Denn genau das begrenzt deine Wahrnehmung. Erspüre einfach deinen Weg durch die Menschen und öffne dich den Gefühlen und Empfindungen. Du kannst ruhig ab und zu anhalten, um dich zu entspannen und zu zentrieren. Mach diese Übung so lange, wie du kannst. Du musst kein konkretes Ziel erreichen. Versuche, dich von deinen Worten und Vorstellungen frei zu machen. Es ist an der Zeit, deinen Gefühlen zu vertrauen. Dann wirst du das EinsSein auf einer noch höheren Ebene erleben können.

Minimalen Körperkontakt herstellen

Im ersten Teil dieses Übungsprogramms hast du durch deine Versuchsperson, die dich zum Versteck geführt hat, gelernt, wie man eine Sensibilität für Körperreaktionen entwickelt. Vielleicht warst du überrascht, dass du diese Reaktionen wahrnehmen konntest. Deine Versuchsperson wäre womöglich ebenso erstaunt, wenn du ihr sagen würdest, dass sie ihre Gedanken auf dich projiziert hat. Jeder Gedanke, den man denkt, ruft eine körperliche Reaktion hervor, die man nicht verbergen kann. Im amerikanischen Fernsehen gibt es die Serie *Lie to me*. Dabei geht es um exzellent ausgebildete Experten, die anhand von körperlichen Reaktionen feststellen können, ob jemand die Wahrheit sagt oder nicht. Sie halten Ausschau nach kleinsten Bewegungen wie z.B. unmittelbaren Gesichtsausdrücken, die zwar nur eine Zehntelsekunde andauern und doch die wahren Gefühle eines Menschen offenbaren. Jetzt, da du dich an solche Feinheiten mehr und mehr gewöhnst, wirst du überrascht sein, wie viel mehr du aufnehmen kannst.

Im nächsten Schritt im Prozess, sich mehr und mehr mit anderen eins zu fühlen, wirst du immer weniger körperliche Hinweise benötigen. Erinnere dich an die Stelle im Film *The Proof,* als wir im Lebensmittelgeschäft nach den versteckten Löffeln gesucht haben. Die Frau und ich hielten jeweils ein Ende des Stifts in der Hand, während wir zwischen den Regalen umhergingen. Ich konnte weder ihren Puls noch Temperaturänderungen fühlen oder ob sie meine Hand drückte oder nicht. Dennoch konnte ich einige physische Veränderungen wahrnehmen. So bemerkte ich z.B., ob sie in die eine oder die entgegengesetzte Richtung steuerte. Ich war gezwungen, mein Bewusstsein weiter zu öffnen und die Emotionen willkommen zu heißen, die mich zum Versteck führen würden.

Auf welche Emotionen und Gefühle könnte ich mich beziehen? Als du auf der ersten Stufe geübt hast, hast du vielleicht bemerkt, dass du hin und wieder einen starken Impuls gespürt hast, in die eine oder die andere Richtung zu gehen. Nur eine Sekunde später hast du gemerkt, wie dir deine Versuchsperson einen körperlichen Hinweis gegeben hat, der dein inneres Wissen bestätigte. Du hast den Hinweis zuerst emotional und dann körperlich empfangen.

Leider konntest du zu diesem Zeitpunkt dem Gefühl nicht vertrauen und hast es wahrscheinlich außer Acht gelassen.

Doch ab jetzt wirst du deinen Gefühlen mehr vertrauen als den körperlichen Reaktionen deiner Versuchsperson.

Tiefer gehen

Bitte deinen Partner, erneut einen Gegenstand zu verstecken. Die ersten Schritte dieser Übung gleichen denen, die du zuvor geübt hast. Die Regeln bleiben dieselben. Das Einzige, was sich ändert, ist, dass dein Partner nicht mehr dein Handgelenk umfasst, sondern einen Stift an einem Ende festhält. Du nimmst ihn am anderen Ende, und ihr geht zusammen los (das ist die gleiche Vorgehensweise wie im Film). Versuche, ein Gespür für die Bewegung zu bekommen, sobald der andere den Stift an einem Ende greift. Bewege deine Arme leicht vor und zurück, damit du spürst, welche Spannung normal ist. Dadurch wirst du es leichter wahrnehmen können, wenn dein Partner den Druck erhöht.

Versuche, während ihr geht, darauf zu achten, ob sich die Versuchsperson steif oder starr bewegt. Das könnte dir den Hinweis geben, dass du in die falsche Richtung gehst oder bereits am Versteck vorbeigegangen bist. Sei empfänglich für alles, was dir dein Partner unbewusst zu vermitteln versucht. Nun musst du diese Wahrnehmung mit den Gefühlen, die in dir aufkommen, kombinieren. Vielleicht *fühlst* du plötzlich, dass du links abbiegen sollst. Folge deinem Instinkt und vergleiche es mit dem, was du über den Stift, den ihr beide haltet, wahrnimmst. Du wirst auch an den Punkt gelangen, an dem du einfach weißt, dass du in unmittelbarer Nähe des Verstecks bist. Beobachte die Körpersprache genauso aufmerksam wie im ersten Teil, als du dich ausschließlich auf die Körperreaktionen verlassen hast. Jetzt musst du allerdings deinen Instinkten vertrauen. Denn du weißt, dass du mit deinem Partner auf einer höheren Ebene verbunden bist und dich an seine Gedanken anschließen kannst.

Denk daran, immer nach der *Sprache, die hinter allen Sprachen existiert,* Ausschau zu halten. Es gibt eine Form der Kommunikation, die in jedem Moment deines Lebens stattfindet und deren du dir nicht bewusst bist. Doch genau wie ein Tier kannst du ihr folgen und sie vorhersagen, wenn du dich auf deine innere Wahrnehmung einstimmst. Du musst unbedingt fest daran glauben, dass du es erreichen kannst. Wahrscheinlich wirst du für diese Stufe mehr Zeit benötigen als für die erste. Doch wenn du durchhältst, wirst du viel Freude an deinem Erfolg haben. Dann bist du bereit für den letzten Schritt: *kein physischer Kontakt!*

Lektion 3
Der letzte Schritt

Du hast bisher viel gelernt, angefangen bei den 40 Übungen, kosmische Verbundenheit zu erfahren, bis hin zu den Techniken des Gedankenlesens. Ist es nun möglich, das Erlernte zu kombinieren und den letzten Schritt in eine neue Welt zu wagen? Es ist leichter, als du dir vielleicht vorstellen kannst. Es ist in der Tat das wohl Natürlichste, das du je getan hast – wenn du nur daran glauben würdest.

Dir wurde immer gesagt, dass du allein bist, isoliert von allem, was du wahrnimmst. Wenn du kurz darüber nachdenkst, würdest du begreifen, dass du immer schon in der Lage warst, die Illusion der Trennung aufzuheben und die intimsten Gedanken anderer Menschen zu empfangen. Die meisten Menschen tun solche Erfahrungen als Zufälle ab. Wenn dir so etwas wieder einmal passiert, halt inne und sei aufmerksam. Ist es möglich, dass du vor langer Zeit EinsSein schon einmal erfahren hast?

Das in diesem Buch beschriebene 40-Tage-Programm ist eine logische Herangehensweise an ein sehr unlogisches Gebiet. Alle Übungen, die 40 Schritte und die Anweisungen, wie man ein verstecktes Objekt findet, erfüllen einen wichtigen Zweck. Sie dienen als Vorlage, in die du deine Erfahrungen einsortieren kannst. Als du die erste Stufe, auf der du einen Gegenstand findest und dabei eine andere Person körperlich berührst, gemeistert hast, hast du erkannt, dass es eine tiefe Verbindung zwischen deinen Gedanken und deinem Körper gibt. Auf der zweiten Stufe hast du festgestellt, dass du den direkten Körperkontakt nicht mehr benötigst und stattdessen ein Verbindungsstück (in diesem Fall der Stift) nehmen kannst, um das gleiche Ziel zu erreichen. Jetzt gehst du über diese beiden Stufen hinaus und wagst den Schritt in das Geheimnis.

Kein physischer Kontakt!

Es heißt, dass EinsSein nicht mit Worten zu beschreiben ist und dass es sich nur durch die direkte Erfahrung zu erkennen gibt. Das trifft auch auf den letzten Schritt zu. Bis hierhin habe ich dir Techniken vermittelt, mit denen du dich an die Gedanken anderer Menschen anschließen kannst. Dabei handelt es sich zum einen um das Lesen körperlicher Reaktionen und zum anderen um die Impulse, die man in ihrer Gegenwart spürt. Sobald du den physischen Kontakt komplett abbrichst und die Versuchsperson einfach nur neben dir geht, ist alles möglich. Fakt ist, dass du alle Werkzeuge, die du brauchst, in dir trägst. Jetzt ist es Zeit, zu handeln.

Ich persönlich finde in 40 Prozent aller Fälle einen versteckten Gegenstand ohne jeglichen Kontakt. (Mit physischem Kontakt, ganz gleich, ob direkt oder indirekt, gelingt mir das in 95 Prozent aller Fälle.) Das ist ein großer Erfolg und resultiert aus jahrelanger Erfahrung. Wenn du das gleiche Ergebnis in 10 oder 20 Prozent der Fälle erzielst, schneidest du hervorragend ab. Mach dir keine Gedanken darüber, wie oft du den Versuch machen kannst. Lenk deine Aufmerksamkeit stattdessen darauf, wie viel besser es dir gelingt, dich auf die subtilen Bewegungen der Energie in deinem Leben einzuschwingen. Es ist nach wie vor nicht das Ziel, versteckte Gegenstände zu finden, sondern wie dir diese Übung dabei hilft, EinsSein zu erleben.

Du erinnerst dich vielleicht, dass ich im Film meine Versuchsperson Leslie darum gebeten habe, wortlos neben mir zu laufen. Wahrscheinlich hatte es keinen großen Einfluss auf meinen Erfolg, doch durch ihre Anwesenheit war ich entspannter. Und entspannt zu sein ist äußerst wichtig. Probier es einmal aus und schau dann, wie du dich damit fühlst. Dennoch gab Leslie mir ein paar Hinweise, in welche Richtung ich gehen sollte, als sie neben mir lief. Ich ging z.B. in eine Richtung und nahm eine gewisse Anspannung in ihren Schritten wahr. Vielleicht waren es Dinge, die ich mit meinen Augen sah oder auch nicht. In den meisten Fällen habe ich es gespürt.

Vertraue dem Gefühl, wenn du es spürst. Dann teste es. Dreh dich herum und geh in die entgegengesetzte Richtung. Erspüre, ob dein Partner entspannter ist. Ist das der Fall, so hast du womöglich die richtige Entscheidung getroffen. Noch einmal: Es geht hier darum, sich auf eine Schwingung einzustimmen. Du wirst es wissen, wenn es dir gelungen ist.

Eine gute Möglichkeit, dieses Einschwingen zu üben, ist es, die Geh-Übung aus der vorherigen Lektion mit einer kleinen Abwandlung zu wiederholen. Geh durch eine geschäftige Straße und beobachte die Menschen, die auf dich zukommen. Sie sind vielleicht noch einige Meter entfernt, doch wenn du sie ansiehst und ganz aufmerksam bist, wirst du vorhersagen können, ob sie links oder rechts an dir vorbeigehen werden. Du kannst das vielleicht über deine Gefühle wahrnehmen, noch bevor sie überhaupt einen körperlichen Hinweis auf ihre Absicht aussenden. Auf diese Art kannst du dein Selbstvertrauen stärken und lernen, dich auf deine Instinkte zu verlassen.

Eine weitere Übung besteht darin, einer anderen Person

gegenüberzustehen und ihr einfach in die Augen zu sehen. Bitte sie, sich eine Situation aus der Vergangenheit vorzustellen. Dabei muss es sich um etwas handeln, das einen starken Eindruck hinterlassen hat. Vielleicht stellt sie sich den Moment vor, in dem sie den Menschen, in den sie verliebt war, zum ersten Mal küsste oder als sie ihr Kind zur Welt brachte. Es ist wichtig, dass es sich um eine Geschichte handelt, die sie sehr beeinflusst hat. Denn je stärker die Emotion, desto leichter und klarer wird die Person sie auf dich projizieren.

Schau ihr in die Augen, während sie sich die Szene vorstellt. Nimm die Gefühle wahr, die hochkommen. Versuche nicht, tatsächlich etwas zu sehen. Das kommt später. Jetzt geht es um das Gefühl, das du wahrnehmen willst. Die Bilder kommen zum Schluss. Erzähle deinem Partner nach ein paar Minuten, was du empfangen hast. Wenn das, was du wahrgenommen hast, nah dran war, nimm es als Ausgangspunkt und versuche, es weiter einzukreisen. Hast du z.B. Freude empfunden, und die Person bestätigt das, kannst du deine ängstlichen und traurigen Gedanken verwerfen. Bleib in der Freude und vertiefe das Gefühl. Tauche in die Gefühle ein, wenn sie in dir aufsteigen. Wenn du deinem Partner sagst, du würdest große Angst spüren, und sie verneint das, so lass das Gefühl los und bewege dich in eine neue Richtung. Es kann eine Weile dauern, bis du die tatsächliche Stimmungslage der Person in diesem bestimmten Moment erkennst. Doch wenn du weiterhin übst, wirst du überrascht sein, wie schnell du es lernst.

Sei kreativ und überlege dir eigene Übungsmöglichkeiten. Dabei solltest du immer im Hinterkopf behalten, dass es sich hierbei um einen natürlichen Vorgang handelt. Du machst dies Tag für Tag, nur mit dem Unterschied, dass es unbewusst geschieht. Wenn du beginnst, diesen Übungen mehr Aufmerksamkeit zu schenken, wirst du erfahren, wie es ist, sich auf andere Menschen einzustimmen. Dann wirst du begreifen, welche Eindrücke sie in dir hinterlassen. Mühelos wechselst du in diesen Gemütszustand, wann immer du es wünschst.

Bei mir habe ich festgestellt, dass die Person, die etwas versteckt hat, nur neben mir hergehen muss, damit ich das Versteck ohne jeglichen physischen Kontakt finde. Das Einkreisen ist jedoch noch mal etwas anderes. Ist die Person ein außerordentlich guter Sender, besteht immer noch eine gute Chance, dass ich erfolgreich bin. Wenn nicht, so habe ich immer noch einen Stift in der Tasche, an den ich mich klammern kann, und nutze ihn wie beschrieben, um den genauen Ort zu bestimmen. Das wird nicht sehr vom Endergebnis ablenken. Die Tatsache, dass man lediglich aufgrund seiner Gefühle und durch mentale Hinweise den richtigen Ort findet, ist ein Wunder für sich. Wenn du zum Schluss einen Stift oder das Handgelenk deines Partners zu Hilfe nimmst, bedeutet das nicht, dass du gescheitert bist.

Wie ich bereits erwähnt habe, ist das Wichtigste, dass du es für dich einmal ausprobierst. Die Regeln, die du in Stufe eins und zwei gelernt hast, gelten noch immer. Jetzt musst du nur noch eine Versuchsperson finden. Natürlich ist es entscheidend, dass sich deine Partner auf ihre Gedanken so gut wie möglich konzentrieren. Wenn es je eine Zeit gegeben hat, in der du ein wenig Energie und Hilfe gebraucht hast, dann jetzt.

Nachwort

Was nimmst du aus diesem Kurs mit? Vielleicht hast du dieses Buch gekauft, weil du den kurzen Film *The Proof* im Internet gesehen hast und du daraufhin lernen wolltest, wie man kraft seiner Intuition versteckte Gegenstände wiederfindet. Wenn das dein Ziel war, hast du es wahrscheinlich erreicht. Doch war das wirklich das, was du dir vorgestellt hast? Hat deine Seele dich aus diesem Grund zu diesem Buch geführt? Vielleicht hast du das Buch in einem Buchladen im Regal gesehen, und die Vorstellung, mit Hilfe eines 40-Tage-Programms EinsSein zu erfahren, sprach dich an. Womöglich hast du eine Vorstellung davon, was es bedeutet, eins zu sein. Doch nun hast du sämtliche Übungen befolgt, und etwas Neues ist geschehen. EinsSein ist für dich nicht länger nur eine Idee, sondern es ist zu einer Wirklichkeit geworden, die du genießen und mit anderen Menschen teilen kannst. Ganz gleich, ob du dieses Buch gekauft hast, um dem EinsSein näherzukommen oder deine übersinnlichen Fähigkeiten zu trainieren, stellt sich dir eine Frage: *Was nun?*

Welchen Einfluss hat das Ganze nun auf dich? Wie kann es dir helfen, dein Leben auf eine tiefer gehende und erfüllende Art und Weise zu erleben? Viel wichtiger ist noch die Frage, wie es dir helfen soll, die Sehnsucht deiner Seele zu erfüllen. Das Sehnen, das du seit deiner Geburt in dir trägst und gerade erst langsam aktivierst. Werden diese Übungen nur Vorstellungen bleiben, die du irgendwo in den Schlupfwinkeln deines Gehirns ablegst, um sie für gelegentliche Geistesblitze hervorzuholen, wenn du dich verloren und einsam fühlst? Oder wirst du die Übungen nutzen, um dein Leben zu transformieren und einen Schritt in eine völlig neue Welt des Seins zu wagen? Willst du die Kraft, die seit Anbeginn in dir schlummert, zum Leben erwecken? Ich formuliere die Frage einfacher: Wirst du das hier ernst nehmen und dein Leben so gestalten, dass es die Welt inspiriert und unterstützt? Die Welt braucht dich. Jetzt, wo du diese Informationen hast, liegt die Entscheidung bei dir.

Vor Jahren habe ich einen Internetkurs namens »Der Löffelbieger-Kurs« angeboten. Die Idee war, dass man ein paar einfache Übungen macht und lernt, wie man kraft seiner Gedanken einen Löffel verbiegt. Berühmt wurde diese Methode in den 70er Jahren des 20. Jahrhunderts durch den Israeli Uri Geller, der übersinnlich veranlagt ist. Mehr als 60 000 Menschen nahmen an dem Kurs teil, größtenteils deswegen, weil allein die Vorstellung so unglaublich war. Warum sollte man nicht so eine Fähigkeit besitzen wollen? Stell dir vor, du gehst auf eine Party und kannst dort so einen Trick vorführen!

Meine Teilnehmer wussten zunächst allerdings nicht, dass der Teil mit dem Löffelverbiegen in Wirklichkeit nur ein Köder war. Der eigentliche Beweggrund für diese Übungen war ein ganz anderer. Nach der Auswertung der E-Mails, die ich erhielt, würde ich sagen, dass ungefähr 25 Prozent der Teilnehmer erfolgreich einen Löffel mit Hilfe ihrer Gedanken bis zu einem gewissen Grad verbiegen konnten. Ich erhielt so gut wie keine negativen

E-Mails, höchstens zehn bis zwölf insgesamt. Das kommt daher, weil die Menschen sehr schnell erkannten, dass das Ziel darin bestand, das Wirken von Wundern zu verstehen, das heißt ein *Wunder-Bewusstsein* zu entwickeln.

Viele erlebten Wunder in ihrem Leben, die ursprünglich nicht beabsichtigt oder gewollt waren. Also schrieben sie dies den Dingen zu, die sie im Kurs gelernt hatten. Schließlich verstand die Mehrheit der Teilnehmer – unabhängig davon, ob man Löffel verbiegen konnte oder nicht –, dass wir dem Weltfrieden ein Stück näher wären, wenn wir alle die wahre Lektion erkennen würden.

The Proof basiert auf einer ähnlichen Vorstellung. Als ich die Idee hatte, ein Buch finden zu wollen, das eine freiwillige Person für mich in den USA versteckt hatte, war ich mir der daraus entstehenden Aufmerksamkeit durchaus bewusst. Denn schon der Löffelbieger-Kurs hatte Aufmerksamkeit auf sich gezogen. Ich wusste aber auch, dass ich anderen Menschen ein solch wichtiges Thema nicht näherbringen konnte, wenn ich nicht zuerst ihr Interesse geweckt hatte.

Ob du einen versteckten Gegenstand finden kannst oder nicht, spielt letztendlich keine Rolle. Doch deine Fähigkeit, das dich umgebende EinsSein zu erfahren, *spielt eine Rolle.* Aus diesem Grund liegt der Schwerpunkt dieses Buches vielmehr auf den Übungen als auf dem übersinnlichen Phänomen. Ich hoffe, dass dir das aufgefallen ist und du auf dieser gewaltigen Welle ins Gelobte Land reiten konntest.

Ich denke, ich spreche auch für Anakha, wenn ich sage, wie sehr uns dieser Prozess verändert hat. Wir mussten die Entwicklung wirklich durchleben, um uns auf den Dialog einlassen zu können, der das Herzstück dieses Buches ist. Wir mussten uns bedingungslos auf jede Übung einlassen und sie auf den unterschiedlichsten Ebenen erleben. Das hat uns zu besseren Menschen gemacht.

Ich hoffe, dass du dir die Übungen dann und wann ansiehst, ich werde es ganz bestimmt. Dieses Buch soll gelebt und nicht nur gelesen werden. Ich vertraue darauf, dass du weiter wachsen und EinsSein auf neue, innige Weise erfahren und dadurch dein Leben und die Welt transformieren wirst. Denn das ist schließlich der Grund, warum du hier bist. Du hast bereits den Beweis.

In Frieden,
James F. Twyman

Lumari

Die Akasha-Chronik – Das kosmische Gedächtnis

Eine Einführung

Das Medium Lumari enthüllt die Geheimnisse um die Akasha-Chronik, im deutschsprachigen Raum bekannt geworden durch Rudolf Steiner. Seit Urzeiten werden darin – wie in einer Bibliothek – die Ereignisse aller Zeitalter bewahrt. Die Autorin erklärt die inneren Abläufe in diesem kosmischen Wissensspeicher und beschreibt neue Wege, um einen Zugang zu diesem unermesslichen Quell der Weisheit zu erlangen. Die präzisen Erläuterungen und Meditationen dienen dem umfassenden Verständnis für die Akasha-Chronik und zeigen, wie man selbst aus ihr schöpfen kann, um Fragen nach dem Lebenssinn und zu persönlichen Belangen zu klären.

Martin Fieber

Das kleine Buch
vom Schutz der Seele

Grenzen ziehen und innere Balance finden

Jeder kennt Situationen im Alltag, in denen er sich überfordert und gestresst fühlt. In solchen Momenten benötigt
man innere Abgrenzung und energetischen Schutz.
Dieses Praxisbuch bietet wirkungsvolle Anleitungen, wie
man sich vor Energieverlust schützen, seine Kraft zentrieren und seine Energie maximal für sich nutzen kann. Mit
erprobten Übungen und anschaulichen Illustrationen.